继承案件

法院观点集成

Integration of Court Views in
SUCCESSION CASES

江天云　编著

法律出版社
LAW PRESS · CHINA

图书在版编目(CIP)数据

继承案件法院观点集成 / 江天云编著. -- 北京 :
法律出版社,2019
ISBN 978-7-5197-3133-5

Ⅰ. ①继… Ⅱ. ①江… Ⅲ. ①继承法-案例-中国
Ⅳ. ①D923.55

中国版本图书馆 CIP 数据核字(2019)第 028977 号

继承案件法院观点集成
JICHENG ANJIAN FAYUAN GUANDIAN JICHENG

江天云 编著

责任编辑 冯高琼
装帧设计 李　瞻

出版 法律出版社
总发行 中国法律图书有限公司
经销 新华书店
印刷 三河市龙大印装有限公司
责任校对 李景美
责任印制 吕亚莉

编辑统筹 法规出版分社
开本 16
印张 27.5
字数 335 千
版本 2019 年 2 月第 1 版
印次 2019 年 2 月第 1 次印刷

法律出版社/北京市丰台区莲花池西里 7 号(100073)
网址/www.lawpress.com.cn
投稿邮箱/info@lawpress.com.cn
举报维权邮箱/jbwq@lawpress.com.cn
销售热线/010-83938336
咨询电话/010-63939796

中国法律图书有限公司/北京市丰台区莲花池西里 7 号(100073)
全国各地中法图分、子公司销售电话:
统一销售客服/400-660-6393
第一法律书店/010-83938334/8335　西安分公司/029-85330678　重庆分公司/023-67453036
上海分公司/021-62071639/1636　深圳分公司/0755-83072995

书号:ISBN 978-7-5197-3133-5
定价:78.00 元
(如有缺页或倒装,中国法律图书有限公司负责退换)

自　序

笔者近几年重点关注婚姻继承家事法领域，在研读学习继承法书籍过程中发现，目前虽然有不少撰写继承法案例的书籍，但是一般存在以下问题：第一，继承法案例一般与婚姻法案例编写在同一本著作中，限制了继承法案例的篇幅；第二，现有书籍对继承法案例的编写往往是随机选几个法律问题，没有系统地根据继承法的体系来编写，导致读者对继承法案例的了解局限于某几个法律问题上，不能全面地了解法院在继承法方面的裁判观点；第三，大部分继承法案例距今时间较长，不能反映最新的司法动态，虽然《继承法》从颁布至今本身变化不大，但当今中国社会发展日新月异，新的遗产形式层出不穷，继承人或受遗赠人涉外因素不断增加。出于上述几点考虑，笔者编写了这本体系比较全面的、案例新颖的、能够反映继承案件法院观点的书籍，提供给继承法实务应用专业人士作为办案参考。

本书主要搜集了北京、上海、浙江三省市继承法案例，先对案情进行简述，再引述法院裁判观点，最后辅以律师评析。

本书体系分为上中下三篇。上篇主要以《继承法》和《继承法意见》的法律体系为纲，以各个继承法法律热点为主题，列举案例；中篇主要按照不同的遗产具体形式来列举案例，即从案例中可以看出不同的遗产标的在继承诉讼中的各自特点和处理方式；下篇主要针对继承案件诉讼程序中的不同法律问题来列举案例。

作者理论浅薄,编写仓促,不足之处,请读者海涵,错谬之处,请同行斧正。

江天云

2019 年 1 月

目　　录

上　篇

一、继承总则

二、法定继承

三、遗嘱继承、遗赠

四、遗产处理

中　篇

五、遗产的具体形式

下 篇

六、诉讼程序问题

上　篇

一、继承总则

1. 继承从何时开始

【关键词】

继承开始　死亡时间

翁某诉沈某继承纠纷一审案①

★法院观点★

遗产产生的孳息也属于遗产，应由继承人继承。

【案情简介】

原告：翁某。

被告：沈某。

① 案号：(2014)杭萧义民初字第101号，杭州市萧山区人民法院。

法院经审理认定，原告翁某系被告沈某的孙女，翁某的父亲翁甲系沈某的儿子。1995 年 4 月，翁甲因交通事故死亡。翁某随母亲改嫁。翁甲生前与沈某共同共有的房屋因拆迁获得补偿款 52 万元，款由被告沈某领取。

补偿款共分为三部分：（1）与人身关系有关的补偿即人头费，117,900 元；（2）财产部分补偿款 318,342 元；（3）孳息 84,000 元，分摊到人头费部分 22,702 元，分摊到财产补偿款部分 61,298 元。

【各方观点】

原告翁某观点：房屋系父亲翁甲的遗产，要求继承遗产，分割补偿款。

被告沈某观点：翁某随母亲改嫁，未对沈某尽赡养义务；交通事故后曾签订协议，确定原被告之间无财产纠葛，翁某不再享有继承权。

【法院裁判理由】

原告翁某系被继承人女儿，享有继承权。被拆迁房屋系翁甲与沈某共同财产，各占 50%份额。人头费部分的补偿款属于沈某个人所有。财产补偿部分和孳息属翁甲和沈某共同所有，各占 50%即 189,820 元。属于翁甲所有的 189,820 元由翁某和沈某继承，各得 50%。

【裁判依据】

《继承法》第二条、第三条、第五条、第十条、第十三条；《最高人民法院关于贯彻执行〈中华人民共和国民法通则〉若干问题的意见（试行）》第九十条。

【律师评析】

《继承法》第二条规定:“继承从被继承人死亡时开始。”可见继承开始的时间就是被继承人死亡的时间。

死亡是指生命终止,是生命系统所有的本来维持其存在属性的丧失且不可逆转的永久性终止。自然人的死亡分为自然死亡和宣告死亡。自然死亡是指公民生命的自然终止。自然死亡的判断标准分为呼吸停止说、心跳停止说和脑死亡说等。随着现代医学的发展,呼吸停止和心跳停止的人被抢救生还的概率大大增加,因此,脑死亡对于判定自然人死亡更具有意义。宣告死亡又叫推定死亡,是指公民下落不明,超过了法律规定的时间,经利害关系人申请,由司法机关依照法律规定的程序和方式宣告该公民死亡的一种法律推定。

确定继承开始的时间具有重要的意义。继承开始的时间,是确定遗产范围的时间,是确定继承人范围的时间,是遗产所有权转移给继承人的时间,是遗产分割和放弃继承权应当溯及的时间,也是继承权的请求保护时效的起算时间①。

本案中,作为遗产的拆迁补偿款产生了孳息。判断该孳息是否属于遗产的范围,关键就是看继承开始的时间为何时。根据《继承法》的规定,继承从被继承人死亡时开始。本案中,被继承人翁甲早年去世,其死亡时继承随即开始,只是作为遗产的房屋没有进行实际分割而已。后房屋被拆迁,房屋转化为拆迁补偿款,则与财产相关的补偿款系遗产。由该补偿款产生的孳息也属于遗产的范围。

---

① 刘春茂主编:《中国民法学——财产继承》,人民法院出版社 2008 年版,第 398 页。

2. 宣告死亡被撤销后,已经继承的遗产应如何处理

【关键词】

宣告死亡　撤销死亡宣告

案例一

周某诉全甲等物权保护纠纷一审案①

★法院观点★

被撤销死亡宣告的人有权请求返还财产或给予适当补偿。

【案情简介】

原告:周某。

被告:全甲、庞某。

第三人:张某。

法院经审理查明:1962 年 7 月 20 日原告周某与第三人张某结婚,婚后生育两女周甲和周乙。1968 年周某与张某离婚。1969 年张某与全某

① 案号:(2015)北民初字第 927 号,唐山市路北区人民法院。

再婚,婚后生育一子全甲。1976 年 7 月 28 日唐山大地震,张某父母去世,张某继承大洪桥同明里两间正房和两间厢房。1979 年张某与全某离婚。1979 年周某与张某复婚,婚后未生育子女。1984 年,大洪桥同明里简易房整栋拆迁按居住人口周某、张某、周甲、周乙、全甲分配至龙泉北楼某号房屋。1993 年,原告周某离家出走,2000 年按旧公房出售政策,在使用张某 14.75 年工龄和周某 6 年工龄后由全甲、庞某支付剩余购房款购买了唐山市路北区龙泉北楼某号房屋产权,全甲、庞某、张某在该房屋内居住至今。2014 年周甲向法院申请宣告周某死亡。2005 年 7 月 12 日唐山市路北区人民法院判决宣告周某死亡。2014 年 11 月 27 日周某来院申请,要求撤销宣告死亡。唐山市路北区人民法院判决撤销宣告周某死亡的判决。另查明,2008 年 4 月 25 日,被告全甲与周甲、周乙在唐山市某公证处就继承周某对唐山市路北区龙泉北里某号房屋享有的 50%的产权一事办理公证,周甲、周乙放弃继承,上述财产由全甲继承;同时张某亦办理公证将其享有的唐山市路北区龙泉北楼某号房屋产权的 50%份额赠与全甲与庞某夫妻,现该房屋所有权转移登记于二被告名下。

【各方观点】

原告周某观点:被告未经原告同意,捏造原告因病死亡的事实,以继承的方式将原告的合法财产占为己有的行为侵犯了原告的合法财产权,要求确认被告的继承无效和原告对涉诉房屋有 50%的产权。

被告全甲、庞某观点:原告多次入狱,未尽到一个父亲的责任,对房屋有大部分贡献的是张某、全甲、庞某;同意继承无效;不同意周某占房屋 50%的份额。

第三人张某观点:周某对家庭、房屋都没有贡献,周某未工作,工龄是虚假的,不同意周某的请求。

【法院裁判理由】

公民的合法的民事权益受法律保护。被撤销死亡宣告的人有权请求返还财产或给予适当补偿。本案中，在原告被宣告死亡期间，二被告基于继承和赠与的方式取得涉诉房产的所有权，现原告出现并已撤销宣告死亡判决，原告要求确认二被告继承其涉诉房屋50%产权的行为无效，本院予以支持。对原告要求确认涉诉房屋产权50%份额归原告所有的主张，与本案为不同法律关系，同时诉讼主体亦不相同，本案不予处理。

【裁判依据】

《民法通则》第五条、第二十五条。

案例二

丁某诉丁甲撤销死亡宣告人请求返还财产纠纷一审案①

★法院观点★

原告被依法撤销死亡宣告后，有权请求返还财产，原物无法返还的，应给予适当补偿。

【案情简介】

原告：丁某。

被告：丁甲。

法院经审理查明：原、被告系父女关系。原告与被告生母于1992年离婚，被告随原告共同生活。2000年原告因债务问题自行离家出走，其

① 案号：(2011)普民一(民)初字第37号，上海市普陀区人民法院。

间未与被告联系。2005 年 8 月,被告向上海市闵行区人民法院申请宣告原告死亡,2006 年 9 月 4 日,闵行区法院判决宣告原告死亡。2010 年 10 月 20 日,上海市闵行区人民法院根据原告的申请,判决撤销了宣告丁某死亡的判决。另查明,1999 年 4 月,因原居住地上海市兴业路公房动迁,原、被告分得漕宝路房屋,内有原、被告两人的户籍,承租人为原告。原告离家出走后,漕宝路房屋被案外人占住,被告通过诉讼取回上述房屋。2007 年 6 月,被告以原告已被宣告死亡为由,向物业公司申请变更承租人,同年 7 月被告出资 25,137 元,将上述房屋购买为售后产权房,同时,被告支付了该房 2006 年、2007 年的租金和保洁费等 2500 余元。2007 年 10 月 27 日,被告将漕宝路房屋以 600,000 元的价格出售给他人,2007 年 11 月 1 日,被告以 615,000 元的价格,购买了达丰新村房屋,漕宝路房屋出售款均被用于支付购房款。

【各方观点】

原告丁某观点:原告对漕宝路房屋有承租权和使用权,漕宝路房屋出卖后买入达丰新村房屋,则原告对达丰新村房屋有部分产权,要求户口迁入并居住,或者被告补偿。

被告丁甲观点:原告对家庭不负责任,不同意原告户口迁入和居住;漕宝路房屋只有使用权,被告出资买入,处理问题,付出了很大代价,不同意补偿。

【法院裁判理由】

公民合法的民事权利应受法律保护。原告被依法撤销死亡宣告后,有权请求返还财产,原物无法返还的,应给予适当补偿。漕宝路房屋虽然是公房,不能继承,但该房具有使用权价值。被告在原告被宣告死亡后,取得了该房的承租权,之后通过购买该房产权,将该房出售给他人,取得了房屋出售款,被告从中获得了利益,原告失去了住房,被告理应对原告的居住和生活进行妥善安排。由于该房已无法返还，原告要求被告给付补偿款，应予准许。原、被告系原漕宝路房屋的同住人，对房屋租金、维修基金等有共同承担的义务，当原告经济困难，无力支付时，作为同住人的女儿有义务帮助支付相关费用。故被告支付的欠租、维修基金等，不应从售房款中扣除。被告所获得的利益远远大于购买漕宝路房屋产权的出资，故对被告购买产权的出资不应从售房款中扣除。在确定漕宝路房屋补偿款时，应考虑该房出售时的价值、被告有帮助原告解决居住问题的责任等情况，酌情确定补偿的金额为400,000元。原告要求按目前漕宝路使用权房屋的市场价值给予原告补偿款，无法律依据，不予支持。

【裁判依据】

《民法通则》第二十五条。

【律师评析】

我国《民法通则》第二十五条规定："被撤销死亡宣告的人有权请求返还财产。依照继承法取得他的财产的公民或者组织，应当返还原物；原物不存在的，给予适当补偿。"《民法总则》第五十三条规定："被撤销死亡宣告的人有权请求依照继承法取得其财产的民事主体返还财产。无法返还的，应当给予适当补偿。利害关系人隐瞒真实情况，致使他人被宣告死亡取得其财产的，除应当返还财产外，还应当对由此造成的损失承担赔偿责任。"

上述条文明确规定了被撤销死亡宣告的人的财产返还请求权和损失赔偿请求权。首先，被撤销死亡宣告的人有权要求返还原物。因继承法的规定取得财产的人有义务将原物返还给被撤销死亡宣告人。其次，原物不能返还的，应当给予适当补偿。补偿多少才是适当，笔者认为应考虑原物的价值是否转化、转化的程度，以及继承人的获益情况而定。

在此种情形中，继承人并没有过错，因而原物因正常保管和使用而损耗、损坏或灭失的，不应当将责任归咎于继承人，继承人因此获益的应当根据获益情况予以补偿。最后，《民法总则》的规定比《民法通则》的规定更进一步，利害关系人隐瞒真实情况的，不仅应当返还财产，还应当承担损失赔偿责任。如原物尚能返还，利害关系人应当返还并承担损失赔偿责任；如原物不能返还的，利害关系应当承担损失赔偿责任。隐瞒行为的主观状态是故意。实施了故意隐瞒真实情况的利害关系人才应承担损失赔偿责任。

在案例一中，至少名义上周某拥有房屋50%的产权份额，全甲和庞某继承了该产权份额，周某被撤销死亡宣告后，全甲和庞某的继承无效，房屋产权份额应予返还。当然该案中对周某实际拥有的房屋产权份额是有争议的，这可以在另案中对房屋进行析产确定各自的产权份额。

在案例二中，公房的承租权并非遗产，不能继承。但公房的承租权和使用权，实际上可能使继承人获益。在丁某被宣告死亡后，丁甲享受了该公房的全部使用权，即也享受了丁某的部分权利。公房的使用权结合丁甲的出资贡献，最后混合在达丰新村的房屋产权中。丁某被撤销死亡宣告后，对达丰新村房屋中的部分权利有权要求得到补偿。

3. 相互有继承关系的几个人在同一事件中死亡，如何确定死亡的先后顺序

【关键词】

法定继承

王某等诉金某等法定继承纠纷一审案①

★法院观点★

相互有继承关系的几个人在同一事件中死亡，死亡人各自有继承人的，如几个死亡人辈分不同，推定长辈先死亡。

【案情简介】

原告：王某、汤甲。

被告：金某、童某。

法院经审理查明，原告王某、汤甲系夫妻，生育被继承人汤某。汤某与案外人金甲结婚，生育一女金某，后双方协议离婚。此后汤某与被告

① 案号：(2015)杭江民初字第2587号，杭州市江干区人民法院。

童某再婚,生育一女汤乙。2011 年 1 月 17 日,汤某与被告童某法院调解离婚。2015 年 2 月 19 日,汤某与汤乙遇害身亡。被继承人汤某名下银行卡存款余额为 50,799.63 元。

【各方观点】

原告观点:汤某的遗产应由两原告和两被告法定继承。

被告未答辩。

【法院裁判理由】

汤某与汤乙在同一事件中遇害身亡,亦不能确定死亡先后时间,应认定汤某先于汤乙死亡。汤某的遗产由王某、汤甲、金某和汤乙继承。随后汤乙死亡,其遗产由童某继承。两原告年老体衰,应酌情多分遗产。

【裁判依据】

《继承法》第二条、第五条、第十条、第二十六条第一款。

【律师评析】

相互有继承关系的几个人在同一事件中死亡,又无法确定各自实际的死亡时间和先后顺序,继承该如何进行?《最高人民法院关于贯彻执行〈中华人民共和国继承法〉若干问题的意见》(以下简称《继承法意见》)第二条规定:"相互有继承关系的几个人在同一事件中死亡,如不能确定死亡先后时间的,推定没有继承人的人先死亡。死亡人各自有继承人的,如几个死亡人辈分不同,推定长辈先死亡;几个死亡人辈分相同,推定同时死亡,彼此不发生继承,由他们各自的继承人分别继承。"

本案中,汤某与汤乙在同一事件中遇害,不能确定实际的死亡先后顺序。汤某和汤乙各有继承人,且汤某系汤乙长辈,为此,推定汤某先死亡，汤乙后死亡。汤某死亡，其法定继承人有父母王某、汤某，子女金某和汤乙，四人各得 1/4。汤乙死亡后，其法定继承人只有父亲童某，遗产由童某继承，为此童某得 1/4。

在适用该条规定时应注意：首先，要判断的是死亡人是否各有继承人，而不是是否各有子女或晚辈直系血亲，实践中容易产生这种误解。推定没有继承人的人先死亡，是为了避免产生遗产无人继承的情况。其次，各有继承人的，要判断是否有长辈晚辈之分，有长辈的，推定长辈先死亡，晚辈后死亡。这是人类延续的自然规律，也符合人伦普遍认知。最后，辈分相同的，推定同时死亡，则相互之间不发生继承，由各自的继承人继承。

4. 如何确定遗产范围

【关键词】

遗产范围

俞甲诉张某遗嘱继承纠纷一审案①

★法院观点★

被继承人死亡前已经处分的财产不属于遗产。

【案情简介】

原告：俞甲。

被告：张某。

法院经审理查明：俞甲系被继承人俞某的独女，张某系俞某配偶。2014年12月18日、12月19日及12月22日，张某从俞某名下中国建设银行股份有限公司宁波分行账户内分别提取现金40,000元、49,900元、10,200元。2014年12月27日，张某支取了俞某名下包商银行宁波分行

① 案号：(2015)浙甬民一二终字第869号，宁波市中级人民法院。

100,000 元定期储蓄存单。2015 年 2 月 6 日,俞某在案外人吴某、马某的见证下,由吴某代书立下遗嘱,俞某在立遗嘱人处签名,该份遗嘱主要内容为:“本人有在建设银行存款 100,000 元,包商银行名下一张 100,000 元定期存单,该存款依法应当属于我本人所有,在我去世后归女儿所有,其他任何人都无权干涉、侵占和处理。”俞某于 2015 年 3 月 16 日死亡。

【各方观点】

原告观点:俞某病逝前留下遗嘱一份,明确在其去世后,将其建设银行的 100,000 元存款及包商银行的 100,000 元定期储蓄存单留给俞甲继承。俞甲在办理继承手续过程中得知,上述遗产已经被张某领取,故张某应立即返还俞甲依法继承的遗产 200,000 元,并计算利息。张某取款是非法的,没有俞某授权,应当返还。

被告观点:张某根据俞某指示将本案所涉的 200,000 元提现,该 200,000 元全部用于治疗俞某的疾病及处理俞某的丧葬事宜。且遗嘱中的 100,000 元属于夫妻共同财产,不同意按照遗嘱来继承。

【法院裁判理由】

一审法院观点:公民可以依照法律规定立遗嘱处分个人财产,然本案中被继承人俞某立遗嘱之时,遗嘱中所载的银行存款已经被领取,俞某立遗嘱处分不复存在的个人财产,该部分遗嘱内容当属无效。俞甲要求按照遗嘱内容继承俞某遗产的诉讼请求,难以支持。

二审法院观点:被继承人俞某与张某登记结婚前,双方已共同生活多年,俞某治疗期间的相关支出以及办理丧葬事宜支出的费用均由张某承担。俞某立遗嘱时银行账户中的 200,000 元已经由张某领取,俞甲称张某系私下转移并侵占,缺乏依据,不予采信。根据张某提供的发票、收据、证明以及张某陈述的款项去向,张某称款项已全部用于支付俞某的治疗及丧葬费用,基本合理。俞甲诉请按照俞某所立的遗嘱内容继承俞某遗产的诉请，不予支持。

【裁判依据】

《继承法》第十六条第一款、第二款。

【律师评析】

本案争议焦点是两笔合计 20 万元的存款是否为俞某的遗产。这就引出一个问题，即如何确定遗产的范围？

我国《继承法》第三条规定："遗产是公民死亡时遗留的个人合法财产……"确定遗产的范围，就要根据遗产的法律特征。第一，遗产必须以公民的死亡作为划分遗产的时间标准。公民死亡时仍存在的财产是遗产，已经不存在的财产不是遗产。公民在生前已经处分掉的财产，不能作为遗产。尤其是在遗嘱继承中，这类情况比较常见。公民先立了遗嘱，事后在死亡前处分了遗嘱中指定的财产，则在该被继承人死亡时，该已经处分掉的财产不能再作为遗产继承。第二，必须以财产和财产权利为标的。公民可以交由继承人继承的必须是财产和财产标的。第三，遗产必须是公民的个人财产。如果遗产与他人财产混合在一起，如夫妻共同财产、家庭共同财产，则应当先析出他人财产后再进行遗产分割。第四，遗产必须是能够依法转移给他人继承的财产。根据法律法规规定不得转移的财产，也不得继承。第五，遗产必须是公民个人的合法财产。非法占有的财产，不得继承。

根据上述遗产的法律特征，可以判定遗产的范围。案例中，诉争的银行存款，在被继承人俞某死亡时已经被处分掉，而且张某代为取款的行为，从俞某治疗疾病的实际需要来看，和俞某生病无法处理、张某基于家事代理的精神来看，取款并支付相应支出的行为均为合法行为，并未侵犯俞某的合法权益。因此，在俞某死亡时，已经处分掉的财产不属于遗产，俞甲的诉请不能得到支持。

5. 法定继承、遗嘱继承和遗赠、遗赠扶养协议，适用的优先顺序

【关键词】
法定继承　遗嘱继承　遗赠　遗赠扶养协议

忻甲等诉忻丙等继承纠纷一审案①

★法院观点★

继承开始后，按照法定继承办理；有遗嘱的，按照遗嘱继承或者遗赠办理；有遗赠扶养协议的，按照协议办理。

【案情简介】

原告：忻甲、忻乙。

被告：忻丙、忻丁、忻戊。

法院经审理查明，忻某与史某系夫妻，育有长子忻丙，次子忻己，长女忻丁，次女忻戊。次子忻己于2004年11月6日死亡，忻己生育一女

① 案号：(2015)甬鄞民初字第366号，宁波市鄞州区人民法院。

忻乙，生育一子忻甲。史某于2011年11月27日死亡，忻某于2015年1月24日死亡。

本案讼争的利民村楼房一间、平屋二间系忻某与史某共同购买及建造的房屋，系夫妻共同财产。2010年11月3日，忻某立分书一份，载明：楼房分给忻丁、忻戊和忻乙，平屋一间分给忻丙，另一间平屋自住。同年12月26日，楼房拆迁，忻丁和忻戊签订协议，并领取补偿款。2012年12月21日，忻某立自书遗嘱一份，载明：自住一间平屋由忻丁、忻戊各半继承。2013年4月5日，忻某在法律服务所立代书遗嘱一份，载明：两间平屋由忻丁和忻戊各半继承。工作人员张某和忻戊的丈夫孙某在场见证签字。

【各方观点】

两原告观点：忻某生前曾将楼房和两间平屋都分给原告父亲忻乙，因此要求楼房拆迁款、拆迁利益和现存两间平屋都归两原告继承。

忻丙观点：忻某生前立有分书，应按照分书执行，按照法定继承来继承。

忻丁和忻戊观点：拆迁款和拆迁利益不是遗产，忻某和史某在世时已经处分；平屋两间已经遗嘱处分给我们。

【法院裁判理由】

一间楼房和两间平房系忻某和史某夫妻共同财产。分书将房屋赠与忻丙等，分书本身有效，但上述财产并未转移且忻某后来又另立遗嘱处分该房产，故分书因被继承人自己的行为撤销。立有数份遗嘱的，且内容相抵触的，以最后的遗嘱为准。忻某所立的前一份遗嘱系自书遗嘱，后一份遗嘱系代书遗嘱，其中对一间平屋的处分意见相抵触。代书遗嘱因孙某系利害关系人，不能作为见证人，缺少一个见证人而不能成立。自书遗嘱本身有效，但一间平屋系夫妻共同财产，忻某只能对自己权利部分进行处分，对史某所属部分无权处分。综上，上述房屋中，楼房一间因没有遗嘱应按照法定继承，由忻丙、忻丁、忻戊各得 1/4，忻甲、忻乙各得 1/8；平屋一间因忻某立有遗嘱，其所属部分按照遗嘱继承，史某所属部分应按照法定继承，故忻丁、忻戊各得 2/5，忻丙得 1/10，忻甲、忻乙各得 1/20；另一间平屋因代书遗嘱不能成立应按照法定继承，故忻丁、忻戊、忻丙各得 1/4，忻甲、忻乙各得 1/8。

【裁判依据】

《继承法》第二条，第三条，第十条，第十一条，第十三条第一款，第十六条，第十七条第二款、第三款，第十八条第一款第(三)项。

【律师评析】

法定继承是指被继承人生前没有立遗嘱也没有签订遗赠扶养协议，在被继承人死后，直接按照法律规定的继承人范围、顺序和继承份额以及遗产分配准则，将被继承人的遗产转移给继承人所有的继承方式。遗嘱继承是指按照遗嘱人生前所立的遗嘱来确定遗产继承人及遗产处理的一种继承方式。[①] 遗赠扶养协议是指遗赠人与扶养人之间所订立的有关遗赠和扶养关系的协议。[②] 扶养人按照协议约定对遗赠人进行扶养，在遗赠人死亡后取得遗赠财产。[③] 法定继承、遗嘱继承和遗赠扶养协议是财产继承的三种不同方式。对被继承人而言，这三种方式都可以使用；但对某一具体的遗产而言，这三种方式彼此排斥，不可能并用。在

---

① 参见刘春茂主编：《中国民法学——财产继承》，人民法院出版社 2008 年版，第 155 页。

② 参见刘春茂主编：《中国民法学——财产继承》，人民法院出版社 2008 年版，第 155 页。

③ 参见刘春茂主编：《中国民法学——财产继承》，人民法院出版社 2008 年版，第 381 页。

实践中,这三种方式同时存在时,必须有一个适用的优先顺序。《继承法》第五条规定:“继承开始后,按照法定继承办理;有遗嘱的,按照遗嘱继承或者遗赠办理;有遗赠扶养协议的,按照协议办理。”可见,从适用的优先顺序看,遗赠扶养协议优先于遗嘱继承和遗赠,遗嘱继承和遗赠优先于法定继承。同一具体的遗产,被同时在遗赠扶养协议、遗嘱中处分时,应优先按照遗赠扶养协议处理,其次按照遗嘱处理,既没有遗赠扶养协议,又没有遗嘱的,才按照法定继承办理。

首先,遗产是公民的个人合法财产,遗产处分属私法范畴,公民有权利自由处分个人财产,法律并不强加干涉。只有当死者没有留下遗产处分的意思,或没有足够证据证明其遗产处分的真实意思时,才按照法律的规定将其遗产分配给其法定继承人及相关人。因此,遗嘱继承和遗赠优先于法定继承。其次,以遗嘱方式处分个人财产是单方民事法律行为,继承人取得继承权,受遗赠人接受遗赠均是无偿取得财产;而在遗赠扶养协议中,协议是遗赠人和扶养人之间双方民事法律行为,且双方均有权利和义务,扶养人接受遗赠实质上是有偿的。因此,当遗嘱和遗赠扶养协议对同一遗产的处分有抵触时,应当优先适用遗赠扶养协议的约定,保护扶养人的权利。因此,先遗赠扶养协议,再遗嘱继承和遗赠,最后法定继承,这样的优先顺序有其合理性。

6. 放弃继承权的子女可以拒绝赡养父母吗

【关键词】

放弃继承权　赡养

王某诉倪甲等赡养纠纷一审案①

★法院观点★

放弃继承权并不能免除赡养扶助的法定义务。

【案情简介】

原告：王某。

被告：倪甲、倪乙、倪丙、倪丁。

法院经审理查明：原告王某婚后生育三女一子，即被告倪甲、倪乙、倪丙、倪丁。原告王某每月退休工资2700余元，患有多种疾病，治疗费用除医保外每月还需自付数百元，另聘请钟点工每月有一定花费。原告丈夫过世后，在2014年12月30日，原告与被告倪丙、倪丁签订了《关于

① 案号：(2016)沪0112民初9328号，上海市闵行区人民法院。

放弃父母继承权与赡养权的声明》，主要内容是由被告倪丙继承父母全部财产并取得监护权，三个女儿放弃继承权也不再承担赡养原告的义务，由被告倪丙照顾原告并承担原告的全部费用（养老、看病、送终），如需帮助要与三个姐妹协商解决。被告倪甲、倪乙未签名。

【各方观点】

原告王某观点：原告收入不够，子女未尽赡养义务，要求每人每月支付原告赡养费1000元。

被告倪甲、倪乙、倪丁观点：从参加工作开始一直在赡养父母；父亲去世后，原告与子女商量，父亲遗产和母亲财产都归倪丙继承，由倪丙承担全部赡养费用；三人自己也已经退休，退休金仅3000多元，愿意适当支付赡养费。

被告倪丙观点：愿意支付赡养费。

【法院裁判理由】

子女对父母有赡养扶助的义务，原告的子女均为赡养义务人。原告年老多病生活需要照顾，被告作为子女无论在物质帮助还是精神慰藉上均应当出力，以使老人能够安享晚年。原告与被告倪丙、倪丁之间虽为财产继承和赡养问题达成协议，但放弃继承权并不能免除赡养扶助的法定义务，且被告倪甲、倪乙并未签字。被告均系退休人员，根据被告的经济情况以及原告的实际需要，本院酌情确定由四被告每月支付原告赡养费500元。

【裁判依据】

《婚姻法》第二十一条第一款。

【律师评析】

我国《婚姻法》第二十一条第一款规定:“父母对子女有抚养教育的义务;子女对父母有赡养扶助的义务。父母不履行抚养义务时,未成年的或不能独立生活的子女,有要求父母付给抚养费的权利。子女不履行赡养义务时,无劳动能力的或生活困难的父母,有要求子女付给赡养费的权利。”子女赡养父母是法定义务。

《继承法》第十条规定:“遗产按照下列顺序继承:第一顺序:配偶、子女、父母……”子女对父母的遗产有继承权。

子女可以放弃继承权,但不能因放弃继承权而免除赡养父母的义务。权利可以放弃,但义务不能放弃,承担义务的主体不能自我免除义务。此外,子女与父母的关系不因父母离婚而断绝,未与未成年子女共同生活的父或母对子女仍有扶养义务,未与父或母共同生活的子女对父或母仍有赡养义务。子女对未抚养自己的父母,仍有赡养义务。依法形成收养关系的除外。

7. 养子女能否继承生父母的遗产

【关键词】

养子女　养父母　生父母

戴某诉于甲法定继承纠纷一审案①

★法院观点★

养子女无权继承生父母的遗产。

【案情简介】

原告:戴某。

被告:于甲。

法院经审理查明:原告戴某系被继承人于某的妻子,婚后共生育于甲、于乙二子。于乙从小过继给其伯伯于丙。本市 A 路处房屋始建于 1966 年,1991 年 5 月该房屋办理了房屋产权登记,所有权人为被继承人于某。于某于 2005 年 4 月去世,未留有遗嘱,上述房屋产权未进行分

① 案号:(2013)长民四(民)初字第 391 号,上海市长宁区人民法院。

割。于乙在过继给于丙抚养后,于丙已于1965年去世,于乙继承了养父母位于本市D区D路D弄D号房屋产权。

【各方观点】

原告观点:原告作为妻子应与于某共同享有该房屋产权。故原告认为上述房屋另一半产权应作为遗产,由原告享有75%产权,被告享有25%产权。

被告观点:被继承人于某生前对上述房产留有遗嘱,明确A路处房屋由被告继承所有。因原告现在不予认可,故同意将A路处房屋与原告按50%的份额分割上述房屋产权,不同意原告的诉请。

【法院裁判理由】

原告戴某系被继承人于某的妻子,现登记在被继承人于某名下的A路处房产应作为夫妻共同财产处理,故上述房产的一半产权应归原告所有,另一半房屋产权应按我国继承法关于法定继承的规定进行分割。原告之子于乙作为养子已经继承了养父母生前的遗产,于乙不能同时继承生父母的遗产,故上述房屋中的遗产部分应由原、被告依法继承所有。

【裁判依据】

《继承法》第五条、第十条、第十三条第一款、第二十六条。

【律师评析】

我国《婚姻法》第二十六条规定:"国家保护合法的收养关系。养父母和养子女间的权利和义务,适用本法对父母子女关系的有关规定。养子女和生父母间的权利和义务,因收养关系的成立而消除。"《继承法》第十条:"遗产按照下列顺序继承:第一顺序:配偶、子女、父母。第二顺序:兄弟姐妹、祖父母、外祖父母。继承开始后,由第一顺序继承人继承,第二顺序继承人不继承。没有第一顺序继承人继承的,由第二顺序继承人继承。本法所说的子女,包括婚生子女、非婚生子女、养子女和有扶养关系的继子女。本法所说的父母,包括生父母、养父母和有扶养关系的继父母。本法所说的兄弟姐妹,包括同父母的兄弟姐妹、同父异母或者同母异父的兄弟姐妹、养兄弟姐妹、有扶养关系的继兄弟姐妹。”根据上述法律的规定,养子女与养父母建立了父母子女关系,养子女与生父母之间的父母子女关系消除。养子女与养父母之间互有遗产继承权,且互为第一顺序继承人;养子女与生父母之间无遗产继承权。本人与养兄弟姐妹之间的关系和与亲兄弟姐妹之间的关系,亦是如此。

实践中,因收养人与被收养人之间年龄差距较大,收养人与被收养人以祖孙相称,而实际上系养父母子女关系的,应当按照养父母子女关系认定,双方之间互有遗产继承权,且互为第一顺序继承人。

在我国传统中有“过继”的做法,因亲属没有子嗣而将自己的子女过继给亲属,作为该亲属的子嗣。过继的实质也是一种收养。但有的名为过继却未必有收养的事实。因此,对过继是否形成收养关系,应当根据具体情况来判断。如果过继子从小过继,双方形成了收养关系,则应当认定双方系养父母子女关系;如果仅仅是封建传统上名义上礼节上的过继,而没有收养的实质,则不应当认定双方之间系养父母子女关系。当然这是对发生在我国较早时代的伦理关系的判断。值得注意的是,根据现行《收养法》的规定,收养应当向县级以上人民政府民政部门登记,收养关系自登记之日起成立。为此,在《收养法》实施以后,未经登记的过继做法将被认定为无效。本案中,于乙经过继已经与于丙形成收养关系,且继承了于丙的遗产,为此,于乙对生父母的遗产不再享有继承权。

《继承法意见》第十九条规定:“被收养人对养父母尽了赡养义务,同时又对生父母扶养较多的,除可依继承法第十条的规定继承养父母的遗产外,还可依继承法第十四条的规定分得生父母的适当的遗产。”根据该条规定,养子女从生父母遗产中可以分得适当遗产,但这个权利并非遗产继承权,而是适当分得遗产权,是对其向生父母付出赡养的回报。

8. 无行为能力人、限制行为能力人如何行使继承权、受遗赠权

【关键词】

无行为能力人　限制行为能力人　继承权　受遗赠权

陶某1诉孙某等继承纠纷一审案。[①]

★法院观点★

无行为能力人、限制行为能力人的继承权、受遗赠权，由他的法定代理人代为行使。

【案情简介】

原告：陶某1。

被告：孙某、陶某3。

被告兼被告陶某3之法定代理人：孟某（系被告陶某3之母）。

法院经审理查明：陶某4系陶某5与被告孙某之子。陶某5于1996

① 案号：（2015）平少民初字第4385号，北京市平谷区人民法院。

年死亡。1989 年,陶某 4 与王某结婚,婚后生育一女陶某 1。陶某 4 与王某离婚后,于 2008 年 6 月 25 日与孟某登记结婚,生育一子陶某 3。2010 年,陶某 4 与孟某离婚,离婚协议约定陶某 3 由孟某抚养,双方无共同财产及债权债务。2012 年 7 月 24 日,陶某 4 死亡。孟某自认陶某 4 于 2008 年 9 月 2 日购买的夏利牌轿车系陶某 4 出资购买,离婚时双方口头约定该车由陶某 4 所有,孟某自愿放弃份额。陶某 4 生前未留遗嘱,财产未分割。

【各方观点】

原告陶某 1 观点:车牌号为京 GHM×××的小轿车一辆系陶某 4 遗产,价值 3000 元,原告系法定继承人,要求依法继承该小轿车。

被告孙某观点:原告所述属实,同意原告诉讼请求。

被告陶某 3、被告兼被告陶某 3 之法定代理人孟某观点:对事实及理由没有异议,同意车辆由原告继承,但原告需向陶某 3 支付 1000 元折价款。

【法院裁判理由】

遗产是公民死亡时遗留的个人合法财产,继承人的继承权受法律保护。继承从被继承人死亡时开始;继承开始后,有遗嘱的,按照遗嘱继承办理,没有遗嘱的,按照法定继承办理。无行为能力人、限制行为能力人的继承权、受遗赠权,由他的法定代理人代为行使。被继承人陶某 4 生前未立遗嘱,其遗产应当依法按照法定继承处理。陶某 4 的法定继承人为孙某、陶某 1、陶某 3。陶某 4 名下的夏利牌轿车系陶某 4 与孟某婚姻关系存续期间购买,但孟某自愿放弃自己享有的份额,且孙某、陶某 1、陶某 3 及其法定代理人孟某均同意上述车辆由陶某 1 继承所有,原告陶某 1 同意向陶某 3 支付 1000 元折价补偿款,于法不悖。

【裁判依据】

《继承法》第三条、第五条、第六条、第十条。

【律师评析】

民事行为能力,是指能够以自己的行为依法行使权利和承担义务,从而使法律关系发生、变更或消灭的资格。自然人的民事行为能力分为完全民事行为能力、限制民事行为能力和无民事行为能力。

根据我国《民法总则》的规定,18 周岁以上的自然人为成年人。成年人为完全民事行为能力人,可以独立实施民事法律行为。16 周岁以上的未成年人,以自己的劳动收入为主要生活来源的,视为完全民事行为能力人。8 周岁以上的未成年人为限制民事行为能力人。不能完全辨认自己行为的成年人为限制民事行为能力人。限制民事行为能力人实施民事法律行为由其法定代理人代理或者经其法定代理人同意、追认,但是可以独立实施纯获利益的民事法律行为或者与其年龄、智力相适应的民事法律行为。不满 8 周岁的未成年人为无民事行为能力人,不能辨认自己行为的成年人为无民事行为能力人,由其法定代理人代理实施民事法律行为。《民法总则》之前的《民法通则》规定的分界点是 10 周岁。

最高人民法院《继承法意见》第七条规定:"不满六周岁的儿童、精神病患者,可以认定其为无行为能力人。已满六周岁,不满十八周岁的未成年人,应当认定其为限制行为能力人。"

那么问题是,根据上述规定,6 周岁至 8 周岁的未成年人是无行为能力人还是限制行为能力人。从特别法优于普通法的原则看,《继承法》是民法的特别法,应当优先适用《继承法》的规定,即 6 周岁至 8 周岁的未成年人是限制行为能力人。从上位法优于下位法的原则看,《民法通则》和《民法总则》系全国人大制定并颁布的法律,是基本法,优于最高人民法院的司法解释,即 6 周岁至 8 周岁的未成年人是无民事行为能力人。从新法优于旧法的原则看,《继承法意见》系 1985 年 9 月 11 日发布,《民法通则》系 1987 年 1 月 1 日起实施,《民法总则》系 2017 年 10 月 1 日起实施,《民法通则》和《民法总则》的规定均优于《继承法意见》。笔者认为,《继承法意见》系在没有民法通则的情况下作出对民事行为能力的规定,是司法机关在无法可依的情况下作出的临时规定。一旦《民法通则》实施,应当以《民法通则》的规定为准。《民法总则》实施后,应以《民法总则》的规定为准。

9. 胎儿是否有继承权

【关键词】

继承权利能力　继承权　胎儿

王某等诉申乙继承纠纷二审案[①]

★法院观点★

遗产分割时,应当保留胎儿的继承份额。

【案情简介】

上诉人(一审被告):王某、申甲。

被上诉人(一审原告):申乙。

一审法院经审理查明,被继承人申某于2010年10月12日因病死亡。原告申乙于2011年1月9日出生,系申某与于某的非婚生子。被告王某系申某之母。被告申甲系申某生前与前妻刘某的婚生子。申某与前妻刘某于1994年11月11日离婚。被继承人申某生前无遗嘱。申

① 案号:(2016)京01民再70号,北京市第一中级人民法院。

某父亲于1972年8月死亡。

被继承人申某去世后，王某（甲方）、申甲（乙方）、于某（丙方）签订有遗产分配协议，载明："经甲方授权，乙方代表甲方签订本协议"，以及"丙方作为胎儿的遗产管理人"等内容。协议明确遗产范围为：（1）房产一套；（2）小汽车一辆；（3）某制药公司在多省市的药品代理销售市场。遗产分配方案及债务承担为：（1）房产归乙方所有；（2）小汽车归丙方所有；（3）任选两家医院的药品代理销售市场归乙方，除此之外的其他药品销售市场归丙方；（4）丙方愿意承担申某生前在药品销售代理市场的相关债务。该协议第六条注明签订时间为2010年10月。签订该协议时，原告申乙尚未出生。

2011年3月25日，申甲办理公证书载明：继承人申甲向公证处申请继承被继承人申某遗留的房产一套，王某表示放弃被继承人申某的遗产继承，申某父亲早于申某死亡；房产由申甲继承。2011年4月20日，申甲凭此公证书将房屋产权变更至申甲名下。2011年5月15日，申甲将上述房屋以182万元总价卖予谢某。

2011年9月13日，王某作出书面声明："委托孙子申甲代表我签订了遗产分配协议，同意遗产分配协议对申某遗产的处理。"有公证书为证。

2010年2月1日，申某曾向某地产公司交纳房屋预交款5万元。

二审法院查明，申某尚有房屋贷款10万余元未清偿。

【各方观点】

一审原告、二审被上诉人申乙观点：申某去世时，原告是胎儿，分配遗产应保留胎儿继承份额，因此应分割遗产。

一审被告、二审上诉人王某、申甲观点：遗产分配协议合法有效；分配协议已经考虑胎儿权益，保留了胎儿份额；于某掌握存款等更多遗产，多于房产；王某放弃继承权是基于协议有效，房产分配给申甲，如协议无效,要求继承遗产。

【法院裁判理由】

一审法院认为:非婚生子女与婚生子女均属于第一顺位继承人,适用法律关于父母子女关系的规定。遗产分割时应当保留胎儿的继承份额。法定代理人代理被代理人行使继承权,不得损害被代理人的利益。遗产分配协议中第二条遗产分配方案及债务承担的约定第三条中,药品销售市场不属于遗产,故关于该条的约定应属无效。那么,该协议中约定归属于丙方的遗产仅为该方案中的第二条小汽车一辆,但同时第四条又约定由丙方承担申某生前药品销售产生的相关债务。该条约定内容明显减损了原告申乙的财产利益,增加了原告申乙所附义务,于保护未成年人权益不利,于某代理申乙同意的该条遗产分配方案及债务承担应认定无效。故该遗产分配协议内容属于部分有效,部分无效。

二审法院认为:因申某生前未立有遗嘱,其死亡时遗留的个人合法财产,应由其法定继承人王某、申甲继承,同时在签订遗产分割协议时,应为胎儿保留必要的继承份额。遗产分配协议,将制药公司及其他药品经营单位业务往来中形成的债权债务确定为遗产范围并进行分配,该协议中并未明确债权债务具体数额,且双方在诉讼中亦未提供相应的事实依据,故双方对此约定不符合《继承法》第三条规定的被继承人个人合法财产范围,不能作为遗产予以分割。遗产分配协议将房屋约定由申甲继承,小汽车一辆约定由申乙继承,该约定未给胎儿保留必要的遗产份额,申甲与胎儿所得遗产利益严重失衡,未充分保护胎儿的合法权利。申乙出生后具有了民事权利能力,其对该遗产分配有权提出诉讼主张。综上,确认遗产分配协议无效。

继承遗产应当清偿被继承人依法应当缴纳的税款和债务,缴纳税款和清偿债务以他的遗产实际价值为限。申某生前债务应当由三继承人分担。

【裁判依据】

《继承法》第三条、第十条、第十三条第二款、第二十五条、第二十八条、第二十九条;《继承法意见》第八条。

【律师评析】

继承权利能力是指继承人享有的继承死者遗产的资格①。继承权利能力是公民民事权利能力的一部分。我国《民法总则》第十三条规定:“自然人出生时起到死亡时止,具有民事权利能力,依法享有民事权利,承担民事义务。”民事权利能力简单讲就是享有权利承担义务的资格,就自然人而言,只有生存的人才具有这个资格。同理,只有生存的人才具有继承权利能力,但胎儿是一个例外。

胎儿是指妊娠8周以后的胎体。胎儿尚在母腹中,还未出生。从自然人的法律定义而言,胎儿还不是自然人。但胎儿既已生存于母腹中,按正常的生育规律,胎儿势必发育并出生,成为一个自然人。这是可以普遍预料的。况且从人的情感而言,父母对胎儿已经形成情感上的联系。因而在分配遗产时,不应当忽视胎儿权益的保护。《民法总则》第十六条规定:“涉及遗产继承、接受赠与等胎儿利益保护的,胎儿视为具有民事权利能力……”《继承法》第二十八条规定:“遗产分割时,应当保留胎儿的继承份额……”胎儿不仅在直接继承中享有继承权,而且在间接继承中享有代位继承权。在代位继承中,胎儿的继承(权利)能力视同生存者的直系血亲卑亲属②。

但胎儿毕竟尚未出生,其出生时会产生两种情况。一种出生时是活

① 参见刘春茂主编:《中国民法学——财产继承》,人民法院出版社2008年版,第80页。

② 参见刘春茂主编:《中国民法学——财产继承》,人民法院出版社2008年版,第83页。

体，自出生时就立刻具有了民事权利能力，成为一个真正意义上的人，不再需要“视为具有民事权利能力”；另一种情况是出生时是死体的，这在医学实践中也并不少见。在死体出生那一刻就能确定该胎儿不具有民事权利能力，那么就必须对之前“视为具有民事权利能力”的假定做出重新定义，对遗产继承、接受赠与等权益重新做出安排。《民法总则》第十六条规定：“……胎儿娩出时是死体的，其民事权利能力自始不存在。”《继承法》第二十八条规定：“……胎儿出生时是死体的，保留的份额按照法定继承办理。”

《继承法》第二十八条规定于该法第四章遗产处理部分，并未单独列于法定继承章节或遗嘱继承章节，即在遗产处理时，无论继承是按照法定继承还是遗嘱继承、遗赠，或是遗赠扶养协议，均应当为胎儿保留继承份额。被继承人即便在遗嘱或遗赠扶养协议中处分了其所有的遗产，在遗产分割处理时，胎儿亦有权享有一定份额遗产的继承权。

应当为胎儿保留的继承份额是多少？《继承法》第二十八条只规定了“应当保留胎儿的继承份额”，但该条没有明确规定应当保留的份额的多少。笔者认为应当分为两种情况。一种是遗产按照法定继承。在法定继承中，所有的继承人一般继承份额均等。胎儿被视为有继承权利能力，也被视为法定继承人之一，则胎儿应当享有的继承份额也应当与其他继承人均等，甚至在全部遗产较少时因胎儿需要更多的生活费用而分配给胎儿更多份额。另一种是按照遗嘱继承、遗赠和遗赠扶养协议办理。如果遗嘱或遗赠扶养协议处分了被继承人的所有遗产，则在处理遗产时也应当为胎儿保留继承份额，此时份额不能按照法定继承的均等分配原则，应当综合考量遗产的多寡，胎儿生活和成长的需要，受遗赠人或扶养人的承担的义务和付出等因素，确定一个适当的份额。

最高人民法院公报案例

李某等诉范甲等析产继承纠纷案①

【案情简介】

1993年,被继承人范某与原告李某登记结婚。被告范甲和滕某系范某父母。2002年,范某和李某购买秦淮区某房屋,登记在范某名下。2004年范某、李某与南京军区某医院生殖遗传中心签订人工授精协议书,约定利用他人精子进行人工授精。同年10月产子原告范乙。2004年4月,范某因病住院,5月20日立遗嘱,5月23日病故。范某在遗嘱中表明:通过人工授精的孩子坚决不要,秦淮区房子系母亲出资按照房改房政策购买,赠予父母。原被告双方对房屋是否为范某与李某夫妻共同财产,原告范乙是否范某儿子,是否有遗产继承权,发生争议。

【裁判观点】

讼争房屋系范某与李某婚姻关系存续期间购买,登记在范某名下,该房屋是范某与李某夫妻共同财产。范某无权以遗嘱单独处分夫妻共同财产。

《最高人民法院关于夫妻离婚后人工授精所生子女的法律地位如何确定的复函》规定:"在夫妻关系存续期间,双方一致同意进行人工授精,所生子女应视为夫妻双方的婚生子女,父母子女之间权利义务关系适用《婚姻法》的有关规定。"范某签字同意利用他人精子进行人工授精,其民事行为具有法律效力。在李某已经受孕后,范某反悔应取得李某同意,否则不得以单方意志擅自变更或解除。为此,范乙与范某系父子关系,范乙是范某合法继承人。

---

① 《中华人民共和国最高人民法院公报》2006年第7期(总第117期)。

《继承法》第十九条规定:“遗嘱应当对缺乏劳动能力又没有生活来源的继承人保留必要的遗产份额。”第二十八条规定:“遗产分割时,应当保留胎儿的继承份额。……”范某所立遗嘱未保留胎儿继承份额,不符合继承法的规定,应当为范乙保留必要的遗产份额,剩余部分才可以按遗嘱确定的分配原则处理。

【律师评析】

人工授精分为同质人工授精和异质人工授精。前者是指利用夫妻双方本人的精子、卵子进行人工授精,后者是指利用他人的精子、卵子进行人工授精。对于同质人工授精,因精子、卵子取自夫妻本人,双方不会对出生后的孩子与其之间的父母子女关系产生纠纷;而异质人工授精,因精子、卵子取自他人,出生后的孩子与其之间不具有遗传学上的关系,容易产生纠纷。本案就是因异质人工授精产生是否认同孩子身份的纠纷。

范某、李某与医院生殖中心签订人工授精协议书,是双方甚至是多方民事法律行为,任何一方不得仅以单方意志变更或解除该已经生效的民事法律行为。在受孕成功后,范某反悔的,应当征得妻子李某同意,才能堕胎。否则,孩子范乙出生后与范某、李某构成父母子女关系。

违反继承法的规定,未对胎儿保留必要遗产份额的遗嘱,并非全部无效。在分割遗产时,应当先为胎儿保留必要的遗产份额后,对剩余的遗产,按照遗嘱确定的原则处理。违反物权法、婚姻法和继承法的规定,以遗嘱的形式擅自处分夫妻共同财产的,该遗嘱也并非全部无效。在分割遗产时,应当先析出配偶的财产份额,对属于被继承人的财产份额,按照遗嘱确定的原则处理。

10. 被判刑的人是否享有继承权

【关键词】

判处刑罚　服刑　继承权

张A诉张B等法定继承纠纷一审案[①]

★法院观点★

被判处刑罚的人仍享有继承权。

【案情简介】

原告：张A。

被告：张B、张C、张D、张E、张F。

法院经审理查明：被继承人张某（2008年2月死亡）和金某（2000年10月死亡）系夫妻关系，生前生育张B、张G（1988年10月死亡）、张C、张D、张E、张A 6名子女。张F系张G独子。张某与金某生前未立遗嘱，张某父母均先于其去世。遗产为本市长宁区淞虹路一套房屋。

① 案号：（2015）长民四（民）初字第285号，上海市长宁区人民法院。

本案系争房屋原系动迁安置所得公房，2001 年 3 月，被继承人张某与上海市长宁区住房制度改革办公室签订公有住房出售合同，由张某购买系争房屋。该房于 2001 年 7 月被核准登记张某一人名下。

2009 年 5 月，张 A、张 B、张 C、张 D、张 E 签署一份材料，约定系争房屋作价 80 万元，张 B 分房款 16 万元，张 C 分房款 14 万元，张 D 分房款 13 万元，张 E 分房款 13.5 万元，张 A 分房款 13.5 万元，张 F 分房款 5 万元，另补给张 D 支付父母的医药费、丧葬费、买房费共计 5 万元。张 F 未在该协议上签名，该协议亦未履行。

【各方观点】

原告张 A 观点：房屋登记在张某一人名下，应由本案原、被告继承。原告目前在监狱服刑，将来出狱后面临的生活极其困难，要求多分遗产。

被告张 B 观点：张某在世时也口头表示系争房屋应归被告张 B 一人所有。如果按照法定继承处理系争房屋，被告张 B 对张某尽了主要的赡养义务，故应当多分。

被告张 C、张 E、张 F 观点：要求按照 1/6 比例继承系争房屋。

被告张 D 观点：系争房屋在房改售房时的出资系由其支付，张某在过世后，张 A、张 B、张 C、张 D、张 E 曾协议约定多分给其 5 万元，故其要求在继承中多分。

【法院裁判理由】

张 A、张 B、张 C、张 D、张 E 作为张某子女，均享有继承权，张 F 之父张 G 先于张某去世，张 F 可代位继承张 G 有权继承的遗产。张 A 因犯罪服刑并不符合法律规定可多分遗产的情形。2009 年 5 月所签协议上并没有张 F 的签字，该协议并非全体继承人的一致意思表示，亦未实际履行，张 D 要求多分遗产的请求，缺乏事实和法律依据。

【裁判依据】

《继承法》第三条、第五条、第十条、第十一条、第十三条。

【律师评析】

继承权是指继承人所享有的继承被继承人遗产的权利。继承权是自然人的一项基本民事权利。自然人享有继承权的前提是具有继承权利能力。自然人一经出生,只要存活,就取得民事权利能力,包括继承权利能力。被判处刑罚的人,因其生存的事实而具有继承权利能力。

根据我国《刑法》的规定,刑罚分为主刑和附加刑。主刑包括管制、拘役、有期徒刑、无期徒刑和死刑。附加刑包括罚金、剥夺政治权利和没收财产。刑罚中没有剥夺继承权的规定。剥夺政治权利是指剥夺犯罪人参加国家管理和政治活动的权利,主要体现为剥夺选举权和被选举权,并不剥夺民事权利,当然也不剥夺继承权。

我国《继承法》也规定了继承人丧失继承权的情形。《继承法》第七条规定:“继承人有下列行为之一的,丧失继承权:(一)故意杀害被继承人的;(二)为争夺遗产而杀害其他继承人的;(三)遗弃被继承人的,或者虐待被继承人情节严重的;(四)伪造、篡改或者销毁遗嘱,情节严重的。”该丧失继承权的四项事由可以分为绝对丧失继承权和相对丧失继承权,但无论绝对丧失继承权的事由还是相对丧失继承权的事由,都不包含被判处刑罚的情形。因此,被判处刑罚并不导致继承人丧失继承权。但如果被判处刑罚的原因是继承人实施了属于上述第一、二、三项情形的行为,则该继承人就丧失了继承权。

因被判处刑罚的继承人在监狱等机构服刑,其行使继承权有不便之处,遗嘱执行人、其他继承人、受遗赠人等应当及时通知服刑者,在分割遗产时不应当损害其继承权。法院在办理继承纠纷案件时,应当将相关法律文书送达其服刑机构,保护服刑者或其诉讼代理人参加庭审活动的权利。

11. 哪些情形下绝对丧失继承权

【关键词】

绝对丧失继承权　代位继承　转继承

唐某诉周甲等继承纠纷一审案[①]

★法院观点★

故意杀害被继承人的，丧失继承权。

【案情简介】

原告：唐某。

被告：周甲、周乙。

法院经审理查明：被继承人秦某、周某系夫妻。周某于2001年去世，秦某于2005年去世。秦某、周某共生育子女三人，分别是女儿周丙、儿子周乙、周丁。周丙于1992年去世，周丙生育本案原告唐某。周丁与田某生育一女，即本案被告周甲。2004年，周某家属以其名义以成本价

① 案号：(2013)西民初字第19734号，北京市西城区人民法院。

购买位于西城区复兴门北大街房屋两套，产权登记在周某名下。2010年5月，周丁与其妻田某在家中发生争执，田某刀刺周丁，至周丁死亡。田某被本院判决犯故意杀人罪，判处有期徒刑12年，现在监狱服刑。

【各方观点】

原告唐某观点：原告是秦某、周某之外孙女，原告母亲周丙于先于其父母死亡，原告有权代位继承。被告周甲是被继承人的孙女。被告周乙系秦某、周某之长子。秦某、周某死亡时留下遗产房屋两处。要求依法分割遗产，上述房屋的1/3份额归原告继承。

被告周乙观点：周某、秦某夫妇在去世之前，已将西城区复兴门北大街房屋分别交付周丁、周乙占有、使用，对房屋进行了分配，已不存在遗产供继承人分割。周丁未与被继承人共同生活，而周乙负担了被继承人的治疗及护理等费用，亦为周丁支付购房款，对被继承人尽了主要赡养义务。

被告周甲观点：被继承人在生前主要是由周丁和田某照顾，尽了主要赡养义务，周甲应多分遗产。

【法院裁判理由】

周某、秦某夫妇去世之前未留遗嘱，该两套房屋依法应由其法定继承人继承。原告之母周丙先于周某、秦某去世，原告有权代位继承周某、秦某遗产。周甲提供的证据能够认定周丁多年与周某夫妇共同生活，并尽了主要扶养义务，故应多分得遗产。周丁去世后，其应继承的遗产份额应转由其妻田某、其女周甲继承，因经生效法院判决书认定田某故意杀害周丁而丧失继承权，故周丁应继承的遗产份额由周甲一人继承。

【裁判依据】

《继承法》第五条、第十三条第三款。

【律师评析】

继承权的丧失，是指继承人在发生法律规定的事由时自然失去继承被继承人遗产的资格①。绝对丧失继承权是指因发生某种使继承人丧失继承权的法定事由时，该继承人的对特定被继承人的继承权便终局地丧失，该继承人再不得也不能享有对特定被继承人已丧失的继承权②。

我国《继承法》第七条规定：继承人有下列行为之一的，丧失继承权：（一）故意杀害被继承人的；（二）为争夺遗产而杀害其他继承人的；（三）遗弃被继承人的，或者虐待被继承人情节严重的；（四）伪造、篡改或者销毁遗嘱，情节严重的。继承法和司法解释并没有直接规定绝对丧失继承权，也未规定相应的情形。但从继承法和司法解释的相关规定看，可以推定《继承法》第一、二和四项情形属于绝对丧失继承权。

第一种情形，故意杀害被继承人。首先，必须是继承人实施。继承人实施该行为，才承担行为的法律后果。其次，必须是杀害被继承人的行为。杀害不包括伤害。杀害是指追求剥夺生命的目的，伤害并不追求剥夺生命的目的。所以两者应予区分。最后，继承人主观上必须有杀害故意。故意，包括直接故意或间接故意。主观上过失不能构成该项丧失继承权的条件。

第二种情形，为争夺遗产而杀害其他继承人的。首先，必须是继承人实施。其次，有杀害的行为。再次，杀害的对象是其他继承人。如果杀害的对象是继承人以外的人，即便构成犯罪，不构成该项情形。复次，主观上也是故意。最后，杀害其他继承人的目的是争夺遗产。如果因其他原因杀害了其他继承人，不构成该项情形。

值得注意的是，以上两种情形下，继承法并不要求行为构成犯罪。也就是说，继承人只要实施了上述行为，即便不构成刑事犯罪，也导致丧失

① 杨立新、朱呈义：《继承法专论》，高等教育出版社 2006 年版，第 70 页。
② 杨立新、朱呈义：《继承法专论》，高等教育出版社 2006 年版，第 79 页。

继承权的后果。当然如果上述行为构成了犯罪,肯定就丧失继承权了。

第三种情形,伪造、篡改或者销毁遗嘱,情节严重的。伪造遗嘱,是指继承人以被继承人的名义制作假的遗嘱,表达的内容并非被继承人处理遗产的真实意思;篡改遗嘱,是指继承人未经遗嘱人同意擅自更改了遗嘱内容,改变了遗嘱人的真实意思;销毁遗嘱,是指将遗嘱人合法成立的遗嘱破坏、毁灭,使得遗嘱人处理遗产的真实意思不为人知。上述三种针对遗嘱实施的违法行为,必须达到情节严重,才构成丧失继承权。我国继承法和司法解释并未概括描述情节严重的内涵,也未穷尽列举情节严重的情形,仅仅在《继承法意见》第十四条规定:“继承人伪造、篡改或者销毁遗嘱,侵害了缺乏劳动能力又无生活来源的继承人的利益,并造成其生活困难的,应认定其行为情节严重。”除此情形之外,是否构成情节严重,应当在实务中具体问题具体分析。

本案中,田某故意杀害周丁,导致周丁死亡。田某的行为已经构成故意杀害被继承人的情形,因此,田某丧失了对周丁遗产的继承权。

【相关案例简介】

伪造、篡改或者销毁遗嘱,情节严重的,丧失继承权[①]

余甲违背父亲遗嘱意思,伪造房屋分书,将房屋登记到自己名下,侵犯了其他继承人的权益,侵害了缺乏劳动能力又无生活来源的继承人的利益,导致其生活困难。详见本书案例第 38 篇。

【裁判要点】

继承人如有伪造、篡改或者销毁遗嘱,情节严重的,丧失继承权。详见本书案例第 38 篇。

---

① 案号:(2010)温永瓯商初字第 84 号,温州市永嘉县人民法院。

12. 什么是相对丧失继承权

【关键词】

相对丧失继承权　遗弃　虐待

赵某1等诉李某1等继承纠纷一审案[①]

★法院观点★

继承人遗弃被继承人的，丧失继承权。

【案情简介】

原告：赵某1、赵某2、赵某3、赵某4。

被告：李某1、赵某5。

法院经审理查明：四原告系被继承人赵某6之兄弟，被告李某1系赵某6之妻。位于北京市平谷区某镇的房屋系赵某6于1983年受批宅基地后由其兄弟帮忙建造而成，属赵某6个人所有。1992年6月12日，李某1带一子赵某5与赵某6登记结婚。二人婚后感情一般，2003年4

① 案号：（2016）京0117民初4217号，北京市平谷区人民法院。

月 23 日，李某 1 与赵某 6 在家中因琐事发生口角，后李某 1 和赵某 5 将赵某 6 打伤并将其遗弃家中，4 月 26 日，李某 1 回家后发现赵某 6 死亡。后检察机关对李某 1、赵某 5 提起公诉，2004 年 2 月，赵某 5、李某 1 因犯故意伤害罪被本院分别判处有期徒刑 14 年和 12 年。现二被告已刑满释放，释放后一直租房居住，争议房屋现空置。

【各方观点】

四原告观点：两被告故意伤害并遗弃赵某 6 致死，应该丧失继承权，原赵某 6 的房屋应当由四原告继承。

被告李某 1 观点：是赵某 6 的合法妻子，有继承权。虽然本人伤害过赵某 6，但是本人已经受到刑事处罚了，法律上并没有剥夺本人的继承权，本人犯法与房产没有关系。

被告赵某 5 未出庭应诉，亦未提交书面答辩意见。

【法院裁判理由】

继承人故意杀害被继承人，遗弃被继承人，或者虐待被继承人情节严重的，丧失继承权。本案中，两被告因琐事将赵某 6 打伤，后在明知赵某 6 负伤的情况下将其遗弃家中，导致赵某 6 死亡，两被告的行为符合上述规定的情形，应当丧失继承权。房屋属于赵某 6 生前个人所有，在作为第一顺序继承人的被告丧失继承权后，应当由第二顺序继承人依法继承。

【裁判依据】

《继承法》第七条、第十条。

【律师评析】

继承权的丧失,是指继承人在发生法律规定的事由时自然失去继承被继承人遗产的资格①;相对丧失继承权,是指虽因发生某种法定事由继承人的继承权丧失,但在具备一定条件时继承人的继承权也可最终不丧失,所以又称为继承权非终局丧失②。

根据我国《继承法》第七条第一款第(三)项的规定,继承人遗弃被继承人的,或者虐待被继承人情节严重的,丧失继承权。《继承法》并未规定继承权相对丧失的概念。但《继承法意见》第十三条规定:“继承人虐待被继承人情节严重的,或者遗弃被继承人的,如以后确有悔改表现,而且被虐待人、被遗弃人生前又表示宽恕,可不确认其丧失继承权。”

遗弃被继承人,是指对没有劳动能力又没有生活来源和没有独立生活能力的被继承人拒不履行扶养照顾义务。首先,继承人有扶养能力。其次,继承人有扶养义务。最后,遗弃对象是没有劳动能力又没有生活来源,没有独立生活能力的被继承人。如果被继承人自己有生活能力,有生活来源,则即便继承人未予实际扶养照顾,也不构成遗弃被继承人。

虐待被继承人,是指对被继承人以各种手段进行身体上或精神上的摧残折磨。

值得注意的是,要构成丧失继承权,虐待被继承人必须达到情节严重,遗弃则无此要求,只要有遗弃行为即构成丧失继承权。

上述两种情形下,继承人并不一定最终丧失继承权。满足以下两个条件,仍然有可能不被确认丧失继承权。首先,要有悔改表现,不再遗弃被继承人,或不再虐待被继承人,履行应尽的扶养照顾的义务。其次,被继承人、被遗弃人生前表示宽恕。实施了上述两种行为的继承人想不被确认丧失继承权,还应在被继承人生前取得其宽恕。

---

① 杨立新、朱呈义:《继承法专论》,高等教育出版社 2006 年版,第 70 页。

② 杨立新、朱呈义:《继承法专论》,高等教育出版社 2006 年版,第 79 页。

本案中,李某1和赵某6系夫妻关系,相互之间有扶养义务。案例中没有提到赵某6与赵某5是否构成有扶养关系的继父子关系,我们假设构成有扶养关系的继父子关系。则赵某5对赵某6也有扶养义务。两被告将赵某6打伤后,赵某6失去了独立生活能力,需要救治和照顾。两被告对其置之不理,任其伤势恶化最终死亡,虽不构成故意杀害被继承人,但已经构成遗弃被继承人,因此,两被告丧失了对赵某6的遗产继承权。

二、法定继承

13. 法定继承权是否男女平等

【关键词】
法定继承权　男女平等

庄甲诉庄乙等法定继承纠纷一审案①

★法院观点★

法定继承权男女平等。同一顺序继承人继承遗产的份额,一般应当均等。

【案情简介】

原告:庄甲。

① 案号:(2014)丰民初字第13178号,北京市丰台区人民法院。

被告:庄乙、庄丙。

法院经审理查明,庄某与李某系夫妻关系,育有庄甲、庄丙、庄乙三子女。庄某于1993年6月4日死亡,李某于2013年10月24日去世。庄某和李某遗留有位于丰台区新村的房屋一套。经原、被告协商一致,确认房屋价值为150万元。在庭审中原、被告均认可庄某、李某生前未留下遗嘱。被告庄丙表示要求继承房屋,原告庄甲、被告庄乙表示要求继承房屋的折价款。被告庄丙在庭审中自述,其处保管有若干元存款。涉案房屋目前拖欠有2008年至2014年的物业费和供暖费若干元。

【各方观点】

原告庄甲观点:涉案房屋为庄某与李某遗产,要求依法继承房屋,明确遗产继承份额。

被告庄乙观点:涉案房屋是庄某和李某共同所有,李某生前愿意将自己的一份无偿给予庄乙,故继承的应当是庄某的份额部分。

被告庄丙观点:李某生前也没有留下遗嘱,房屋都是遗产,应当由三个子女均分。

【法院裁判理由】

继承权男女平等。继承开始后,遗产由第一顺序继承人继承。同一顺序继承人继承遗产的份额,一般应当均等。庄某、李某生前未留下遗嘱,故其生前所留下的房屋及存款应作为遗产,由全体继承人按照法定继承的规定进行继承。庄乙主张李某生前愿意将自己的份额无偿给予其的主张依据不足。继承遗产应当清偿被继承人依法应当缴纳的税款和债务,缴纳税款和清偿债务以他的遗产实际价值为限。超过遗产实际价值部分,继承人自愿偿还的不在此限。李某生前未交纳的物业费、供暖费为其债务,应当以所留的存款进行清偿,剩余存款由继承人进行继承。

【裁判依据】

《继承法》第九条、第十条、第十三条、第三十三条。

【律师评析】

我国《宪法》第四十八条第一款规定:“中华人民共和国妇女在政治的、经济的、文化的、社会的和家庭的生活等方面享有同男子平等的权利。”我国《婚姻法》贯穿了宪法的男女平等精神。《婚姻法》第十三条规定:“夫妻在家庭中地位平等。”第十七条第二款规定:“夫妻对共同所有的财产,有平等的处理权。”第二十四条第一款规定:“夫妻有相互继承遗产的权利。”我国《继承法》也秉承了宪法的男女平等精神。《继承法》第九条规定:“继承权男女平等。”男女平等是继承法的主要原则之一。

继承权男女平等的基本含义包括:(1)女子不论已婚或未婚,不论初婚或再婚,不论参加工作或操持家务,均与男子有平等的继承权;(2)夫妻之间互有继承遗产的平等权利;(3)男女在法定继承人的范围和顺序上平等;(4)同一顺序的继承人在继承遗产的份额上平等;(5)男女平等地享有代位继承权和转继承权;(6)属于缺乏劳动能力又缺乏生活来源的人,在分配遗产时,不论男女,都予以平等地照顾;(7)在丧失继承权的问题上,男女平等;(8)对公婆尽了主要赡养义务的丧偶儿媳,对岳父母尽了主要赡养义务的丧偶女婿,享有平等的继承权①。

本案中,庄某和李某有子女三人。该三人,不论是男子,还是女子,均享有平等的继承权;在继承遗产时,继承份额不因性别不同而不均等。法院判决予以平等继承的做法符合继承法的规定,也符合宪法的精神。

实践中,认为出嫁女不得继承父母遗产,是一种典型的男女继承权不平等思想。该思想根源于封建社会中女性没有继承权的制度。在目

---

① 参见刘春茂主编:《中国民法学——财产继承》,人民法院出版社 2008 年版,第 38~40 页。

前的司法实践中，仍然有当事人提出这样的观点，这显然与时代脱节，与社会潮流相悖。

法定继承由继承法直接规定，男女平等享有继承权应该不是问题。但引申出一个问题，立遗嘱人在遗嘱中表示遗产仅由男性继承人继承，女性继承人不得继承，那么该遗嘱是否有效？一种意见认为，宪法和继承法都规定了男女平等，这样的遗嘱内容违反了宪法和继承法的规定，因而遗嘱中的相关内容无效。另一种意见认为，公民有处分个人合法财产的权利，有遗嘱自由，立遗嘱人愿意将所有的遗产由男性继承人继承是其处分遗产的权利，并不违法。如果认为遗嘱无效，应当具有法律依据。笔者认为，两种意见各有道理，具体到个案中，应该审查遗嘱相关内容的具体表述。一般情况下，立遗嘱人的表述不会直白地体现为有无继承权的区别在于男女两性的不同，而是会表述具体继承人的姓名、身份和继承的具体遗产。立遗嘱行为属于单方民事法律行为，不得违背法律规定，不得违背社会公序良俗。如果属于前者情况，未取得遗嘱继承权的女性继承人可以依据《宪法》和《民法总则》的规定，提起确认遗嘱无效的诉讼。如果是后者情况，未取得遗嘱继承权的女性继承人恐怕难以证明立遗嘱人的遗嘱行为违背了男女平等的法律精神。

14. 非婚生子女能否继承父母遗产？份额是否与婚生子女有差别

【关键词】

非婚生子女　继承权

高甲诉高乙继承纠纷一审案[①]

★法院观点★

非婚生子女享有与婚生子女同等的权利，任何人不得加以危害和歧视。

【案情简介】

原告：高甲。

被告：高乙。

法院经审理查明：高某与樊某生育有子女三人，长女高戊、次女高丙、儿子高辛。高丙于2006年5月7日因交通事故死亡。其生前与前

① 案号：(2009)绍越民初字第1419号，绍兴市越城区人民法院。

夫董某生育一女高乙，后因故离婚。离婚后，高丙与高丁同居，生育一子高甲。高丙车祸身亡后留下绍兴市住房一套、车棚一个。2006年11月24日，高丙的父亲高某、母亲樊某、女儿高乙经绍兴市公证处公证，高某、樊某自愿放弃继承高丙住房一套、车棚一个的继承权，上述房产归高乙一人继承。2009年2月24日，高乙归还了高丙生前借款111,800元，并办理了上述房产的权属变更登记。2009年2月26日，高乙以人民币560,000元之价将上述房产出卖。

【各方观点】

原告高甲观点：原告系高丙非婚生儿子，有权继承生母遗产。被告高乙继承并取得上述房屋及财产，故要求被告支付给原告房产折价款若干元。

被告高乙观点：原告不是被告母亲所生，原告无权继承高丙的遗产。即使原告确系高丙之子，但被告已经用高丙的遗产全部清偿了其生前所欠债务，故不存在遗产继承问题，原告也无权对遗产进行继承分割。

【法院裁判理由】

非婚生子女享有与婚生子女同等的权利，任何人不得加以危害和歧视。故原告享有与被告同等继承遗产的权利。高丙未留有遗嘱，遗产应按法定继承处理。高某、樊某自愿将可继承的份额赠送给被告高乙所有，于法不悖。因高乙擅自处分母亲遗留房产未经原告同意，故房屋价值应按原告向本院主张权利时评估值处理为妥，期间因房屋升值所产生的经济损失应由被告负担。同时，应扣除被告替高丙归还的借款。

【裁判依据】

《继承法》第三条、第五条、第十条、第十三条、第二十九条；《婚姻法》第二十五条第一款；《最高人民法院关于适用〈中华人民共和国婚姻法〉若干问题的解释（三）》（以下简称《婚姻法司法解释（三）》）第二条。

【律师评析】

婚生子女是男女双方在依法确立婚姻关系后所生育的子女，而非婚生子女则是在依法确立婚姻关系前或婚外行为所生的子女，如非法同居、婚前性行为、姘居、通奸乃至被强奸后所生的子女。我国《继承法》第十条规定："遗产按照下列顺序继承：第一顺序：配偶、子女、父母……本法所说的子女，包括婚生子女、非婚生子女、养子女和有扶养关系的继子女……"《婚姻法》第二十五条第一款规定："非婚生子女享有与婚生子女同等的权利，任何人不得加以危害和歧视。"婚生子女与非婚生子女，虽然在出生形式上是合法婚姻和非法婚姻的不同产物，但其法律地位却是相同的，享有相同的权利和承担相同的义务。

非婚生子女的法律地位与婚生子女完全平等，法律已经有了明确规定。难点在于如何在理论上界定婚生子女与非婚生子女，以及如何在个案中证明非婚生子女与生父母之间的血缘关系。第一，在婚姻关系存续期间夫妻双方受胎并所生育的子女应为婚生子女。第二，与婚姻关系之外的其他异性所生的子女应为非婚生子女。第三，合法婚姻关系的双方在婚前受胎并生育的子女，是婚生子女还是非婚生子女？笔者认为，该种情形在具备婚姻关系后属于婚生子女。第四，合法婚姻关系的双方在结婚前受胎、结婚后生育的子女，是婚生子女还是非婚生子女？笔者认为，该种情形应为婚生子女。第五，合法婚姻关系的双方在结婚后受胎、在离婚后生育的子女，是婚生子女还是非婚生子女？笔者认为，该种情形也应为婚生子女。第六，合法婚姻关系的双方在结婚前受胎、在离婚后生育的子女，是婚生子女还是非婚生子女？笔者认为，该种情形也应属于婚生子女。上述第三种至第六种情形，虽然受胎时间或是出生时间没有落在婚姻关系存续期间，但生育该子女的血缘父母之间存在婚姻关系，故可以认定为是婚生子女。第七，男在与 A 女婚姻关系存续期间与

B 女受胎，男与 A 女离婚并与 B 女结婚后生育子女，是婚生子女还是非婚生子女？笔者认为，应区别来看，该子女对男和 B 女而言是婚生子女，对 A 女而言既不是婚生子女也不是非婚生子女。

在个案中为证明系非婚生子女，一般可以提供出生医学证明、证人证言、亲子鉴定报告等。出生医学证明上记载了生父母的姓名，可以证明亲子关系。该证据系医疗机构出具，具有较强证明力。但实践中也不能排除当事人谎报生父母姓名的情况，如果有相反证据还是可能推翻该证据。亲子鉴定报告，通过遗传物质检验而确定亲子关系，具有较强证明力。无正当理由又拒绝做亲子鉴定的，将被推定承担不利后果。

15. 继子女是否有权继承继父母的遗产

【关键词】
继子女　继父母

吴某等诉彭甲等法定继承纠纷一审案[①]

★法院观点★

形成扶养关系的继子女与继父母互为第一顺序继承人。

【案情简介】

原告:吴某、王甲、王乙。

被告:彭甲、彭乙。

法院经审理查明:吴某与前夫于1990年经法院判决离婚,判决书确定双方所生之子王甲、王乙由吴某抚养;彭某与吴某于1993年9月登记结婚;彭甲、彭乙系彭某与前妻所生子女。2000年6月,彭某与某基建房产管理局签订《单位公有住房买卖契约》购买了×××号房屋,并于

① 案号:(2012)丰民初字第13427号,北京市丰台区人民法院。

2001 年取得该房屋所有权证。2011 年 12 月,彭某去世。

【各方观点】

三原告观点:王甲、王乙在吴某与彭某结婚时尚未成年,亦未参加工作,与彭某形成了扶养关系,有权继承彭某遗产;三原告均对彭某尽了主要赡养义务,应多分遗产。

两被告观点:王甲、王乙在吴某与彭某结婚时已年满 17 周岁,未与彭某形成扶养关系,不具备主体资格;同意与吴某分割上述房屋;被告方为彭某支付丧葬费用 69,396.5 元,扣除领取的彭某的丧葬费 5000 元后,其余费用应由继承人分担。

【法院裁判理由】

遗产房屋系彭某在其与吴某婚姻关系存续期间购得,并取得房屋所有权证书,房屋系二人夫妻共同财产,彭某对上述房屋享有 1/2 的财产份额。彭某死亡后,其财产份额应作为遗产。法定继承中,形成扶养关系的继子女与继父母互为第一顺序的继承人。王甲、王乙就其主张所提交的毕业证书、医疗费单据、证人证言等,可以证明其在吴某与彭某再婚时尚未成年,且其对彭某履行过赡养义务的相关事实,王甲、王乙与彭某形成了扶养关系,对彭某的遗产享有继承权。继承人是否与被继承人异地生活与继承人尽赡养义务多少并非直接关联,且三原告未提交充分证据证明被告不尽赡养义务。被继承人亲属在办理丧葬事宜时,应当本着缅怀亲人、寄托哀思、勤俭节约的原则,以自身经济条件为基础,相互协商、理性处理。彭甲、彭乙所主张的为彭某支付的丧葬费数额过高,依据本地生活水平酌定为 3 万元,扣除彭某单位发放的 5000 元后,余款由 5 人分担。

【裁判依据】

《继承法》第三条、第五条、第十条、第十三条、第二十六条、第二十九条。

【律师评析】

我国《继承法》第十条规定:“遗产按照下列顺序继承:第一顺序:配偶、子女、父母。第二顺序:兄弟姐妹、祖父母、外祖父母。继承开始后,由第一顺序继承人继承,第二顺序继承人不继承。没有第一顺序继承人继承的,由第二顺序继承人继承。本法所说的子女,包括婚生子女、非婚生子女、养子女和有扶养关系的继子女。本法所说的父母,包括生父母、养父母和有扶养关系的继父母。本法所说的兄弟姐妹,包括同父母的兄弟姐妹、同父异母或者同母异父的兄弟姐妹、养兄弟姐妹、有扶养关系的继兄弟姐妹。”根据该条规定,继子女与继父母之间互为第一顺序继承人的前提条件是“有扶养关系”。广义的“扶养”包含狭义的扶养、抚养、赡养。继父母与继子女之间有扶养关系,是指继父母对继子女予以了抚养,继子女对继父母予以了赡养。既为“抚养”,可见双方在形成继父母子女关系时,继子女处于未成年时期,继父母对继子女予以教育照顾等;所谓“赡养”,即继父母年老时,继子女予以生活上的照顾和经济上的支持等。继父母与对继子女有抚养,继子女对继父母有赡养,则应当认为双方之间符合《继承法》规定的“有扶养关系”。

事实上,再婚的家庭也有破裂的可能,再婚的婚姻关系也可能解除。在再婚关系解除后,继父母与继子女之间的关系应当如何认定?一种情况是再婚的婚姻关系解除时,继子女仍然是未成年人且此后随生父母生活,继父母对继子女的抚养没有至继子女成年。这种情况下,是否可以认定为双方之间有扶养关系?如果认定,是否应考虑扶养时间的长短?另一种情况是继父母对继子女抚养多年直至其成年后,再婚婚姻关系解除。这种情况下,是否可以认定为双方之间有扶养关系?如果不认定,是否会导致受到扶养的继子女在成年后逃避对继父母的赡养义务？

如果生父母与继父母再婚时，继子女已经成年，但是缺乏劳动能力又没有生活来源，继父母对继子女予以了生活上的照顾和经济上的支持，这种情形是否可以认定双方之间有扶养关系？如果生父母与继父母再婚时，继子女已经成年，继父母年老时，继子女予以了赡养，这种情形是否可以认定双方之间有扶养关系？认定继父母与继子女之间有扶养关系是否以继子女未成年未前提，还是无论继子女年龄如何，都有可能与继父母形成继父母子女关系？

对于上述的种种情形，笔者认为应当结合继父母子女关系形成的时间长短，继父母对继子女的抚养付出多寡，继子女对继父母赡养付出的多寡，综合地判断双方之间是否有扶养关系。

本案中，认定彭某与王甲、王乙有扶养关系，主要从以下几点考虑：(1)彭某与吴某再婚时，王甲、王乙尚未成年，也未参加工作，在经济上、生活上仍然受彭某照顾；(2)双方共同生活居住的时间较长；(3)彭某生病期间，王甲、王乙予以了赡养。彭某扶养了王甲、王乙，王甲、王乙也赡养了彭某，因此可以认定双方之间有扶养关系，从而认定王甲、王乙对彭某遗产有继承权。

16. 继子女是否有权既继承有扶养关系的继父母的遗产,又继承生父母的遗产

【关键词】

有扶养关系的继父母　生父母

赵某1与赵某2法定继承纠纷二审案①

★法院观点★

继子女有权既继承有扶养关系的继父母的遗产,又继承生父母的遗产。

【案情简介】

上诉人(原审原告):赵某1。

被上诉人(原审被告):赵某2。

一审法院查明:赵某1系赵某与蒋某所生之女。赵某与蒋某解除婚姻关系大致发生在1952年,由于年代久远,二人离婚后对赵某1的抚养

① 案号:(2017)京02民终4208号,北京市第二中级人民法院。

关系如何确定,已无从查找。赵某与王某系再婚夫妻关系,二人生育一女赵某2。赵某与王某登记结婚手续现已无法查找。档案出版社于1985年11月1日出版了由赵某等人编著的《社会科学情报工作概论》一书。赵某于1990年4月14日因病去世。1999年,王某购买位于东城区安定门外大街的房屋一套,所有权人登记为王某。王某名下北京银行、工商银行、交通银行存款若干元。王某于2012年11月11日因病去世。

【各方观点】

赵某1观点:王某名下银行存款、房屋的一半系赵某的遗产,赵某1对赵某的遗产享有继承权。王某对当时未成年的赵某1尽到了抚养义务,赵某1对王某也履行了赡养义务。王某与赵某1形成了扶养关系,对赵某、王某的遗产享有继承权。因此,赵某、王某的遗产50%由赵某1继承。遗产包括:(1)工商银行、北京银行和交通银行存款若干元;(2)位于北京市东城区安定门外大街的房屋一套;北京市东城区张自忠路某承租公房一间;(3)著作《社会科学情报工作概论》的著作权。

赵某2观点:赵某1与王某没有形成扶养关系;诉争房产是王某的个人财产不是夫妻共同财产,且存款是王某个人的;赵某的房产是公房,无法处理;赵某1已过继给伯父赵甲,形成了收养关系,与父母的权利义务关系消灭,并提供"过继字据"佐证。

【法院裁判理由】

一审法院观点:赵某1提交的个人履历表、人事档案摘抄件等均可以证明赵某与赵某1的父女关系。虽然,上述证据中赵某1填写的母亲一栏为王某,但是赵某1的履历反映其上学、工作直至退休均发生在石家庄市。由于赵某1未能证明其与王某形成了扶养关系,其仅能与赵某2继承赵某的遗产;王某的遗产应由赵某2一人依法继承。档案出版社于 1985 年 11 月 1 日出版了由赵某等人编著的《社会科学情报工作概论》一书，赵某享有的著作权发生在赵某与王某婚姻关系存续期间，该著作权的财产权益为二人共有，每人各占 1/2 份额，系赵某和王某的遗产。登记在王某名下的位于安定门外大街某房屋一套，购买时间为 1999 年，发生在赵某去世后，该房屋应为王某个人遗产。王某名下银行存款现有余额应为其个人遗产。对于张自忠路的承租公房一间，由于公有住房产权人并非被继承人，不是被继承人的遗产，赵某 1 对此承租房要求继承的诉求应另行解决。

二审法院观点：确定继父母和继子女是否形成扶养关系，应从继父母和继子女是否共同生活以及继父母是否对继子女的教育或生活费用给付了一部分或是全部等多方面综合考虑。具体到本案，赵某 1 与爷爷奶奶一起在石家庄生活，虽未与父亲赵某、继母王某生活在一起，但从其档案材料填写的家庭成员来看一直填写王某是其母亲，且王某的档案材料也称赵某 1 系自己的大女儿，再结合证人证言，本院认定赵某 1 未参加工作时的生活来源主要依靠父亲赵某和继母王某，赵某 1 也对王某予以照料，故应认定双方形成了扶养关系。我国《继承法》规定，继子女和继父母之间形成了扶养关系，就相互享有继承遗产的权利。现赵某 1 与继母王某之间形成了扶养关系，故赵某 1 有继承继母王某遗产的权利。“过继”并非我国现行法律所规定的设立或变更当事人身份的法律概念。现代汉语词典对“过继”一词的解释是：“把自己的儿子给没有儿子的兄弟、堂兄弟或亲戚做儿子；没有儿子的人以兄弟、堂兄弟或亲戚的儿子为自己的儿子。”将已成年的赵某 1 过继给赵甲不符合我国的传统习俗。故本案中“过继字据”名为过继，实质为遗赠扶养协议。且赵某 2 不能证明赵甲与赵某 1 形成收养关系，亦不能证明赵某 1 与其父母关系消除，故本院亦不予认定。我国继承法规定，同一顺序继承人继承遗产的份额，一般应当均等。赵某 1、赵某 2 均为赵某、王某的第一顺序继承人，本院确定被继承人赵某、王某的遗产由赵某 1、赵某 2 平均继承。位于张自忠路的承租公房并非遗产，原审法院对此不予处理，并无不当。

【律师评析】

我国《继承法》第十条规定："遗产按照下列顺序继承：第一顺序：配偶、子女、父母。第二顺序：兄弟姐妹、祖父母、外祖父母……本法所说的子女，包括婚生子女、非婚生子女、养子女和有扶养关系的继子女。本法所说的父母，包括生父母、养父母和有扶养关系的继父母……"根据上述规定，生子女对生父母有遗产继承权，有扶养关系的继子女对继父母有遗产继承权。

亲生关系，是指通过精子卵子受孕、胚胎发育、分娩生育子女的，子女与父母的关系。生子女对生父母有遗产继承权，这是继承最基本的应有之义，也是继承法最基本的规定。无论婚生，还是非婚生，都是生子女，都有平等的继承权。

继父母子女关系，是指生父母离婚或一方死亡，生父母与他人结婚的，生父母的该配偶与本人的关系。继父母与继子女之间并不必然互有继承权。根据继承法的规定，继父母与继子女有扶养关系的，才互有继承权，否则不相互享有继承权。何为有扶养关系，继承法并没有具体规定。笔者认为，要认定有扶养关系，应当通过双方共同生活的时间、扶养或赡养的时间和精力、物质和精神的付出，来综合考量。

在父母离婚、生父母与他人再婚的情况下，必然同时存在生父母子女关系和继父母子女关系。那么继子女是否有权既继承有扶养关系的继父母的遗产，又继承生父母的遗产？答案应当是肯定的。继承法规定，子女包括生子女和有扶养关系的继子女。那么，本人一方面在生父母这里可以继承生父母的遗产，另一方面在有扶养关系的继父母那里也可以继承继父母的遗产。可见，继父母子女关系与生父母子女关系，在继承权问题上，并不相互冲突；继父母子女关系的建立，并不导致生父母子女关系的失去。这与养父母子女关系与生父母子女关系的冲突，是不同的。

同样，继父母也有权既继承有扶养关系的继子女的遗产，又继承生子女的遗产；继兄弟姐妹有权既继承有扶养关系的继兄弟姐妹的遗产，又继承生兄弟姐妹的遗产。

17. 形成扶养关系的继子女是否有权代位继承

【关键词】
代位继承　自然血亲　拟制血亲　亲生子女　养子女　形成扶养关系的继子女

梁某诉许某甲等物权确认纠纷一审案①

★法院观点★

形成扶养关系的继子女与生子女一样，有权代位继承。

【案情简介】

原告：梁某。

被告：许某甲、许某乙、许某丙、张某甲、许某丁。

第三人：张某乙，同时系张某甲和许某丁的法定代理人。

法院经审理查明，原告梁某与被继承人许某系夫妻关系，共育有三个子女，分别为许某甲、许某乙及许某戊。许某戊与张某乙系夫妻关系，二人于2006年10月9日结婚，婚后生育许某丁，张某甲系张某乙的儿

① 案号：(2014)新民初字第1523号，石家庄市新华区人民法院。

子、许某戊的继子，许某丙系被继承人许某戊的女儿。被继承人许某于2008年4月19日去世，生前未立遗嘱。许某戊于2008年3月2日去世。

许某戊名下有宅基地一处。2006年8月，被继承人许某戊在上述宅基地上建设三层楼房，共计房屋20间。2006年12月31日，许某戊、许某己、梁某甲签订一份协议，约定：前排底层从东数第二间和后排从西数第二间房屋产权归许某己、梁某甲所有。两间房屋的面积共计28.95平方米。2008年2月19日，许某戊立下一份公证遗嘱，内容为：将上述房产留给我父亲许某己、母亲梁某甲房屋两间，其余房产由我的妻子张某乙、继子张某甲及张某乙所孕育的我与张某乙的胎儿共同继承。

【各方观点】

原告梁某观点：上述两间房产约28.95平方米是我和许某己的夫妻共同财产。两间房产中属许某己的一间，应由我和许某甲、许某乙继承。许某戊先于其父许某死亡，其继承份额由其女儿许某丙、张某甲、许某丁代位继承。要求确认我在上述两间房屋中享有的份额及相应的土地使用权。

被告许某甲、许某乙、许某丙观点：同意把属于自己的份额给梁某。

被告张某甲观点：梁某享有的应是房屋的居住使用权；协议属于房屋赠予，未办理过户变更，房屋产权未发生转移。公证遗嘱房产留给许某己、梁某甲两间，应为两间房屋的居住使用权。许某丁和张某甲对许某己的房产份额享有代位继承权。

【法院裁判理由】

本案中，许某戊与梁某、许某签订的协议系双方真实意思表示，许某戊也立下公证遗嘱，两间房屋应为梁某和许某的夫妻共同财产。被继承人许某生前未立遗嘱，其遗产应由其妻子、子女依法继承，即梁某、许某乙、许某甲、许某戊；因其子许某戊先于其去世，许某戊应继承的遗产份额依法应由许某戊的子女，即许某丙、被告张某甲、被告许某丁，代位继承。许某甲、许某乙、许某丙明确表示其应当继承的部分由梁某继承，综上，原告梁某依法应继承的上述两间房屋的份额为11/12（1/2+1/2×1/4×3个人+1/2×1/4×1/3）。

【裁判依据】

《继承法》第五条、第十条、第十一条、第十三条、第十六条、第十七条、第二十条。

【律师评析】

代位继承又称间接继承，是指继承人先于被继承人死亡时，由继承人的直系血亲卑亲属代为取得其应继份额的一种制度①。我国《继承法》第十一条规定：被继承人的子女先于被继承人死亡的，由被继承人的子女的晚辈直系血亲代位继承。

发生代位继承应具备的条件，首先是被继承人的子女先于被继承人死亡；其次，被代位继承人应为被继承人的直系血亲卑亲属；再次，代位继承人应为被代位继承人的直系血亲卑亲属；最后，代位继承人应为被继承人的直系血亲卑亲属。应当注意，同时满足第二、三条件的，不一定必然满足第四条件。

血亲，是指有血缘关系的亲属，是以具有共同祖先为特征的亲属关系。血亲可以分为直系血亲和旁系血亲。从自身往上数的亲生父母、祖父母、外祖父母等均为长辈直系血亲；从自身往下数的亲生子女、孙子女、外孙子女均为晚辈直系血亲；兄弟姐妹、伯伯、叔叔、姨母和侄、甥等，

① 参见刘春茂主编：《中国民法学——财产继承》，人民法院出版社2008年版，第228页。

无论长辈、平辈、晚辈，都是旁系血亲。血亲又可以分为自然血亲和拟制血亲。自然血亲，指出自同一祖先、因出生而自然形成的具有真实血缘联系的亲属，如亲生父母子女关系等。拟制血亲，指本无该种血亲应具有的血缘关系，而由法律确认其与该种自然血亲具有同等权利义务的亲属，如养父母子女关系、形成扶养关系的继父母子女关系等。

为此，亲生子女、养子女、形成扶养关系的继子女均可以成为上述代位继承中的被代位继承人和代位继承人。《继承法意见》第二十六条规定：被继承人的养子女、已形成扶养关系的继子女的生子女可代位继承；被继承人亲生子女的养子女可代位继承；被继承人养子女的养子女可代位继承；与被继承人已形成扶养关系的继子女的养子女也可以代位继承。对该条规定进行排列，似乎形成扶养关系的继子女不能成为代位继承人，但是根据《继承法》第十一条的规定，形成扶养关系的继子女并未被排除在被继承人的子女的晚辈直系血亲之外。

本案中，许某戊先于其父许某死亡，许某戊的亲生子女许某丙和许某丁系代位继承人，享有代位继承权。张某甲系许某戊形成扶养关系的继子，法院也确认其系代位继承人，享有代位继承权。

18. 代位继承是否有辈数限制

【关键词】

代位继承　辈数

成甲诉成乙共有财产分割纠纷一审案①

★法院观点★

被继承人的子女先于被继承人死亡的，由被继承人的子女的晚辈直系血亲代位继承。

【案情简介】

原告：成甲。

被告：成乙。

第三人：成丙、成丁、余甲、余乙。

法院经审理查明：成某与唐某婚后育有成丁、成戊、成丙、成甲及成卯五个子女。唐某于2001年死亡。成某于2011年死亡。成卯于1984

① 案号：(2015)蓬民初字第295号，蓬安县人民法院。

年死亡，生前育有一子取名成辛。成辛于1998年死亡，生前育有一子，取名成乙。成戊于2004年死亡，生前与余甲育有一女取名余乙。

2002年8月，成丁、成戊、成丙分别进行公证，对诉争房屋作出声明：(1)当时出资修建该房屋的出资款为赠与父母，对此不主张产权。(2)母亲唐某死亡后，应对该房屋享有的遗产自愿放弃，该房屋全权由成某做主。2002年10月9日，成某、成甲与成乙签订协议书并公证：(1)成甲在父母建房时出资，对该房享有部分产权，对母亲遗产享有继承权。父亲成某自愿将部分产权分割给成甲所有。因此，该幢房屋第二层住房及面对该房右边一间的底层铺面产权划归成甲所有。(2)成乙属二老的曾孙子(代位继承人)，除应代位继承份额外，决定将该幢房屋除已分给成甲后的剩余部分即三楼住房和底楼面对该房左边的一间铺面产权划归成乙所有。原告请求对房屋进行分割。成丁、成丙、余甲及余乙提交书面意见书：(1)自愿放弃该房屋属自己部分的分割。(2)自愿放弃对成某、唐某死亡后遗产的继承权。(3)该房屋如何分割由成甲和成乙协商处理，不予干涉。

【各方观点】

原告成甲观点：协议约定部分房屋产权划归本人所有，请求将此幢房屋应属本人的部分分割为本人所有。

被告成乙观点：因客观原因不能办理过户，同意按协议约定分割。

成丁、成丙、余甲、余乙观点：自愿放弃份额，财产由成甲、成乙处理。

【法院裁判理由】

房屋建成后，成丁、成丙与成戊均表明其投资款系对父母的赠与。唐某去世后，成丁、成丙与成戊均表示放弃继承。因此该房屋属成某、成甲、成乙共同共有财产。成某、成甲、成乙签订协议书对房屋进行分割，系各方当事人的真实意思表示，内容也不违反国家法律、行政法规的强制性规定,应当认定合法有效。成某将自己享有的财产份额分给儿子成甲和曾孙成乙(代位继承人),该房屋转化为成甲、成乙二人的共有财产。诉讼中,原告成甲、被告成乙均同意按协议的约定进行分割,予以支持。

【裁判依据】

《物权法》第九十四条、第一百条;《继承法》第十一条。

【律师评析】

我国《继承法》第十一条规定:被继承人的子女先于被继承人死亡的,由被继承人的子女的晚辈直系血亲代位继承。《继承法意见》第二十五条规定:被继承人的孙子女、外孙子女、曾孙子女、外曾孙子女都可以代位继承,代位继承人不受辈数的限制。首先,只能是晚辈亲属对长辈亲属的遗产享有代位继承权,长辈亲属对晚辈亲属的遗产不享有代位继承权。其次,晚辈亲属中享有代位继承权的不仅包括男系晚辈亲属,即孙子、曾孙子、外孙、曾外孙等,也包括女系晚辈亲属,即孙女、曾孙女、外孙女、曾外孙女等。最后,代位继承不受辈数限制。为了能表述清楚,我们姑且把被继承人称为第一代,被继承人的子女称为第二代,依此类推。如果被继承人的子女先于被继承人死亡的,由该子女(第二代)的子女(第三代)代位继承。这种情况简单讲就是孙子女、外孙子女对祖父母、外祖父母遗产的代位继承。如果被代位继承人的子女(第三代)也先于被继承人死亡的,则由该子女(第三代)的子女(第四代)代位继承。这种情况下,简单讲就是曾孙子女、曾外孙子女对曾祖父母、曾外祖父母的遗产的代位继承。假如第四代也先于被继承人死亡,则由第五代子女代位继承。

本案中,成某与唐某生成卯,成卯生成辛,成辛生成乙。成卯、成辛均先于成某死亡,则成乙作为曾孙子代位继承了曾祖父母的遗产。案例中对与成乙的代位继承权,各方并无异议,事先也签订了协议书,该协议书的内容体现了成乙的代位继承权。

接续前面的讨论,如果第三代有代位继承权的子女为两人,其中一人生育了第四代子女后也先于被继承人死亡,那么此时,第二代的继承份额只能由尚生存的一个第三代子女代位继承,还是死亡的第三代子女的子女(第四代)也有代位继承权?笔者认为这种情况下应当由第三代与第四代共同代位继承。根据继承法规定和司法解释,被代位继承人的晚辈直系血亲有代位继承权,不受辈数限制,不论辈数差别,也不论人数多少。那么不同辈数的晚辈直系血亲可以共同代位继承。当然各自的份额应当按照各自被代位继承人的份额和同一顺序继承人人数确定。

19. 父母丧失继承权或放弃继承权的，子女是否还有代位继承权

【关键词】

丧失继承权　放弃继承权　代位继承权

朱某等诉李某等析产继承纠纷一审案[①]

★法院观点★

父母丧失继承权的，子女无权代位继承。

【案情简介】

原告：朱某、吴戊。

被告：李某、吴甲、吴乙。

法院经审理查明：吴某与李某系夫妻关系，生育吴甲、吴乙、吴丙、吴丁。吴丁于1984年溺水死亡，未成年。吴丙生前不孝敬父母，经常打骂吴某。1993年5月，吴丙欲对吴某进行不法侵害时，被吴某击中要害部

① 案号：(2007)海民初字第6181号，北京市海淀区人民法院。

位死亡。朱某系吴丙妻子,吴戊系吴丙儿子。吴某名下登记有一处宅基地,位于北京市海淀区某村,地上建有38间房。2004年6月7日,吴某死亡。

【各方观点】

原告朱某、吴戊观点:诉争房屋系家庭共有房屋,要求析产;吴戊系吴丙儿子,有权代位继承吴某的遗产。

被告李某、吴甲、吴乙观点:诉争房屋是吴某、李某夫妻共同财产,不是家庭共同财产;吴丙生前不孝敬父母,打骂吴某,在侵害吴某时被吴某击中要害死亡,吴丙丧失继承权,吴戊无权代位继承。

【法院裁判理由】

诉争房屋的宅基地登记在吴某名下,朱某未提交房屋系家庭共有的证据,房屋系吴某和李某夫妻共同财产。吴丙生前不孝敬父母,打骂吴某,在不法侵害吴某时被吴某击中要害死亡,吴丙丧失继承权。父亲丧失继承权的,儿子吴戊无权代位继承祖父的遗产。

【裁判依据】

《继承法》第七条。

【律师评析】

代位继承又称间接继承,是指继承人先于被继承人死亡时,由继承人的直系血亲卑亲属代为取得其应继份额的一种制度。[①] 我国《继承法》第十一条规定:被继承人的子女先于被继承人死亡的,由被继承人的

---

① 参见刘春茂主编:《中国民法学——财产继承》,人民法院出版社2008年版,第228页。

子女的晚辈直系血亲代位继承。

代位继承人本非法定继承人,没有法定继承权。代位继承人之所以能继承遗产,是因为其系已经死亡的直系尊亲属有法定继承权。代位,顾名思义就是代别人之位,代位继承人代的就是其直系尊亲属的位。可以说,被代位人的权利是代位继承人的权利来源。因此,如果被代位人丧失了继承权或放弃了继承权,则代位继承人也就成了“无源之水,无本之木”,没有权利来继承被继承人的遗产了。案例中,吴丙丧失了继承权,则吴戊作为吴丙的儿子不再享有代位继承祖父吴戊遗产的权利。

20. 未形成扶养关系的继子的妻子是否属于丧偶儿媳

【关键词】

形成扶养关系的继子　丧偶儿媳　第一顺序继承人

吴某诉秦某等法定继承纠纷一审案①

★法院观点★

未形成扶养关系的继子的妻子不属于丧偶儿媳，不能根据《继承法》第十二条之规定作为第一顺序继承人。

【案情简介】

原告：吴某。

被告：胡甲。

被告兼胡甲法定代理人：秦某。

① 案号：(2013)顺民初字第7812号，(2014)顺民初字第2807号，北京市顺义区人民法院。

法院经审理查明：白某系吴某之子，出生于1973年。吴某与胡某于1996年，登记结婚。白某与秦某于1999年登记结婚。胡甲系白某与秦某之子，出生于1999年。白某于2012年去世，胡某于2013年去世。

涉诉房屋位于北京市顺义区某地的后院内，有北正房5间，东厢房3间，西厢房3间。双方均认可，北正房5间、西厢房3间为胡某婚前个人财产。东厢房3间建于2005年左右。

吴某、胡某结婚后，白某随吴某与胡某一起生活。白某、秦某结婚后，在北京市顺义区某地前院购置了房屋，胡某、吴某遂搬去前院与白某、秦某夫妻共同生活。白某虽为胡某继子，但白某的儿子出生后随胡某的姓氏，取名胡甲。白某和秦某对胡某尽到了主要赡养责任。白某去世后，秦某对胡某尽到了主要赡养责任。

【各方观点】

原告吴某观点：胡某与白某未形成扶养关系，白某无权继承胡某遗产，胡某的法定继承人只有吴某一人。秦某强占房屋，要求确认遗产房屋归吴某所有。

被告秦某、胡甲观点：涉诉房屋有秦某的投资份额，应当先析产；秦某、胡甲均有法定继承权。

【法院裁判理由】

（2013）顺民初字第7812号案件法院观点：（1）涉诉宅院内的北正房5间、西厢房3间属于胡某的遗产，东厢房3间属于吴某、胡某、秦某、白某家庭关系存续期间的共有财产。（2）吴某与胡某结婚时，白某已经成年，胡某与白某之间不形成抚养关系，白某不是胡某的法定继承人，故胡甲不能代位继承胡某的遗产。白某与胡某共同生活期间，已经形成事实上的继父子关系，白某、秦某婚后对胡某、吴某进行了实际上的赡养，白某去世后，秦某照顾生病的胡某，直至胡某去世，尽到了对胡某的主要赡养义务。依照法律规定,丧偶儿媳对公、婆尽到了主要赡养义务的,作为第一顺序继承人,因此,秦某应作为胡某的法定继承人,参与继承胡某的遗产。吴某作为胡某的妻子,依法对胡某的遗产享有继承权。因此,吴某、秦某每人各应分得胡某遗产的 1/2。涉诉东厢房 3 间作为家庭共有财产,亦由吴某、秦某依法分割,每人分得 1/2。

吴某上诉,二审法院发回重审。

(2014)顺民初字第 2807 号案件法院观点:(1)吴某与胡某结婚时,白某已经成年,胡某与白某不形成抚养关系,白某无权继承胡某遗产;秦某与胡某之间也不形成丧偶儿媳与公公之间的关系,故秦某也无权继承胡某的遗产。胡某的第一顺序法定继承人只有其吴某一人,依法应由吴某进行继承。(2)东厢房 3 间建于胡某、吴某、白某、秦某共同生活期间,应视为该四人的家庭共有财产,吴某、秦某各自享有 1/4 的份额。胡某的份额,应由其法定继承人吴某继承。白某的份额,应由其法定继承人,即其妻子秦某、其子胡甲、其母亲吴某进行继承。

【裁判依据】

《继承法》第十条、第十二条、第十六条第二款、第十七条、第十三条第一款;《继承法意见》第三十条。

【律师评析】

《继承法》第十二条规定:“丧偶儿媳对公、婆,丧偶女婿对岳父、岳母,尽了主要赡养义务的,作为第一顺序继承人。”丧偶儿媳、丧偶女婿有条件地作为第一顺序继承人,是我国继承法的一个突出特点,这一规定鼓励了丧偶儿媳、丧偶女婿承担起赡养公婆、岳父母的责任,发挥了家庭的社会功能,也体现了权利义务相一致的原则。在司法实践中,如何认定尽了主要赡养义务一般应从以下三方面考量:(1)经济上是否给予了扶助和供养;(2)日常生活上是否给予了照料;(3)赡养行为是否经常性和长期性。这三点均需满足才能认定尽了主要赡养义务。

继子女,是指配偶的一方对于另一方与其前夫或前妻所生的子女而言。继子女与继父母之间的关系,是因父母一方死亡、另一方再婚或者父母离异、一方或双方再婚而形成。继子女与继父母之间并不必然互相享有继承权,而应当具备形成扶养关系这一条件。有关何为形成扶养关系这一问题,法律和司法解释没有作出明确的规定和解释。一般认为,首先,继子女未成年时,继父母给予了经济上、生活上的扶养、教育、照顾,双方之间应当成了扶养关系。这应当没有什么争议。其次,扶养多少年才算形成扶养关系?扶养年数较多,但在继子女成年之前,因继父母与生父母离婚导致未再继续扶养至成年,算不算形成扶养关系?扶养至成年,但实际扶养年数较少,算不算形成扶养关系?最后,生父母与继父母再婚时,子女已经成年,后成年子女对年老的或缺乏生活来源或自理能力的继父母的赡养,是否形成扶养关系?广义的扶养应当涵盖了赡养。

继子女可以分为形成扶养关系的继子女和未形成扶养关系的继子女两类。根据继承法的规定,前者享有继承权,后者不享有继承权。但从概念外沿来看,后者仍属于继子女,这是毋庸置疑的。

本案中,7812 号判决认定了白某系胡某继子,因此认定了秦某系丧偶儿媳,因其尽了主要赡养义务从而认定秦某为第一顺序继承人;认定白某与胡某没有形成扶养关系,因此否定了白某对胡某的继承权,从而否定了胡甲的代位继承权。2807 号判决否定了秦某与胡某的儿媳与公公的关系,实质上等于是否定了白某与胡某的继父子关系;因不属于丧偶儿媳,也否定了秦某作为第一顺序继承人。笔者认为,首先,白某系胡某继子。无论白某与胡某之间有无形成扶养关系,白某的母亲与胡某再婚,白某与胡某之间就是继父子关系。因此,秦某与胡某之间也当然是儿媳与公公的关系,秦某在白某死亡后对胡某尽了主要赡养义务,作为丧偶儿媳可以作为第一顺序继承人。其次,白某与胡某已经形成扶养关系。广义的扶养概念涵盖了赡养,那么白某对胡某年老时共同生活、给予照顾,尽了主要赡养义务,白某与胡某已经形成扶养关系。因此,白某对胡某的遗产有继承权,胡甲也因此享有代位继承权。

笔者认为,未形成扶养关系的继子的妻子,如果对公婆尽了主要赡养义务,也应作为第一顺序继承人继承公婆的遗产。虽未形成扶养关系,但作为继子的妻子的身份,使两者之间的身份是儿媳与公婆的关系,那么也就是丧偶儿媳与公婆的关系,只要尽了主要赡养义务,应当适用《继承法》第十二条之规定,作为第一顺序继承人。丧偶女婿也同理适用。

21. 丧偶儿媳继承公婆遗产，丧偶女婿继承岳父母遗产，其子女是否还能同时享有代位继承权

【关键词】

丧偶儿媳　丧偶女婿　代位继承

吴甲诉樊甲等法定继承纠纷一审案[①]

★法院观点★

丧偶儿媳作为第一顺序继承人继承公婆遗产时，不影响其子女代位继承。

【案情简介】

原告：吴甲。

被告：樊甲、吴乙、樊乙。

法院经审理查明：原告吴甲与被告吴乙系兄妹关系，被告樊甲与被

① 案号：(2014)宝民一(民)初字第7374号，上海市宝山区人民法院。

告樊乙系父子关系。被继承人秦某与其丈夫吴某(1994年死亡)共生育二子二女，即吴丙(2010年4月死亡)、吴乙、吴甲、吴丁(1987年死亡)。吴丙未婚未育，吴丁与被告樊乙婚后生育被告樊甲和案外人樊丙。秦某于2010年11月去世。

1997年秦某因房屋拆迁分得系争房屋，并一直居住于系争房屋。2007年11月，系争房屋登记权利人为秦某和樊甲，为共同共有。

秦某与樊乙、樊甲共同生活，直至2010年11月去世。其间，樊乙照顾秦某日常生活起居、送医治疗，尽到了生养死葬的义务，吴甲鲜少探望过秦某。

吴乙、樊丙明确表示放弃继承权。

原、被告均一致确认被继承人秦某的遗产为系争房屋的1/2。

【各方观点】

原告吴甲观点：涉诉房屋登记权利人为被继承人秦某和樊甲，为共同共有，应有1/2的房产份额为被继承人秦某的遗产，要求取得系争房屋相应份额的折价款人民币30万元。

被告樊甲、樊乙观点：樊乙与被继承人秦某之间有遗赠扶养协议，樊乙已经按协议履行了扶养义务，秦某对系争房屋享有的份额应按照遗赠扶养协议由樊乙继承。如果法院经审查认为遗赠扶养协议无效，则主张以丧偶女婿尽了主要赡养义务，应作为第一顺位继承人参与继承，而原告在被继承人生病期间并未尽到赡养义务，故要求被告樊乙多分，原告吴甲少分。

【法院裁判理由】

樊乙对被继承人秦某尽到了主要赡养义务，被告樊乙可以作为第一顺序继承人。吴甲系被继承人秦某的女儿享有继承权，樊甲作为代位继承人，亦享有代位继承权。吴甲在被继承人秦某已年迈的情况下，鲜少探望被继承人,可以认定对被继承人秦某未尽到扶养义务;而樊乙与被继承人秦某共同生活,符合法定可以多分的情况。为此,确定被继承人秦某在系争房屋中的1/2份额归樊甲所有,樊甲分别支付原告吴甲、被告樊乙相应房屋折价款18万元、22万元。

【裁判依据】

《继承法》第五条、第十条、第十二条、第十三条、第二十六条第二款、第二十九条;《继承法意见》第五十八条。

【律师评析】

《继承法》第十一条规定:"被继承人的子女先于被继承人死亡的,由被继承人的子女的晚辈直系血亲代位继承。代位继承人一般只能继承他的父亲或者母亲有权继承的遗产份额。"代位继承人是代表被代位继承人的地位而继承被继承人的财产,其法律地位与被代位继承人同一顺序的其他继承人相同,可以取得被代位继承人的应继份额。①

《继承法》第十二条规定:"丧偶儿媳对公、婆,丧偶女婿对岳父、岳母,尽了主要赡养义务的,作为第一顺序继承人。"丧偶儿媳、丧偶女婿有条件地作为第一顺序继承人,是我国继承法的一个突出特点,这一规定鼓励了丧偶儿媳、丧偶女婿承担起赡养公婆、岳父母的责任,发挥了家庭的社会功能,也体现了权利义务相一致的原则。

《继承法意见》第二十九条规定:"丧偶儿媳对公婆、丧偶女婿对岳父、岳母,无论其是否再婚,依继承法第十二条规定作为第一顺序继承人时,不影响其子女代位继承。"丧偶儿媳对公婆、丧偶女婿对岳父母遗产的继承权,是基于其儿媳或女婿的身份,加之其对公婆或岳父母尽到主

① 参见刘春茂主编:《中国民法学——财产继承》,人民法院出版社2008年版,第229页。

要赡养义务而产生；代位继承人的继承权，是基于其系被继承人的子女的晚辈直系血亲的身份，加之被继承人的子女先于被继承人死亡的事实而产生。两者系不同的继承权，权利产生的原因不同，也不会造成重复享有权利的问题，因此，丧偶儿媳、丧偶女婿的继承权与其子女的代位继承权互不影响，各自享有。

22. 继承人在遗产分割前死亡的,遗产应如何继承

【关键词】

转继承

曹甲诉姚甲法定继承纠纷一审案①

★法院观点★

继承人在被继承人死亡之后、遗产分割之前死亡的,依法发生转继承,遗产由继承人的继承人继承。

【案情简介】

原告:曹甲。

被告:姚甲。

法院经审理查明,曹某(2002 年 1 月 27 日过世)与张某(2013 年 7 月 24 日过世)系夫妻关系,两人生育一女曹乙,曹乙(2013 年 6 月 1 日过世)与被告姚甲系夫妻关系,两人未生育子女。另,曹某、张某夫妇于

① 案号:(2015)崇民一(民)初字第 1843 号,上海市崇明县人民法院。

1947 年收养一女曹甲即本案原告。

系争房屋登记在被告姚甲名下，坐落于上海崇明县。1983 年社员住宅房屋人口调查表显示，家庭人员非农业人口为姚甲、曹乙，住房建筑面积 51.6 平方米、住房 2 间。2009 年，姚甲、曹乙夫妇对上述房屋进行翻建并扩大面积，建成大约为 90 平方米的平房 3 间(无任何审批手续)。

【各方观点】

原告观点：争议房屋系曹乙与姚甲夫妻的共同财产，张某对曹乙的遗产继承由原告转继承。原告是张某养女，唯一的法定继承人，故原告有权享有争议房屋的 1/4 份额。

被告观点：曹甲不是张某养女，没有养父母子女关系，无继承权。

【法院裁判理由】

系争房屋属于被告姚甲与被继承人曹乙的共同财产，其中的一半份额为被继承人曹乙的遗产。曹乙生前未留有遗嘱，其遗产部分应当依照法定继承，被告姚甲与张某作为第一顺位继承人，依法享有继承权。张某在被继承人曹某乙去世之后、遗产分割之前去世，依法发生转继承，由其女儿即本案原告曹甲转继承其有权继承的遗产份额。原、被告对曹乙遗产部分各享有 1/2 的继承权。

【裁判依据】

《继承法》第三条、第五条、第十条、第十三条；《继承法意见》第五十二条。

【律师评析】

转继承，又称再继承或连续继承，是指继承人在被继承人死亡后、遗产分割前死亡,尚未实际分得遗产且未放弃或丧失继承权,其应继份额转归他自己的继承人继承。① 发生转继承必须具备四个条件:(1)继承人死亡发生在继承开始后、遗产分割前;(2)继承人没有丧失或放弃继承权;(3)继承人尚未取得遗产;(4)由继承人的继承人来继承继承人可以继承他的被继承人的遗产份额。继承人在被继承人之前死亡的,不发生转继承,可能发生的是代位继承。继承人在遗产分割、取得遗产后死亡的,不发生转继承,继承人的继承人可以继承其该遗产。继承人丧失或放弃继承权的,则转继承也不可能发生。

转继承实质上是两次及以上的继承,代位继承是一次继承。转继承中,继承人后于被继承人死亡,而代位继承中,继承人先于被继承人死亡。

我国《继承法》未直接规定转继承。但《继承法意见》第五十二条规定:"继承开始后,继承人没有表示放弃继承,并于遗产分割前死亡的,其继承遗产的权利转移给他的合法继承人。"这条可以看做是转继承的规定。转继承转移的不是继承权,而是可继承遗产的财产份额所有权。

① 参见刘春茂主编:《中国民法学——财产继承》,人民法院出版社 2008 年版,第 240 页。

23. 法定应继份额

【关键词】

法定应继份额

孙某等诉成某等法定继承纠纷一审案[①]

★法院观点★

被继承人生前未留遗嘱的，遗产按照法定继承；第一顺序继承人配偶、父母、子女继承份额均等。

【案情简介】

原告：孙某、金某。

被告：成某、孙乙。

经审理查明：被继承人孙甲与两原告系父母子女关系、与被告成某系夫妻关系，与被告孙乙系父女关系。被继承人与成某于 1989 年 7 月登记结婚，双方婚后仅生育一女即被告孙乙。孙甲于 2016 年 2 月去世，

① 案号：(2016) 沪 0105 民初 15493 号，上海市长宁区人民法院。

其生前未留有书面遗嘱。

被继承人孙甲与被告成某在双方婚姻关系存续期间,共同购买了新桥镇房产两套,并于 2006 年 6 月办理了预告登记,权利人登记在成某和孙甲二人名下。被告成某个人住房公积金账户于 1991 年 5 月 1 日开户,截至孙甲死亡之日,尚存有公积金余额 210,329.34 元。被继承人孙甲个人住房公积金账户于 1995 年 10 月 20 日开户,截至孙甲死亡之日,尚有公积金余额 262,920.55 元。被继承人孙甲去世后基本养老保险个人账户尚存余额 215,546 元。被继承人孙甲生前在兴业证券设立的证券交易账户,现尚有股票:新黄浦 90 股、国投新集 15000 股。孙甲在申万宏源证券设立的证券交易账户,现尚有锦港 B 股 6022 股。被告成某在海通证券设立的证券交易账户,现尚有股票:万通地产 24000 股、金晶科技 26000 股、漳泽电力 20000 股、森马服饰 2000 股。上述股票在 2017 年 3 月 9 日的收盘价分别为:新黄浦 19.82 元/股(市值 1783.80 元)、国投新集 5.40 元/股(市值 81,000 元)、锦港 B 股 0.526 美元/股(市值 3167.57 美元,约合人民币 21,900 元)、万通地产 5.80 元/股(市值 139,200 元)、金晶科技 4.67 元/股(市值 121,420 元)、漳泽电力 3.90 元/股(市值 78,000 元)、森马服饰 9.69 元/股(市值 19,380 元)。被告成某在浦发银行账户内,于 2016 年 2 月 24 日将一笔 90,000 元存款,由活期转为定期。

【各方观点】

两原告观点:两原告系被继承人孙甲的父母。孙甲因病去世,生前未留存遗嘱。两原告有权继承孙甲遗产,请求依法继承孙某甲的上述遗产中 1/4 的份额。

两被告观点:同意两原告作为孙甲的继承人来继承孙甲遗产。但是,被告成某与孙甲已对财产进行了约定,双方以 2007 年 11 月为界限,之前的财产是夫妻共同财产,之后的应属各自的个人财产。新桥镇房产表面看是双方的夫妻共同财产，但全部的购房款均是被告成某支付的，双方之间已形成了事实上的经济独立。被继承人在手术前，将银行卡密码交给了成某，已处分了自己的财产，应作为口头遗嘱。

【法院裁判理由】

本案两原告和两被告分别系被继承人孙甲的父母、配偶和子女，依法均享有继承孙甲遗产的权利。被继承人生前未留有遗嘱，故本案对孙甲所遗财产，应适用法定继承。审理中，被告成某所主张的孙甲在手术前曾留有口头遗嘱和夫妻有财产约定，但未提供充分、有效的证据予以佐证，故不予认定。两原告所主张继承分割的房产、公积金和养老金的余额、存款、证券等财产，均系成某与孙甲婚姻关系存续期间所取得，应认定为成某与孙甲的夫妻共同财产，1/2 应归成某个人所有，另 1/2 应认定为孙甲的遗产，由两原告和两被告共同继承。

【裁判依据】

《继承法》第三条、第五条、第十条、第十三条、第二十六条；《婚姻法》第十九条。

【律师评析】

应继份额是指各共同继承人在继承被继承人遗产时所取得的成数，也有称为继承被继承人财产的比率的。[①] 法定应继份额是指直接由法律规定的应继份额。在应继份额问题上，不同国家对配偶的应继份额与其他血亲属的应继份额的规定区别较大。首先，配偶的应继份额不同国家采用了均等份额、不均等份额、均等份额和不均等份额兼有的三种不

---

① 参见刘春茂主编：《中国民法学——财产继承》，人民法院出版社 2008 年版，第 200 页。

同立法。采用均等份额立法的规定,配偶只与第一顺序继承人共同继承遗产,继承份额均等。采用不均等份额立法的规定,配偶参与不同顺序继承人继承遗产时份额不均等,配偶的应继份额可能高于或低于血亲属,也可能对配偶采用用益权制度,或用益权与所有权兼用制度。其次,血亲属的应继份额,大多数国家都规定均等份额继承。

我国《继承法》第十条规定了两个顺序的继承人,第一顺序继承人为配偶、父母、子女,第二顺序继承人为兄弟姐妹、祖父母、外祖父母。《继承法》第十三条规定:"同一顺序继承人继承遗产的份额,一般应当均等。对生活有特殊困难的缺乏劳动能力的继承人,分配遗产时,应当予以照顾。对被继承人尽了主要扶养义务或者与被继承人共同生活的继承人,分配遗产时,可以多分。有扶养能力和有扶养条件的继承人,不尽扶养义务的,分配遗产时,应当不分或者少分。继承人协商同意的,也可以不均等。"首先,继承人之间可以协商确定继承份额,体现了当事人处分自己民事权利的自由。其次,在继承人没有约定或协商不成时,按照一般原则应是同一顺序继承人均等份额继承,无论配偶还是血亲属。在第一顺序中,配偶与血亲属的应继份额均等,被继承人子女与父母的应继份额均等,非婚生子女与婚生子女的应继份额均等,生子女与养子女、有扶养关系的继子女的应继份额均等,生父母与养父母、有扶养关系的继父母的应继份额均等。在第二顺序中,兄弟姐妹与祖父母、外祖父母的应继份额均等,亲兄弟姐妹与养兄弟姐妹、有扶养关系的兄弟姐妹的应继份额均等。最后,在均等份额的一般原则下,同时考虑继承人的扶养的能力、条件和扶养义务的实际付出、继承人自身生活困难程度和缺乏劳动能力情况、被继承人需要扶养的程度等因素,作为均等份额原则的补充。

本案中,需要分割的财产,首先属于被继承人孙甲和成某的夫妻共同财产。在分割遗产前先应对共同财产进行析产。夫妻双方没有财产约定的,双方对婚姻关系存续期间取得的财产享有同等权利,为此,共同财产的1/2系成某个人财产,1/2系孙甲遗产。四位继承人分别是被继承人的父母、配偶、子女,均系第一顺序继承人。在没有特殊情况下,同一顺序继承人按照均等份额继承遗产。为此,四位继承人各继承全部财产的1/8,两原告合计可继承取得全部财产的1/4。

24. 酌情分得遗产权

【关键词】

酌情分得遗产权

张某诉姚某继承纠纷一审案[①]

★法院观点★

继承人以外的对被继承人扶养较多的人，可以分配给他们适当的遗产。

【案情简介】

原告：张某。

被告：姚某。

法院经审理查明，被继承人姚某乙与前夫生育原告张某，2003 年 4 月 7 日姚某乙与前夫调解离婚，原告由前夫抚养。被告姚某系姚某乙的弟弟。姚某乙未再婚，于 2014 年 3 月因病死亡，姚某乙的父亲母亲此前

① 案号：（2015）杭拱民初字第 2417 号，杭州市拱墅区人民法院。

均已去世。姚某乙的遗产为位于杭州市拱墅区的房屋,原被告双方确认涉案房屋价值人民币 69 万元,该房产权分证于 2010 年 1 月被被告领取。姚某乙于 2013 年 8 月至去世,因患梗阻性肾病、恶性肿瘤等多种疾病住院治疗,被告及其妻子予以陪护并代购墓穴等。原告亦办理了姚某乙的殡葬事宜。

【各方观点】

原告观点:原告系姚某乙的独生女,系第一顺序继承人;被告系姚某乙的弟弟,为第二顺序继承人。原告有权继承涉案房屋。

被告观点:涉案房屋虽登记在姚某乙名下,但并非属于姚某乙一人;姚某乙患有精神疾病,均由被告夫妻照顾,后事由被告处理。原告与姚某乙生疏,没有尽到照顾义务。

【法院裁判理由】

涉案房产因无遗嘱或遗赠,故应按照法定继承处理。法定继承应以顺序继承为原则,同时考虑酌定情节,《继承法》第十四条规定,对继承人以外的依靠被继承人扶养的缺乏劳动能力又没有生活来源的人,或者继承人以外的对被继承人扶养较多的人,可以分配给他们适当的遗产。被告及其妻子自 2013 年 8 月被继承人姚某乙生病至 2014 年 3 月去世时止,对其进行陪护照料,承担较多扶养义务,可酌情分配适当遗产。

【裁判依据】

《继承法》第十条第一款、第十四条、第二十七条第(五)项、第三十三条第一款。

【律师评析】

酌情分得遗产权是指法定继承人以外的公民,由于与被继承人生前形成过某种扶养关系,依法可以分得适当遗产的权利。这种权利既不是继承权,也不是受遗赠权,是我国法定继承中的一种特殊性质的权利。

我国《继承法》第十四条规定:“对继承人以外的依靠被继承人扶养的缺乏劳动能力又没有生活来源的人,或者继承人以外的对被继承人扶养较多的人,可以分配给他们适当的遗产。”《继承法意见》第三十一条规定:“依继承法第十四条规定可以分给适当遗产的人,分给他们遗产时,按具体情况可多于或少于继承人。”可见,这两类与被继承人形成一定扶养关系的人,不仅可以分给适当的遗产,而且分得的遗产的份额并不一定少于法定继承人。

值得注意的是,酌情分得遗产权被规定于法定继承的章节。属于法定继承的范畴,却不能延伸至遗嘱继承的范畴。即被继承人如果没有遗嘱,则遗产按照法定继承的,前述两类人可以据此规定酌情分得遗产;但如果被继承人有遗嘱,且遗嘱处分了所有的遗产,并没有留给这两类人任何财产,则这两类人也无权利对继承人提出财产要求。

酌给份与特留份不同。特留份,是指法律规定遗嘱人不得以遗嘱取消的,由特定的法定继承人继承的遗产份额。酌给份是将遗产给法定继承人以外的人,特留份是将遗产给法定继承人。

25. 宣告死亡撤销后，如何行使继承权

【关键词】

撤销宣告死亡　法定继承

王甲诉张某等法定继承纠纷一审案[①]

★法院观点★

宣告死亡撤销后，继承人仍享有继承权，有权要求重新分割遗产。

【案情简介】

原告：王甲。

被告：张某、王乙、王丙、王丁。

法院经审理查明，渔池村村民王某（2006 年 2 月 9 日病故）与朱某（2003 年 5 月 20 日病故）婚后共育有四个子女，即被告王乙、原告王甲、被告王丙、被告王丁。朱某去世后，王某与被告张某于 2004 年登记结婚，婚后未生育子女。王某、朱某之父母均在其之前过世。王某生前系

① 案号：（2015）黄民初字第 3950 号，青岛市黄岛区人民法院。

民办教师,病故后其应发放的一次性抚恤金 16,160 元、丧葬费 1000 元,共计 17,160 元被张某领取。

登记在王某名下的房屋有两处,一处国有土地使用证的地号为 GD-35-22,另一处国有土地使用证的地号为 GD-35-55。房屋经拆迁取得位于黄岛区科教二路四套房屋,分别由四位被告各占有使用一套。

2008 年,四被告签署协议书一份,内容是:王某去世后,留下二处房产,一处国有土地使用证地号为 GD-35-22 的三间归张某所有,另一处国有土地使用证地号为 GD-35-55 的四间祖房归子女王乙、王丙、王丁、王甲所有,各方互不干涉。被告张某、王乙、王丙、王丁均在协议书上签名、捺手印。

原告王甲 1998 年离家出走,经利害关系人申请,2008 年被原胶南市法院宣告死亡。2012 年回到原居住地,经本人申请,2014 年被原黄岛区法院撤销死亡宣告。

【各方观点】

原告王甲观点:因原告常年在外打工与家里少有联系,2012 年冬天回家才得知上述四处安置房已经被四被告分配,没有给原告留下任何份额,严重损害了原告的合法权益。要求依法继承分割上述四处安置房和一次性抚恤金及丧葬费 17,160 元。

被告张某观点:王某生前遗嘱处分了涉案房屋。根据与被告的协议,三间房屋归张某,拆迁所得对应的两套房屋归张某。抚恤金和丧葬费已被用于治疗和丧葬。

其余三被告观点:原告王甲回来,有权分得遗产;所有房屋和抚恤金、丧葬费应依法继承。

【法院裁判理由】

张某提交的遗书经司法鉴定,系王某所写,且符合自书遗嘱的形式要件。原地号为 GD-35-22 的三间房屋系王某和朱某的共同财产，朱某去世后，王某占 3/5，王某以遗嘱形式将该份额处分给张某，合法有效，其余份额无权处分，故张某取得 3/5，四子女各 1/10。原地号为 GD-35-55 的四间房屋系王某与朱某夫妻共同财产，朱某去世后，王某得 3/5，四子女各得 1/10；王某去世后，张某得 3/25，四子女各得 11/50。另根据四被告的协议，张某放弃原地号为 GD-35-55 房屋的 3/25 份额，并将份额转让给四子女，王乙、丙、丁放弃 GD-35-22 房屋的份额。故原地号为 GD-35-22 房屋，王甲得 1/10，张某得 9/10；原地号为 GD-35-55 房屋，四子女各得 1/4。王甲未对父母尽赡养义务，应酌情少分，原地号为 GD-35-22 房屋以 1/12 为宜，张某得 11/12；原地号为 GD-35-55 房屋以 1/5 为宜，王乙、丙、丁平分其余的 4/5，即各得 4/15。丧葬费已经花费，无从分割。一次性抚恤金不属于遗产范畴，系给予王某生前抚养、赡养的家属的物质帮助和精神安慰，考虑王甲离家出走多年及张某与王某结婚时间较短之事实，在分配该款项时，该二人应适当予以少分。

【裁判依据】

《继承法》第二条、第三条、第五条、第十条第一款、第十三条第四款。

【律师评析】

自然人的死亡分为自然死亡和宣告死亡。宣告死亡又叫推定死亡，是指公民下落不明，超过了法律规定的时间，经利害关系人申请，由司法机关依照法律规定的程序和方式宣告该公民死亡的一种法律推定。《民法总则》第四十六条第一款规定：“自然人有下列情形之一的，利害关系人可以向人民法院申请宣告该自然人死亡：(一)下落不明满四年；(二)因意外事件，下落不明满二年。”宣告死亡仅仅是一种推定，事实上被宣告死亡人并不一定已经死亡，事后出现的也大有人在。《民法总则》第五十条规定："被宣告死亡的人重新出现，经本人或者利害关系人申请，人民法院应当撤销死亡宣告。"死亡宣告撤销后，当事人被宣告死亡前所享有的权益仍然应当继续享有。比如，婚姻关系自撤销之日起自行恢复，被继承处分的财产应当返还等，包括其享有的继承权应当依法予以保护。

一种情况是，被宣告人系被继承人，其个人财产因宣告死亡而发生继承。其死亡宣告如被撤销，则其有权要求继承人返还财产。《民法总则》第五十三条第一款规定："被撤销死亡宣告的人有权请求依照继承法取得其财产的民事主体返还财产。无法返还的，应当给予适当补偿。"另一种情况是，被宣告人系继承人之一。因其被宣告死亡，而无法作为继承人继承遗产。如果死亡宣告撤销时，被宣告人的被继承人的遗产尚未分割的，被宣告人仍享有继承权，这时他的继承权并未受到死亡宣告的影响；如果死亡宣告撤销前，被宣告人的被继承人的遗产已经被分割的，被宣告人有权要求重新分割遗产，其他取得遗产的继承人应当返还遗产，或给予一定补偿；如果被宣告人的晚辈直系血亲代其位而行使了代位继承权的，则被宣告人有权向代位继承人主张返还已经继承的遗产份额。

三、遗嘱继承、遗赠

26. 遗嘱执行人地位

【关键词】

遗嘱执行人　执行遗嘱代理合同

最高人民法院公报案例

向某等诉张某等执行遗嘱代理协议纠纷二审案[①]

★法院观点★

遗嘱执行人既可以与被继承人订立协议，也可以与继承人订立协议，执行遗嘱，处理遗产。

【案情简介】

原告：向某、熊甲、熊乙。

① 《中华人民共和国最高人民法院公报》2004 年第 1 期。

被告:张某、张甲、张乙、冯某。

一审法院经审理查明:1997年2月23日,原告向某之夫、熊甲和熊乙之父熊某请某律师事务所律师的被告张某见证并代书了遗嘱,遗嘱对其所有的现金、企业、房产等财产向各法定继承人和其他人进行了分配,并聘请张某为终身法律顾问,指定张某为遗嘱执行人。该遗嘱一式7份,全部由张某保管,继承开始后由张某负责实施。1997年2月28日,熊某去世。1997年3月1日和4月14日,张某分别与熊甲、熊乙签订协议书,约定:张某要遵照遗嘱的规定办好各种手续;熊甲、熊乙聘请张某担任法律顾问、财务顾问,维护熊甲、熊乙合法权益,全权委托张某对继承的企业财产进行审计,保障熊甲、熊乙两人的权益得到充分兑现;律师应收的遗嘱析产代理费按国家规定从遗产中扣除。因向某为精神病患者,其民事行为由熊甲代理。1997年4月22日,张某分别向向某、熊甲出具了正达律师事务所收到15万元、3万元律师遗嘱析产代理费的收款收据。

【各方观点】

上诉人(被告)张某观点:本人担任熊某遗嘱执行人与熊甲、熊乙签订的执行遗嘱代理协议书不属于"在同一案件中为双方当事人担任代理人"。要求确认某律师事务所与熊甲、熊乙分别签订的协议书合法有效。

被上诉人(原告)熊甲、熊乙观点:熊某去世后,张某未积极按照遗嘱人嘱托分割遗产交付给各继承人,误导我们与之签订执行遗嘱代理协议,并扣收执行遗嘱代理费22.9万元。要求撤销执行遗嘱代理协议,返还代理费。

【法院裁判理由】

一审法院观点:《律师法》第三十四条规定:"律师不得在同一案件中,为双方当事人担任代理人。"被告张某与原告熊甲、熊乙以协议书的形式签订代理合同,其实质内容源于熊某的生前遗嘱。张某作为律师接受熊某生前嘱托担任其遗产执行人,应视为与熊某生前形成了委托代理关系,张某在执行遗嘱时从遗产中扣收代理费,不仅违背了立遗嘱人的生前嘱托,使继承人财产受到损失,而且违反了律师法的禁止性规定,故执行遗嘱代理协议无效。张某作为执业律师,理应知道我国法律对律师执业活动的规定,但在与各原告签订合同时,未按法律规定执业,有缔约上的过失,应对合同无效承担全部责任,因无效合同取得的代理费应予返还。

二审法院观点:《民法通则》和《继承法》均没有对遗嘱执行人的法律地位和遗嘱执行人的权利义务做出明确规定。只要不违反法律的禁止性规定,民事主体有权处分自己的权利。张某作为熊某指定的遗嘱执行人,在熊某没有明确其执行遗嘱应得到报酬的情况下,与继承人熊甲、熊乙等人就执行遗嘱的相关事项签订协议,并按照该协议的约定收取遗嘱执行费,不属于《律师法》第三十四条禁止的律师在同一案件中为双方当事人代理的情况。一审判决根据《律师法》第三十四条的规定认定当事人之间的协议无效,属适用法律错误,应予纠正。

【律师评析】

关于遗嘱执行人,我国《继承法》第十六条第一款规定:“公民可以依照本法规定立遗嘱处分个人财产,并可以指定遗嘱执行人。”但对于遗嘱执行人的地位、权责等均没有具体规定。

遗嘱执行人是指有权使遗嘱人订立的遗嘱内容得以实现的人。①关于遗嘱执行人的法律地位,尚无法律规定。主要有代理权说和固有权说。代理权说认为,遗嘱执行人是代理人。代理权说又分为遗嘱人的代理说、继承人的代理说和遗产代理说。遗嘱人的代理说认为,遗嘱执行

① 参见杨立新、朱呈义:《继承法专论》,高等教育出版社 2006 年版,第 138 页。

人系遗嘱人的代理人,受遗嘱人委托代理遗嘱执行事宜;继承人的代理说认为,遗嘱执行人系继承人的代理人,为继承人代为执行遗嘱;遗产代理说认为,遗产不同于一般财产,是独立的特别财产,属于无权利能力的财团,遗嘱执行人系为遗产处理服务。固有权说认为,遗嘱执行人是基于自己固有的权利,并非谁的代理人。固有权说又分为机关说、限制物权说和任务说。机关说认为,遗嘱执行人是为维护遗嘱人利益、实现遗嘱意思的机关;限制物权说认为,遗嘱执行人基于遗嘱人的意思而取得限制物权;任务说认为,遗嘱执行人类似于破产管理人,执行遗产处理的任务。

不管遗嘱执行人的地位如何,其主要职责有:查明遗嘱是否真实有效,清理遗产并编制遗产清单,管理遗产,交付遗赠和分割遗产,排除执行遗嘱的各种妨碍等。

本案中,表面看,争议焦点在于张某是否存在律师代理双方当事人的问题。实质上的争议焦点在于遗嘱执行人的法律地位到底为何,是遗嘱人的代理人,还是继承人的代理人,是部分继承人的代理人,还是全部继承人的代理人,遗嘱人与继承人是否相对方当事人。如果张某因熊某的遗嘱嘱托而称为熊某的代理人,又因与熊甲、熊乙分别签订代理协议而成为熊甲、熊乙的代理人,同时遗嘱人与继承人、继承人与继承人之间又是相对方当事人的话,那么本案中显然张某是做了双方代理。但是,《继承法》对遗嘱执行人的地位和权利来源尚无明确规定,因此认定张某为熊某的代理人,或熊甲、熊乙的代理人,都不恰当。只能说,张某接受熊某的嘱托处理遗产和接受熊甲、熊乙的委托处理遗产,两者在主要内容上都是处理遗产,并不相互抵触。张某根据与熊甲、熊乙签订的代理协议,取得律师费,于法有据,并不违反法律效力性强执行规定。

我国继承法关于遗嘱执行人的规定过于简单,尚未建立遗嘱执行人制度,应当尽快建立。

27. 公证遗嘱办理有瑕疵，公证遗嘱是否有效

【关键词】

公证遗嘱　代书遗嘱

缪某诉蒋甲等遗嘱继承纠纷一审案①

★法院观点★

遗嘱公证过程中的程序性瑕疵，不足以否定遗嘱人真实意思的，公证遗嘱仍合法有效。

【案情简介】

原告：缪某。

被告：蒋甲、蒋乙、蒋丙、蒋丁、蒋戊、徐某、蒋己、蒋庚、蒋辛、蒋壬。

法院经审理查明：被继承人金某共育有子女8人，蒋甲、蒋乙、蒋丙、蒋丁、蒋戊、蒋某、蒋辛、蒋壬。蒋某已于2014年11月去世。被告徐某、蒋己、蒋庚为蒋某的法定继承人。原告系被告蒋壬之子，被继承人金某

① 案号：(2015)杭拱民初字第250号，杭州市拱墅区人民法院。

之外孙。2000 年 11 月，被继承人金某向原杭州市拱墅区公证处申请办理遗嘱公证，遗嘱主要内容为：将坐落于本市大关东的房屋产权全部遗赠给外孙缪某一人。公证处同日出具(2000)杭拱证民字第 1032 号《公证书》。2014 年 1 月，被继承人金某去世。2014 年 3 月，依据原告提交的公证遗嘱，公证处受理了原告愿意接受遗赠的公证申请。然而，在此过程中，被告蒋甲、蒋乙、蒋丙、蒋丁、蒋戊及蒋某向公证处提出异议，要求撤销(2000)杭拱证民字第 1032 号《公证书》。2014 年 8 月，公证处出具浙杭西公复字(2014)005 号复查决定，认定(2000)杭拱证民字第 1032 号《公证书》合法有效。另查明公证处在办理案涉公证过程中，询问人和见证人未在谈话笔录上逐页签字，因没有配备录音录像设备，也未能对公证过程录音录像。

【各方观点】

原告观点：被继承人立下公证遗嘱将房产赠与原告，在继承开始后，原告在法定期限内做出了接受遗赠的意思表示，原告即取得了房产的继承权。

被告蒋甲、蒋乙、蒋丙、蒋丁、蒋戊、徐某、蒋己、蒋庚观点：各被告均系金某的法定继承人，涉案房屋本应当由各法定继承人继承。公证处承认该公证过程存在一定的问题，但拒绝做出撤销决定。原告起诉的证据遗嘱公证书，其合法性、真实性、关联性均存在严重问题。该公证遗嘱并非被继承人的真实意思表示，并非合法有效。

被告蒋辛观点：同意原告缪某的诉请。赞成房子给缪某，并提醒他要去办公证。因为母亲搞不清楚，所以要我陪去。

被告蒋壬未应诉答辩。

【法院裁判理由】

公民可以立遗嘱处分个人财产，并可以立遗嘱将个人财产赠给国家、集体或者法定继承人以外的人。本案中，被继承人金某生前立有公证遗嘱将遗产房屋赠给原告缪某，缪某也在法定期限内做出了接受遗赠的表示，遗产应按照金某的遗嘱办理。被告蒋甲、蒋乙、蒋丙、蒋丁、蒋戊、徐某、蒋己、蒋庚虽称案涉公证遗嘱并非被继承人真实意思表示，诉争房屋应当由各法定继承人继承，但其提供的证据尚不足以证明其主张。案涉公证书的效力问题。该公证中确实存在询问人和见证人未在谈话笔录上逐页签字，也没有对公证过程录音录像的问题，其形式上稍有欠缺，但内容合法，故并不影响立遗嘱人金某本人遗嘱意愿真实性、合法性的确认，故可以认定遗嘱有效。

【裁判依据】

《继承法》第五条，第十六条第一款、第三款。

【律师评析】

公证遗嘱是指遗嘱人生前订立并经公证机关公证的遗嘱。

《继承法》第二十条规定："遗嘱人可以撤销、变更自己所立的遗嘱。立有数份遗嘱，内容相抵触的，以最后的遗嘱为准。自书、代书、录音、口头遗嘱，不得撤销、变更公证遗嘱。"按照我国继承法的规定，公证遗嘱较之其他遗嘱形式，在效力上具有优先性。赋予公证遗嘱以效力优先性，主要是基于公证遗嘱系经过公证机关公证，证明力更强的考虑。但以证明力强弱来区别遗嘱本身的效力高低，这是有待商榷的。不同形式的遗嘱，都是遗嘱人处分遗产的意愿，效力应当相同。除公证遗嘱以外的遗嘱，具备了法律规定的要件，也可以起到较好的证明效果。如果在办理了公证遗嘱的情况下一定要用另一份公证遗嘱才能变更撤销前一份遗嘱，就会限制了遗嘱人处分遗产的权利。如果遗嘱人在办理了公证遗嘱后，忽略了公证遗嘱的优先性，而另立了其他形式的遗嘱，在遗产处分时因公证遗嘱优先而否定了遗嘱人的在后的遗产处分意愿，势必与遗嘱人的意愿相违背,同时侵害了遗嘱人和继承人的权利。

办理公证遗嘱时,公证机关不仅应当审查遗嘱人的遗嘱行为能力,遗产的权利归属,还应当审查是否存在法律规定的应当为特殊身份地位的人保留了必要的遗产份额,如腹中胎儿。办理公证遗嘱时,公证程序应当合法,并注意保留充分的证据,如对遗嘱人制作笔录,并要求遗嘱人在笔录上签名捺印;对遗嘱人表达遗嘱意愿的过程进行录音录像等。本案中,在公证遗嘱办理过程中,存在收集保留证据不够充分的问题。公证遗嘱的公证行为如被撤销,并不必然导致遗嘱无效。公证机关撤销的是公证行为,并不否定遗嘱人自身的民事法律行为的法律效力。如果遗嘱本身符合法律规定的实体和形式要件,系自书遗嘱、代书遗嘱等,则其作为自书遗嘱、代书遗嘱仍然是合法有效的遗嘱。

【相关案例简介】

公证遗嘱在公证行为被撤销后,其遗嘱是否有效?①

周某生育有子女三人,分别为周甲、周乙和周丙。周某生前有房屋一套,2003 年在公证处办理了公证遗嘱,确定遗产房屋由周丙一人继承。该遗嘱的立遗嘱人周某,代书人殷某,见证人王某,均有签字。周某去世后遗产继承发生纠纷。周甲、周乙提出询问人、记录人未在谈话笔录中签名和录音录像瑕疵,要求撤销公证遗嘱。公证处复查后,撤销了公证行为,同时确认遗嘱内容和签名的真实性。

① 案号:(2015)浙杭民终字第 3281 号,杭州市中级人民法院。

【裁判要点】

虽然公证遗嘱的公证行为被撤销,但是该遗嘱系立遗嘱人真实意思表示,由代书人代书,且有代书人和见证人签名,其形式符合代书遗嘱的法律要件,可以认定为代书遗嘱。该代书遗嘱合法有效,可以作为遗产继承的依据。

28. 打印的遗嘱是自书遗嘱，还是代书遗嘱，是否有效

【关键词】

自书遗嘱　代书遗嘱　打印遗嘱

案例一

沈某1诉沈某2等遗赠纠纷一审案①

★法院观点★

打印遗嘱不符合自书遗嘱的法律构成要件，打印遗嘱无效。

【案情简介】

原告：沈某1。

被告：沈某2、沈某3、沈某4、沈某5、沈某6、姚某。

法院经审理查明：原告为沈某侄子，被告沈某2、沈某3、沈某4、沈某5、沈某6、姚某为沈某的弟弟和妹妹。2016年5月，沈某因故死亡，遗产

① 案号：(2016)浙0281民初10809号，浙江省余姚市人民法院。

有银行存款 35,000 元，分红保险款项 5000 元，政府补助金 3600 元，现金 4500 元。

【各方观点】

原告观点：沈某在世时，多次强调过世后的事情由原告全权处理，一切遗产归原告所有。沈某于 2001 年 3 月 1 日，向原告出具书面授权书一份，并亲笔写下日期，盖上印章，按下手印。原告理应获得沈某的遗赠遗产。

被告沈某 2、沈某 3、沈某 5、沈某 4 观点：原告所称沈某于 2001 年出具给其的委托书不真实，当年原告还在部队当兵，沈某不可能给其出具委托书，且沈某生前从未提起过委托书的事情，委托书不真实，不产生遗赠效力；原告作为沈某的侄子，其也无权继承沈某的财产。沈某所有的费用都由被告方承担，原告没有支付过。

被告沈某 6、姚某未答辩，也未到庭。

【法院裁判理由】

根据法律规定，自书遗嘱由遗嘱人亲笔书写，签名，注明年、月、日。原告主张称因亡者沈某不会写字，故遗嘱内容打印而成，加盖个人印章及按有手印，原告提供的遗嘱既不符合自书遗嘱的法定构成要件，又不符合其他遗嘱形式的相关构成要件，且未提供充分有效的证据证明其主张，原告提供的《授权书》并不能产生遗嘱的法律效力。

【裁判依据】

《继承法》第十七条。

案例二

孙甲诉孙乙遗赠纠纷一审案①

★法院观点★

打印遗嘱读给立遗嘱人听后,有两个以上见证人签名见证,应当认定有效。

【案情简介】

原告:孙甲。

被告:孙乙、沈某。

法院经审理查明:张某与孙某系夫妻,生育二子,均已先于张某和孙某死亡,且没有继承人。孙某于 2014 年 5 月 23 日死亡,张某于 2014 年 12 月 29 日死亡。位于青春坊房屋一套于 2002 年 1 月 14 日产权登记在孙某名下。孙甲系孙某的侄子,孙乙为孙某的弟弟。沈某系张某妹妹的儿子。

2014 年 9 月 1 日,张某立遗赠遗嘱一份,载明:张某与孙某系夫妻,生育的小孩早年因意外得病身亡,多年靠侄儿孙甲照顾,并随叫随到,邻居都知道,现孙某于 2014 年 5 月 23 日去世,孙甲也为其照料后事,同时孙甲承诺对张某照顾至终老。张某所有的杭州市下城区青春坊的房产一套(为当年孙甲出资购买的房改房),在遗赠人百年后自愿同意由孙甲继承并归其所有。该遗赠遗嘱为孙甲打印并读给张某听后,由张某签字、盖章并捺指纹印,孙甲作为受赠人签字,三位见证人签字(其中证人为杨某、赵某)。

---

① 案号:(2016)浙 0103 民初 01443 号,杭州市下城区人民法院。

【各方观点】

原告孙甲观点：遗嘱合法有效，遗产应遗赠给原告。

被告沈某观点：遗嘱通常情况下都会选择公证，但原告提交的遗嘱，不仅没有公证，而且是事先打印好的，签名是代笔、手印，而且也很模糊。从立遗嘱到张某病故仅仅3个月时间，怀疑其不具备完全民事行为能力；原告没有在两个月内做出接受遗赠的表示，视为放弃受遗赠；孙某先于丈夫张某病故，孙某的遗产应由其丈夫张某继承，张某病故后，张某的妹妹才是唯一的法定继承人，故被告孙乙在本案中不享有继承人资格。

孙乙未答辩，也未到庭。

【法院裁判理由】

遗产房屋为张某与孙某的夫妻共同财产，孙某早于张某死亡，无其他第一顺序的继承人，故张某有权对该房进行处置。案涉遗赠遗嘱系孙甲打印并读给张某听的，且有在场的见证人杨某、赵某的证言予以证明，杨某、赵某系张某的邻居，与孙甲无利害关系，并在遗赠遗嘱上签字，且被告沈某无证据证明张某在签署遗赠遗嘱时行为能力受限，因此该遗赠遗嘱有效。孙甲在遗赠遗嘱中作为受赠人签字，应视为做出接受的意思表示。

【裁判依据】

《继承法》第十七条。

【律师评析】

《继承法》第十七条规定："……自书遗嘱由遗嘱人亲笔书写，签名，注明年、月、日。代书遗嘱应当有两个以上见证人在场见证，由其中一人代书，注明年、月、日，并由代书人、其他见证人和遗嘱人签名……"

自书遗嘱又称亲笔遗嘱，是遗嘱人亲笔制作的遗嘱形式。① 按照文义解释，亲笔书写应指亲自用笔书写。笔，可以是钢笔、毛笔、圆珠笔、铅笔等；书写的应当是文字，可以是中文、外文、民族文字等；承载文字的物质载体可以是纸张、布片、毛皮等。遗嘱人亲笔书写遗嘱内容后，应当签名，并注明年、月、日。不签名，无法判断系谁书写；不注明年、月、日，无法判断书写遗嘱的时间。

《继承法意见》第四十条规定："公民在遗书中涉及死后个人财产处分的内容，确为死者真实意思的表示，有本人签名并注明了年、月、日，又无相反证据的，可按自书遗嘱对待。"按照该条规定，遗书符合上述条件的，可以视为自书遗嘱。这样的遗书与继承法的自书遗嘱的区别主要是名称的区别，应当作为自书遗嘱。

遗嘱人自己用打字机、打印机打印的具有遗产处分意思内容，且签名并注明年、月、日的遗嘱可否作为自书遗嘱，是否有效？目前通说以及司法案例多数认为打印遗嘱不能作为自书遗嘱认定。理由主要是，继承法明确规定自书遗嘱应当是遗嘱人亲笔书写。打字机、打印机不是"笔"，打字、打印也不是"书写"；自书遗嘱因系遗嘱人亲笔书写，通过字体字迹容易认定书写者系遗嘱人，而通过打印遗嘱上的打印文字无法辨别打印者的身份，打印遗嘱容易被伪造、篡改。笔者认为，《继承法》对于自书遗嘱的内涵的界定有一定的时代性。今天，越来越多的书写手段替代了用笔书写的方式，对于"亲笔书写"应做扩展解释。首先，制作工具不应当局限于"笔"，计算机、打字机、打印机等电子多媒体都可以成为订立遗嘱的工具；其次，文字物质载体不应当局限于"纸"等，遗嘱也可以电子文档形式存储于计算机、移动存储工具等；制作方式不应当局限于"书写"，在计算机程序中打字等方式也可以作为订立遗嘱的方

① 参见刘春茂主编：《中国民法学——财产继承》，人民法院出版社 2008 年版，第 284 页。

式。当然，以新的技术手段制作的自书遗嘱，权利人应当对遗嘱的真实性负举证责任。只要有充分证据证明遗嘱的真实性，那么遗嘱人自己用新技术手段制作的遗嘱也可以认定为自书遗嘱；反之，以传统技术手段制作的遗嘱，如果不足以证明真实性的，其法律效力同样可以被否定。

代书遗嘱又称代笔遗嘱，是由遗嘱人口述遗嘱内容，他人代为书写制作成的遗嘱。① 代书遗嘱主要是用于遗嘱人无文字书写能力或因疾病等原因无法自行书写的情况。按照《继承法》的规定，代书遗嘱应当具备以下构成要件：首先，有两个以上见证人在场见证；其次，其中一人代书；再次，注明年、月、日；最后，代书人、其他见证人、遗嘱人签名。情形一：如果见证人有两名，其中一人代书，但代书者未签名，签名的见证人非代书人，这种情况的代书遗嘱是否有效？笔者认为，这种代书遗嘱未完全具备第四个构成要件，有瑕疵，不符合《继承法》的规定，是无效的。但未必不可补救。在诉讼中，可以申请两位见证人提供证人证言，详述遗嘱见证的事实，那么该遗嘱的内容尚有可能被认定系遗嘱人的真实意思。情形二：如果代书人未签名，而见证人有两名以上并在遗嘱上签名，这种情况的代书遗嘱是否有效？笔者认为，虽然不符合第二个构成要件，但因为有两个以上的见证人签名见证，该代书遗嘱应当认定为有效。代书遗嘱虽以代书为主要特征，但谁代书并不重要，重要的是要有两个以上的见证人见证并签名。

打印遗嘱，并非继承法规定的遗嘱的法定形式之一。因此，打印遗嘱只有符合其他法定遗嘱形式的构成要件，才具有法律效力；反之，则不具有法律效力。在案例一中，授权书（遗嘱）并非遗嘱人自行打印，不符合自书遗嘱的规定；系他人打印，但缺少见证人，也不符合代书遗嘱的规

① 参见刘春茂主编：《中国民法学——财产继承》，人民法院出版社 2008 年版，第 287 页。

定。因此,该授权书不具备遗嘱的法律效力。在案例二中,遗嘱系他人打印,读给遗嘱人听,遗嘱人表示同意,有两个见证人见证并签名,注明了立遗嘱时间,符合代书遗嘱的规定,因此该遗嘱可以认定为有效的代书遗嘱。

29. 录音遗嘱是否需要见证人

【关键词】
录音遗嘱　见证人

王甲诉王乙遗嘱继承纠纷一审案①

★法院观点★

以录音形式立的遗嘱,应当有两个以上见证人在场见证。

【案情简介】

原告:王甲。

被告:王乙。

法院经审理查明:被继承人芦某与王某系夫妻关系,育有两个子女,即原告王甲与被告王乙。2011 年 1 月 17 日,芦某因病去世,2011 年 2 月 19 日,被继承人王某因病去世。位于北京市东城区的房屋,原为芦某承租的公房,2010 年 12 月 10 日,原告王甲通过转账的形式全额出资若

① 案号:(2017)京 0101 民初 1420 号,北京市东城区人民法院。

千元购买了诉争房屋,产权登记在芦某名下。

2010年12月10日,被继承人芦某留有代书遗嘱一份,内容为:北京市东城区住宅一套在我去世后,属于我的产权由我女儿王甲一人继承,其他人无权干涉。该遗嘱由原告王甲代书,见证人宋某、马某在场见证,并由被继承人芦某、见证人宋某、马某签字确认。

2010年12月10日,被继承人芦某留有录音遗嘱一份,内容为:诉争房屋本来就是王甲的。我现在把我这一套房屋,写遗嘱给王甲,其他人不得干涉。上述录音遗嘱有见证人宋某、马某在场见证。

2010年12月27日,被继承人王某留有代书遗嘱一份,内容为:同意芦某所说的一切,在我们两人去世后,我愿意将北京市东城区一套房产留给我女儿王甲一人所有,其他人无权干涉。该遗嘱由原告王甲代书,见证人宋某、马某在场见证,并由被继承人王某、见证人宋某、马某签字确认。

被继承人芦某、王某的父母均先于其本人死亡。

【各方观点】

王甲观点:父母留有代书遗嘱和录音遗嘱,房屋应由原告继承。

王乙观点:诉争房屋是二位被继承人的夫妻共同财产。认可原告出示的被继承人芦某录音遗嘱的真实性,但该录音遗嘱没有录音时间,属无效遗嘱。原告出示的二位被继承人的两份代书遗嘱,不符合继承法中关于代书遗嘱的相关规定,两份代书遗嘱属于无效遗嘱。不同意原告的诉讼请求,要求法定继承,平均分割涉案房屋。

【法院裁判理由】

原告王甲出示的被继承人芦某、王某分别于2010年12月10日及2010年12月27日所立“遗嘱”,虽然在形式上存在一定的缺陷,但庭审时,被告王乙认可诉争房屋系原告王甲出全资所购买,认可被继承人芦某所留录音遗嘱的真实性，且见证人宋某、马某亦到庭作证，证明被继承人芦某、王某所留遗嘱的真实性，故可以认定芦某、王某遗嘱真实有效。根据被继承人芦某、王某的遗嘱，诉争房屋应由原告王甲继承。

【裁判依据】

《继承法》第十六条、第十七条。

【律师评析】

《继承法》第十七条第四款规定："以录音形式立的遗嘱，应当有两个以上见证人在场见证。"可见，录音遗嘱属于我国继承法明文规定的遗嘱形式。根据上述规定，录音遗嘱至少应具备两个构成要件：(1)遗嘱人应亲自录音，陈述遗嘱的全部内容。遗嘱人应在录音时亲自表达遗嘱的意愿，将自己的声音录入录音中。由他人代为表达的录音，不能作为录音遗嘱。(2)应当有两个以上见证人在场见证。见证人人数为两个及以上，不能少于两人。见证人不仅要在场，还应在录音中留下声音表明其在场。在代书遗嘱中也要求有见证人在场。代书遗嘱记录了文字，有书面载体，为此，见证人应在书面载体上签名。录音遗嘱记录了声音，有录音载体，为此，见证人应在录音时表明身份，录下声音，以证明其在场见证。

此外，根据《继承法》对其他形式遗嘱的规定，录音遗嘱也应在录音中表明录音的年、月、日，以表明录音遗嘱订立的时间。录音遗嘱是现代科技进步在遗嘱形式上的应用，是一种新型的遗嘱。但录音遗嘱也有一定的缺陷，其容易被伪造、篡改，尤其是删除部分录音遗嘱。为此，录音遗嘱最好是在订立后能够被封存，由遗嘱人、见证人在封存包装上签名。

30. 录像遗嘱是否有效

【关键词】
录像遗嘱

丛甲诉丛乙继承纠纷一审案①

★法院观点★

录像遗嘱应比照录音遗嘱的规定,有两个以上见证人在场见证。

【案情简介】

原告:丛甲。

被告:丛乙。

法院经审理查明:丛某与姜某系夫妻关系,育有两个子女丛甲与丛乙。丛某于2009年2月14日去世,姜某于2016年4月7日去世。丛某与姜某的父母均早已去世。北京市海淀区永定路房屋登记于丛某名下,现由丛乙居住使用。

① 案号:(2017)京0108民初14285号,北京市海淀区人民法院。

丛乙提交了一份视频资料，主张系姜某于2012年4月2日所立的录像遗嘱，将其财产留给丛乙所有，该遗嘱有两位见证人在场见证，即丛乙的两位同事刘某与李某。录像内容：一位男子即刘某与一位老人即姜某对话，刘某询问了老人的年龄、老伴及子女情况、去世后对财产的分配意见。姜某回答称今年84岁，老伴走了三年了，有两个孩子，丛甲与丛乙，去世后财产给儿子丛乙。该录像中仅有该两人，无其他人。庭审中，刘某与李某到庭作证，称当时在场见证。另外，丛乙提交了有李某签字的书面材料，内容为"2012年4月2日，地点：永定路×号楼，姜女士家中。我们见证：姜女士立下的遗嘱，完全是姜女士本人的真实想法。即姜女士百年之后，她的财产给儿子丛乙。见证人签字：李某；见证人身份证号：×××；2012年4月2日"的书面材料中，仅"李某"及身份证号"×××"系手写，其余均为打印。

【各方观点】

丛甲观点：不认可该录像遗嘱，刘某及李某与丛乙系同事，与丛乙有利害关系；两位见证人均未核实姜某的身体状况；在见证期间大部分问题系刘某自问自答；两位见证人未确认录像内容，未在录像载体上签字，且两位见证人对立遗嘱的过程和内容陈述不一致，录像中亦无两位见证人同时在场。二被继承人均未对上述遗产的处分立有遗嘱。在二位被继承人生前，本人对其均尽到了主要赡养义务，要求双方依法均等继承遗产。

丛乙观点：不同意丛甲的诉讼请求。丛甲仅有1/6的份额，本人占5/6。父亲去世时没有留下遗嘱，但母亲留下过遗嘱，将其财产全部留给本人。

【法院裁判理由】

诉争房屋系丛某与姜某婚姻关系存续期间购置的房产，应属双方夫妻共同财产,系双方遗产。我国《继承法》规定,以录音形式立的遗嘱,应当有两个以上见证人在场见证,但并未规定录像遗嘱。因录像是视听资料,属于法定证据范围,且录像遗嘱较之录音遗嘱,除声音外还有画面,对订立遗嘱的环境、场面、被继承人的精神状态、身体状况等记录得更全面客观,故应当认定录像遗嘱的效力,并应当比照对录音遗嘱的规定,制作录像遗嘱时应当有两个以上见证人在场见证,以保证录像遗嘱的真实客观性。本案中,丛乙提交的录像遗嘱的画面中仅有一位见证人刘某在场,丛乙主张的另一位见证人李某并未在录像中出现,没有达到法定的两个以上见证人在场见证的形式要件要求;录像内容系刘某提问、姜某回答,并非姜某自行陈述,从录像中无法判断姜某是否意识清楚及所陈述内容系其真实意思表示;庭审中证人李某所陈述的内容与丛乙及刘某陈述的立遗嘱的过程有多处不符。故综合上述情况,该录像遗嘱存在瑕疵,本院不能认定上述录像遗嘱的效力。

【裁判依据】

《继承法》第三条、第五条、第十条、第十三条、第十六条、第十七条。

【律师评析】

我国《继承法》第十七条第四款规定:“以录音形式立的遗嘱,应当有两个以上见证人在场见证。”录音遗嘱是法定的遗嘱形式。《继承法》并没有规定录像遗嘱这个遗嘱形式。那么被继承人可以通过录像订立遗嘱吗?录像遗嘱是否有效?

录像遗嘱虽然不是法定的遗嘱形式之一,但录像资料属于视听资料,是民事证据的种类之一,可以记录反映遗嘱人的遗嘱意愿,因此可以作为民事证据在继承纠纷案件中被审核后采纳。录像,较之于录音,其除有声音外还有图像,比录音更能全面反映遗嘱人订立遗嘱的情况。录音可以作为遗嘱的形式之一,那么录像也可以作为遗嘱的形式之一。

录像作为遗嘱形式，应当比照《继承法》对于录音遗嘱的规定，至少符合两个要件：(1)遗嘱人在录像中亲自表述遗嘱意愿，录下声音和图像；(2)应当有两个以上见证人在场见证，两个见证人都应当在录音录像中出现。除此之外，因录像遗嘱也易于被伪造篡改，录像遗嘱最好应封存，有遗嘱人和见证人在封存处签名。

31. 口头遗嘱是否有效

【关键词】

口头遗嘱

程某诉柳甲等遗嘱继承纠纷一审案①

★法院观点★

遗嘱人在危急情况下所立口头遗嘱依法有效。

【案情简介】

原告:程某。

被告:柳甲、陈甲。

法院经审理查明:被继承人何某生前共育有柳甲、何甲(系原告母亲)、陈甲、陈乙四女,均系何某与其前两任丈夫所生。自1975年起,何甲迁户与被继承人何某共同生活,而柳甲、陈甲、陈乙等人分别选择与其生父共同生活。1980年,柳某成为何某的第三任丈夫,夫妇一直跟随何

① 案号:(2014)温鹿民初字第1771号,温州市鹿城区人民法院。

甲一家共同生活。何某一家对二老的日常生活予以悉心照料，直至二老相继去世（柳某于2013年5月亡故，何某于2014年1月亡故）。

柳某终生无子嗣，继女中只有何甲与其之间具有实际抚养关系。柳某遗有坐落于温州市鹿城区房屋一套。2014年1月，何某临终前，在兄弟姐妹的见证下留下口头遗嘱，自愿将涉案房屋留给何甲的儿子程某一人继承。2014年7月，程某、何甲、陈甲、陈乙均在《房产继承协议》签字确认，同意由原告程某继承涉案房屋，补偿款亦已实际履行。被告柳某拒绝签字，亦不配合办理该房屋的产权过户手续。

【各方观点】

原告程某观点：何某和何甲都同意原告继承遗产房屋，则房屋应归原告。

被告柳某观点：双方已经达成调解协议，同意原告诉讼请求。

被告陈甲未作答辩，亦未向法院提交书面证据。

何甲、陈乙均表示被继承人何某的口头遗嘱属实，同意涉案房屋归原告程某所有，且不参加本案诉讼。

【法院裁判理由】

公民可以依法立遗嘱将个人财产赠给国家、集体或者法定继承人以外的人。遗嘱人在危急情况下，可以立口头遗嘱。本案各方当事人已达成一致意见，认可该口头遗嘱合法有效，且同意涉案房屋归原告所有，被告陈甲亦曾在协议上签字确认，对该份口头遗嘱亦无异议，本院依法予以确认。

【裁判依据】

《继承法》第十六条第三款、第十七条第五款。

【律师评析】

口头遗嘱又称口授遗嘱，是遗嘱人在危急情况下所立的特别遗嘱。[①]《继承法》第十七条第五款规定："遗嘱人在危急情况下，可以立口头遗嘱。口头遗嘱应当有两个以上见证人在场见证。危急情况解除后，遗嘱人能够用书面或者录音形式立遗嘱的，所立的口头遗嘱无效。"按照《继承法》的规定，口头遗嘱应具备以下条件：(1)口头遗嘱只能在紧急情况下订立。紧急情况包括生命垂危或其他紧急情况。在紧急情况下，不能采用其他法定的遗嘱形式的时候，才可以采用口头遗嘱。(2)必须有两个以上见证人在场见证。见证人必须为两个或两个以上。见证人必须与遗产继承没有利害关系。法定继承人、遗嘱继承人或受遗赠人系与遗产继承有利害关系人，不能作为见证人。满足上述条件的口头遗嘱，合法有效，可以作为遗产继承的依据。在危急情况解除后，遗嘱人可以另行订立其他形式遗嘱的，口头遗嘱即归无效。如遗嘱人订立新的合法有效的遗嘱，则新订立的遗嘱成为继承的依据；如遗嘱人未订立其他形式的遗嘱，则认定遗嘱人未留下合法有效遗嘱。这一点容易被遗嘱人忽略，而使遗嘱人的处分遗产的意愿不能实现。

本案中，遗嘱人何某口头讲出房屋归程某继承的遗嘱意思，该遗嘱系口头遗嘱；何某遗嘱意思的话语系在其临终时讲出，临终的时刻往往是比较短暂的时刻，或者临终的时间段内遗嘱人意识清醒的时刻比较短暂，可以认为临终时属于紧急情况；此后何某去世，再没有机会能够订立其他形式的遗嘱。因此，本案中的口头遗嘱合法有效，可以作为遗产房屋继承的依据。

口头遗嘱，顾名思义是遗嘱人用言语讲出其遗嘱意思而成立的遗嘱。首先，如遗嘱人因疾病等各种原因不能开口讲出其遗嘱意思，但其

---

① 参见刘春茂主编：《中国民法学——财产继承》，人民法院出版社 2008 年版，第 288 页。

在意识清醒的前提下用肢体语言等方式，即时表达出其遗嘱意愿，在场的见证人也能明白其意思表示内容的，能否成为口头遗嘱，该遗嘱是否有效？笔者认为，这种情况下表达的意思不能成立口头遗嘱。遗嘱意思表示作为处分民事权利的法律行为，内容必须是明确的。遗嘱人虽然意识清醒，但其通过肢体语言等方式表达的内容难以被见证人准确地理解，见证人容易误会遗嘱人的真实意思；两个以上的见证人之间也容易形成理解差异。其次，如遗嘱人系哑巴，生前惯于使用手语来表达，其在危急情况下用手语表达的处分遗产的意思，见证人也能明确理解手语含义的，能否成立口头遗嘱，该遗嘱是否有效？笔者认为，这种情况下的手语表达可以成立口头遗嘱，如事后没有其他机会可以订立其他形式的遗嘱，则该口头遗嘱有效。这里的“口头”应扩展理解为以声音、手势或其他肢体语言即时意思表达方式，大部分人用讲话方式即时表达意思，还有部分人通过诸如手语、腹语、唇语等方式即时表达意思。遗嘱人用其惯常在用的即时表达意思的方式来表达其遗嘱意思，笔者认为，都可以认定为口头遗嘱。

32. 遗书是否构成遗嘱

【关键词】
遗书　自书遗嘱

陈某诉马甲等遗嘱继承纠纷一审案[①]

★法院观点★

遗书虽不完全等同于遗嘱，但如果遗书中涉及死后个人财产处分的内容，又无相反证据的，可按自书遗嘱对待。

【案情简介】

原告：陈某。

被告：马甲、马乙、马丙、马丁。

法院经审理查明：原告陈某与被继承人马某是夫妻，共生育 4 个子女，即被告马甲、马乙、马丙、马丁。被继承人马某于 2013 年 2 月死亡，其父母均先于其死亡。诉争房产原为公房，于 2000 年 3 月取得产权，登

① 案号：(2014)徐民一(民)初字第 6092 号，上海市徐汇区人民法院。

记为马某、陈某共同共有。该房现由原告陈某居住。

原告陈某提供一份马某生前遗书，该遗书没有书写日期，原告主张遗嘱的日期应该是2001年2月15日，但未举证。遗书主要内容为：“我本人马某、妻陈某，生前所生一子三女为马甲、马乙、马丙、马丁。因我身患有疾病，随时随地有发病死亡可能，也就不能留下遗言，所以在我未死亡前，我写下这遗书和录下此录音遗言如下：(1)我死亡后丧装(葬)费用要节约简办，不能铺张浪费，一子三女要尊爱和抚养母亲，兄妹要团结和好，不能争吵。妻陈某生活来源由三个女儿负担，不能相互推托。(2)我死亡后，我生前同妻陈某所有的一切财物，包括居住房屋，全部由陈某一人所得和居住，一子三女不能强行分取、居住。”遗书的末尾写道“注，如录音带日久变质听不清可凭此遗书作凭证”，遗书共有两页，有马某签名，两页间盖有马某的私章骑缝，遗书文字中补正的文字均盖有马某的私章。

【各方观点】

原告陈某观点：原告是被继承人马某妻子，马某生前立有遗书一份，将其在诉争房屋由原告一人继承，故请求按遗嘱继承。

被告马甲观点：对遗书是马某所写无异议，但遗书内容中有些情况与事实不符，也没有日期，故不同意原告的诉讼请求。

被告马乙、马丙观点：对遗书无异议，同意原告的诉讼请求。

被告马丁观点：对遗书的真实性有异议，而且遗书没有日期，不符合法定要件，不产生法律效力。只表示房屋由陈某一人居住，没有对房屋处分的意思表示。

【法院裁判理由】

诉争房产取得于原告与被继承人马某婚后，为夫妻共同财产，被继承人马某所有的产权份额为遗产。关于被继承人所写遗书的效力，原告和被告马甲、马乙、马丙均对遗书真实性无异议，而马丁虽对遗书的真实性有异议，但明确表示无法提供马某生前的笔迹材料做文字鉴定，故确认遗书为马某本人亲笔所写。遗书虽不完全等同于遗嘱，但如果遗书中涉及死后个人财产处分的内容，又无相反证据的，可按自书遗嘱对待。被继承人遗书处分财产的意思表示明确，虽然遗书未书写日期，存在瑕疵，但未发现被继承人另有写有日期的遗书或遗嘱，故该瑕疵不影响遗嘱的效力。被继承人马某在遗书中所作的意思表示应予尊重，具有法律效力。

【裁判依据】

《继承法》第二条，第三条，第五条，第十六条第一款、第二款，第十七条第二款，第二十六条第一款；《继承法意见》第四十条。

【律师评析】

遗书是指死者生前最后留下的书信。遗书的内容可以包罗万象，包括情感方面，也包括财产方面。遗嘱是指死亡生前留下的对其遗产和其他事务作出的处分。遗书的概念更侧重于物质形式，遗嘱的概念更侧重于遗愿内容。就法律规定而言，遗嘱是法律概念，遗书不是一个法律概念。就内容而言，遗嘱更侧重于对遗产继承或遗赠的指定，遗书的内容则更广泛。

遗书不必然是遗嘱，遗书只有具备一定要件才构成遗嘱。《继承法意见》第四十条规定："公民在遗书中涉及死后个人财产处分的内容，确为死者真实意思的表示，有本人签名并注明了年、月、日，又无相反证据的，可按自书遗嘱对待。"根据该规定，遗书要成为遗嘱，应当具备：(1)真实表明了死后个人财产处分的内容。继承法意义上的遗嘱在于对个人遗产的处分。为此，遗书要构成遗嘱，首先要对个人遗产作出明确的处分。(2)本人签名，并注明年、月、日。遗书与自书遗嘱最接近。

《继承法》规定自书遗嘱应当有本人签名并注明年、月、日。那么遗书要构成遗嘱,也应当由遗嘱人本人在遗书上签名并注明年、月、日。

本案中,被继承人自书遗书,内容中明确表明其一切财物由妻子陈某所得,该内容就是对其个人遗产的处分;该遗书有被继承人亲笔签名。但该遗书也有瑕疵,即没有注明年、月、日。虽然没有注明年、月、日,但本案中并没有其他遗嘱。如果有其他遗嘱,则存在哪份遗嘱是最后的遗嘱的问题。因没有其他遗嘱,则这份遗书的遗嘱内容,无论时间早晚,均不影响其效力。为此,法院认定该瑕疵不足以影响其效力,遗书合法有效。

33. 哪些人不能作为遗嘱见证人

【关键词】

遗嘱见证人

周甲诉周乙等遗嘱继承纠纷一审案[①]

★法院观点★

同事关系、兄弟姐妹关系不属于不能作为遗嘱见证人的利害关系。

【案情简介】

原告:周甲。

被告:周乙、周丙、李某、周丁。

法院经审理查明:被继承人周某与被告周丙系夫妻关系,两人共生育原告周甲、被告周乙、周丁及案外人周戊。周戊于 2011 年 3 月去世,被告李某系周戊之女。

2013 年 12 月 7 日,由陈某作为代书人,周 A、周 B、周 C 作为见证

① 案号:(2014)浦民一(民)初字第 12823 号,上海市浦东新区人民法院。

人,周某与周丙立下遗嘱一份,言明“周某、周丙两人因拆迁安置到一套懿行路房屋一套,被拆迁安置人员为周某,同住人为周乙、周甲,现还未办理产权证,我们在此表示此套房屋里属于我们两人的产权份额将来全部归大儿子周乙继承,同时我们的财产包括出让南码头路房屋款(受让人周甲、罗某欠我们的购房款)全部归周乙继承,其他人不得干涉”。上述遗嘱由周某、周丙签字并捺印,并由陈某在代书人处签字,周A、周B、周C在见证人处签字。陈某与被告周乙系同事关系,周A、周B、周C与周某系兄弟姐妹关系。

【各方观点】

原告周甲观点:上述遗嘱的代书人陈某与被告周乙系同事关系,且见证人周A、周B、周C均系被继承人周某的第二顺序继承人,更何况被继承人夫妇系文盲,对两人是否清楚遗嘱的真实意思存疑。要求确认2013年12月7日周某、周丙订立的代书遗嘱无效。

被告周乙、周丙、李某观点:周某与周丙订立的代书遗嘱合法有效,周某与周丙在确认遗嘱内容之后才签字确认,上述遗嘱由陈某代书,并由周A、周B、周C三人见证,遗嘱合法有效。

被告周丁未作答辩。

【法院裁判理由】

代书遗嘱应当有两个以上见证人在场见证,由其中一人代书,注明年、月、日,并由代书人、其他见证人和遗嘱人签名。根据陈某、周B、周C及被告周丙的当庭陈述,遗嘱经陈某代书,遗嘱内容由陈某向周某及周丙宣读确认,并分别由遗嘱人周某、周丙,代书人陈某、见证人周A、周B、周C在遗嘱上签名,该遗嘱符合代书遗嘱的形式要件。代书人陈某系被告周乙的同事,遗嘱见证人与被继承人周某系兄弟姐妹关系,上述关系并不是我国《继承法》第十八条规定的不能作为遗嘱见证人的情形。上述代书遗嘱系遗嘱人周某、周丙的真实意思表示，应认定为合法有效，原告要求确认无效的诉讼请求不能支持。

【裁判依据】

《继承法》第十六条第二款、第十七条第三款、第十八条。

【律师评析】

遗嘱见证人是指遗嘱人在立遗嘱时的证明人①。我国《继承法》第十七条规定的五种遗嘱形式中，代书遗嘱、录音遗嘱和口头遗嘱中都规定需要两名以上见证人在场见证，代书遗嘱还要求见证人在遗嘱上签名。但担任遗嘱见证人也应符合一定条件，不是任何人都可以担任遗嘱见证人。《继承法》第十八条规定："下列人员不能作为遗嘱见证人：(一)无行为能力人、限制行为能力人；(二)继承人、受遗赠人；(三)与继承人、受遗赠人有利害关系的人。"根据该规定，担任遗嘱见证人应具备以下条件：(1)具有完全民事行为能力。担任遗嘱见证人，首先必须是或视为完全民事行为能力人。未成年人、精神病人等不能担任遗嘱见证人。16周岁以上以自己劳动收入为其主要生活来源的人可以担任遗嘱见证人。遗嘱见证人应当通晓遗嘱所使用的语言，能够清楚明白遗嘱人的意思内容。(2)不是继承人、受遗赠人。遗嘱的内容对继承人、受遗赠人有利害关系，影响继承人和受遗赠人的权利。由继承人、受遗赠人担任遗嘱见证人，可能被其利用，伪造、篡改遗嘱人的遗嘱内容。因此，继承人、受遗赠人不能担任遗嘱见证人。(3)与继承人、受遗赠人没有利害关系。并不是任何关系都会影响担任遗嘱见证人。只有有利害关系才会导致不能担任遗嘱见证人。所谓利害关系是指法律上的权利义

① 参见刘春茂主编：《中国民法学——财产继承》，人民法院出版社2008年版，第266页。

务关系，通常指债权债务关系。《继承法意见》第三十六条规定："继承人、受遗赠人的债权人、债务人，共同经营的合伙人，也应当视为与继承人、受遗赠人有利害关系，不能作为遗嘱的见证人。"与继承人、受遗赠人有债权债务关系的，或有共同经营关系的，会影响遗嘱见证人的公正性，有可能作出不利于某一方的假见证。

本案中，代书人、见证人，或为同事，或为亲戚。同事关系、亲戚关系均不影响其担任遗嘱见证人。为此，法院认定该代书遗嘱合法有效。

34. 遗嘱人生前订立有多份遗嘱的，如何认定遗嘱的效力

【关键词】

遗嘱　遗嘱效力

苗甲等诉苗乙等继承纠纷一审案[①]

★法院观点★

遗嘱人立有多份遗嘱的，以最后的遗嘱为准。

【案情简介】

原告：苗甲、苗丁。

被告：苗乙、苗丙。

法院经审理查明：苗某与丁某系夫妻关系，二人生育苗乙、苗丙、苗甲、苗丁。2005年2月丁某去世，2011年11月苗某去世。

1993年11月苗某购买位于北京市朝阳区管庄西里的房屋一套，登

① 案号：（2013）朝民初字第847号，北京市朝阳区人民法院。

记于苗某名下。苗甲、苗丁提供 2008 年 1 月 12 日苗某出具的《遗嘱》，内容为：“去世后，在我名下位于北京市朝阳区管庄西里的一套产权房由我女儿苗甲继承，我的全部财产也由我女儿苗甲继承。”上述《遗嘱》有李某、杨某见证，李某以见证人身份书写“此遗嘱系苗某的真实意思表示”。2009 年 11 月 21 日，苗某再次在上述《遗嘱》和见证人姓名下方签署姓名。苗甲、苗丁又提供 2008 年 6 月 2 日苗某出具的《遗嘱》，内容为：“我去世后，我购买的京棉危改区某单元 18 层 10 号住房由我女儿苗甲继承，我的全部财产也由我女儿苗甲继承。”苗甲、苗丁又提供光盘，以证明苗某订立遗嘱的过程。

苗乙提供 2008 年 2 月 20 日的《遗嘱》，内容为：“北京市朝阳区管庄西里的一套住房归苗乙，北京市朝阳区慈云寺京棉新城某 18 层 10 号的一套住房归苗丙，京棉新城某 22 层 10 号的一套住房归苗甲。”苗乙提供 2008 年 2 月 18 日苗某签署的《房屋赠与协议书》，内容为：同意将北京市朝阳区管庄西里的一套房屋所有权赠与苗乙，苗乙同意接受该赠与。

苗甲、苗丁其提供苗某 2010 年 12 月 15 日书写的《声明》和 2010 年 12 月 16 日签署的《证明》一份，内容为：“苗乙、苗丙、孙女、孙女婿、大儿媳为了达到侵占我的两套房产与其他财产的目的，合谋、拟定、打印多份遗嘱、房屋赠与协议书、房屋赠与家庭事项协议书、证明、权利说明书，更改户主申请、家庭公约等文件后，胁迫我为他们签名、捺手印；同时他们也侵占了我长女苗甲的一套房产与其他权利，我声明：这些文件全部作废。”

【各方观点】

苗甲、苗丁观点：不认可苗乙提供的 2008 年 2 月 20 日的《遗嘱》和 2008 年 2 月 18 日的《房屋赠与协议书》，苗某已经声明作废。

苗丙观点：北京市朝阳区管庄西里的房屋系苗某和丁某的共同财产，苗某不能自理。不认可苗甲、苗丁提供 2008 年 1 月 12 日的《遗嘱》

和2008年6月2日的《遗嘱》。苗某写的材料都不是苗某书写的，苗甲胁迫、欺骗苗某，且苗某当时年龄已高，神志不清。

苗乙观点：北京市朝阳区管庄西里，本人居住了将近30年，父母承诺本人购买房屋就归本人，该房屋购买款均是本人出的，上述房屋的全部份额应由本人继承。

【法院裁判理由】

关于北京市朝阳区管庄西里的房屋，苗某在与丁某婚姻期间购买上述房屋，并登记于苗某名下，该房屋应为夫妻共同财产。苗甲、苗丁提供了苗某2008年1月12日出具的《遗嘱》、2008年6月2日的《遗嘱》和录像。苗乙提供2008年2月18日的《房屋赠与协议书》、2008年2月20日的《遗嘱》抗辩。考虑到2009年11月21日苗某再次在2008年1月12日的《遗嘱》和见证人姓名下方签署姓名，结合苗甲、苗丁提供的两份《遗嘱》的内容、签署时间和《证明》等证据，认定2009年11月21日签名确认的遗嘱有效。该房屋中苗某部分应按其遗嘱予以分割，丁某部分应按法定继承予以分割。关于京棉危改区房屋尚未取得房屋所有权证且有案外人利益，在本案中暂不予处理。

【裁判依据】

《继承法》第九条、第十条、第十六条、第二十条。

【律师评析】

公民有权以遗嘱的形式处分自己死后的财产，即公民有遗嘱自由的权利。遗嘱自由，包括订立遗嘱的自由，也包括变更遗嘱的自由和撤销遗嘱的自由。《继承法》第二十条规定："遗嘱人可以撤销、变更自己所立的遗嘱。立有数份遗嘱，内容相抵触的，以最后的遗嘱为准。自书、代书、录音、口头遗嘱，不得撤销、变更公证遗嘱。"《继承法意见》第四十二条规定："遗嘱人以不同形式立有数份内容相抵触的遗嘱，其中有公证遗嘱的，以最后所立公证遗嘱为准；没有公证遗嘱的，以最后所立的遗嘱为准。"根据上述规定，可见我国继承法对于多份遗嘱内容发生冲突时，确定遗嘱效力的两条原则：(1)最后的遗嘱优于在先的遗嘱；(2)公证遗嘱优于其他形式的遗嘱。在实践中有多份遗嘱的情况下，可以先看有无公证遗嘱，如有公证遗嘱，则以公证遗嘱为准；有多份公证遗嘱的，以最后订立的公证遗嘱为准。如没有公证遗嘱，或公证遗嘱被撤销的，则以最后订立的遗嘱为准。当然进行遗嘱效力优先性排位的前提是，这些遗嘱都是合法成立的遗嘱。如果遗嘱不符合法律规定的形式和实体要件，则不需要对其比对效力优先性。

既然多份遗嘱的效力优先性的判断主要基于遗嘱订立时间，那么在有多份遗嘱的情况下，如果部分遗嘱的订立时间无法确定，该怎么办？笔者认为，根据《继承法》第十七条的规定，各种遗嘱的形式要件中都包括订立的年、月、日。如果未注明年、月、日，则该遗嘱因不具备形式要件而不成立，不成立的遗嘱无须讨论是否有效。因此，在存在多份遗嘱需要比对哪份遗嘱有效时，可以首先排除无法确定订立时间的遗嘱。

35. 遗嘱人生前处分了遗嘱中涉及的财产的,怎么认定遗嘱效力

【关键词】

遗嘱　生前处分

方某诉谢甲等法定继承纠纷一审案[①]

★法院观点★

遗嘱人生前处分了遗嘱中涉及的财产的,遗嘱被撤销或被部分撤销。

【案情简介】

原告:方某。

被告:谢甲、谢乙、谢丙、谢丁。

法院经审理查明:被继承人袁某与丈夫谢某婚后生育谢戊及被告谢甲、谢乙、谢丙、谢丁五名子女,原告方某系谢戊与前妻所生女儿。谢某

① 案号:(2012)浦民一(民)初字第13843号,上海市浦东新区人民法院。

于1999年3月1日去世。谢戊于2010年8月23日因车祸去世。2011年6月，袁某出具书面遗嘱，称：本人百年后将现有住房我名下份额，包括存款，平均分配给四个子女：谢甲、谢乙、谢丙、谢丁。2011年10月，袁某再次出具书面遗嘱，称：谢戊交通死亡赔偿款在我百年之后由谢甲、谢乙、谢丙、谢丁继承。2011年12月，袁某去世。2012年1月，被告谢甲代袁某从法院取得上述案件部分执行款，其余应执行款项已在袁某生前履行完毕。

【各方观点】

原告观点：谢戊交通事故赔偿案件中，袁某继承和取得谢戊遗产、交通事故赔偿款若干元。四位被告不但隐瞒袁某死讯，且占有了袁某的遗产。谢戊先于袁某去世，原告作为谢戊的女儿有权代位继承袁某的遗产1/5份额。

四被告观点：被继承人袁某生前取得的谢戊遗产及交通死亡赔偿款等，在其生前已作出处理。死亡之后取得的执行款也留有书面遗嘱，确定归四被告继承。故原告没有代位继承袁某遗产的权利。

【法院裁判理由】

本案中，根据生效的法院裁判文书，被继承人袁某通过继承、析产等取得原告诉称钱款，但鉴于其中大部分款项在袁某生前已经履行，原告也没有证据证明该部分钱款现仍在袁某名下，故被告所称的已由袁某生前处分，本院予以采信，该部分钱款不应再作为遗产进行分割。袁某死亡后由谢甲代为领取的两笔钱款，鉴于被继承人袁某生前留下书面遗嘱，应由四被告继承。

【裁判依据】

《继承法》第三条、第五条。

【律师评析】

《继承法意见》第三十九条规定:“遗嘱人生前的行为与遗嘱的意思表示相反,而使遗嘱处分的财产在继承开始前灭失、部分灭失或所有权转移、部分转移的,遗嘱视为被撤销或部分被撤销。”

财产所有人对财产有权自由处分,既可以生前处分,也可以在生前订立遗嘱处分在死亡后财产的归属。遗嘱在被依法订立时成立,但并非一成立就具有法律效力。遗嘱的生效时间是遗嘱人死亡的时间。在遗嘱成立到生效期间,财产并未转移交付,财产的所有权仍属于遗嘱人。遗嘱人仍有权,也有可能改变初衷,对遗嘱涉及的财产重新做出安排。如果以另一份遗嘱指定财产另由他人继承或受遗赠,或不再在遗嘱中指定归属,这就是遗嘱的变更和撤销。如果遗嘱人在生前处分了此前遗嘱中涉及的财产,如出卖、赠与、抵偿债务等,这样的行为也视为对遗嘱的撤销或部分撤销。该部分遗嘱被撤销,并不影响其他部分遗嘱的效力。

36. 无行为能力人、限制行为能力人所立的遗嘱无效

【关键词】
无行为能力人　限制行为能力人　遗嘱能力　遗嘱无效

吴甲等诉邓某继承纠纷二审案①

★法院观点★

无民事行为能力人所立的遗嘱无效。

【案情简介】

上诉人(原审原告):吴甲。

上诉人(原审被告):朱戊。

被上诉人(原审原告):邓某。

法院经审理查明:吴某与其前夫生育一子吴甲。朱某与其前妻生育5个子女,分别是朱甲、朱乙、朱丙、朱丁、朱戊。吴某于1970年8月23日与朱某再婚,其时朱戊尚未成年,吴某与朱某婚后无子女。吴某于

① 案号:(2015)二中民终字第02807号,北京市第二中级人民法院。

2011年12月15日死亡。朱某于2011年4月15日死亡。朱丙于2002年6月11日死亡,其生育有一子邓某。北京市西城区某房屋所有权人登记为吴某、朱某,系二人共同共有。

原审中,吴甲提交了落款日期为2006年6月30日,有吴某签名字样的打印遗嘱一份,内容为:吴某名下房屋50%的产权和金融资产26万元由儿子吴甲继承。吴甲称该遗嘱是其和吴某一起去打印的。

原审中,朱戊提交了有朱某、吴某签名字样,落款日期为2010年4月5日的赠与书一份,内容为:将房子赠与儿子朱戊个人。

原审中,朱戊还提交了落款日期为2011年2月27日,有吴某签名字样的遗嘱两份,第一份遗嘱的内容为:吴某名下的房产由小儿子朱戊继承,吴某,代书人:王某;见证人:冯某、曾某、王某。第二份遗嘱的内容为:吴某名下的存款由小儿子朱戊继承,吴某,代书人:王某;见证人:冯某、曾某、王某。

2008年11月12日,吴某退休前单位向人寿保险公司出具材料:吴某于2006年12月经医院诊断为脑梗塞,不能和人正常交流。2011年,经吴甲申请,通过司法鉴定,原审法院民事判决宣告吴某为无民事行为能力人。

【各方观点】

上诉人吴甲观点:吴某与朱某是再婚夫妻关系,二人婚后无子女。吴某死亡后,朱某拒绝依法分割遗产。上诉人是吴某的法定继承人,按照吴某遗嘱,房屋50%产权和金融资产由上诉人继承。朱戊与吴某并未形成抚养关系,无权继承遗产。

上诉人朱戊观点:按照被继承人吴某的遗嘱,所有遗产由朱戊继承。吴某和朱某结婚时,上诉人并未成年,一直由吴某抚养并一起居住,是形成抚养关系的继子。

【法院裁判理由】

一审法院观点:吴甲是吴某的儿子,其有权继承吴某的遗产。吴某与朱某再婚时,朱戊尚未成年,其与吴某之间形成了抚养关系,故朱戊有权继承吴某的遗产。诉争房屋所有权登记在吴某、朱某名下,系夫妻共同财产。吴甲提交的落款日期为2006年6月30日,有吴某签名字样的打印遗嘱,不符合自书遗嘱的形式,也不符合代书遗嘱的形式,不认可该遗嘱的效力。朱戊提交的落款日期为2011年2月27日、有吴某签名字样的遗嘱,因法院于2011年9月27日判决宣告吴某为无民事行为能力人,有司法鉴定意见为证,再结合吴某退休前单位出具的材料,可以认定吴某在2011年2月27日是没有完全的民事行为能力的,即使其在该日立了遗嘱,该遗嘱也应是无效的。综上,本案应按照法定继承处理吴某遗产。

二审法院观点:吴某与朱某再婚时,朱戊并未成年,且朱戊的干部登记表显示其1970年至1971年亦在河南某高中读书,故原审法院认定吴某与朱戊之间形成了抚养关系合法有据,朱戊应当属于吴某第一顺位的法定继承人。立遗嘱人订立遗嘱时应当有完全民事行为能力,且所立代书遗嘱必须符合法定的形式要件,吴某2011年2月27日所立代书遗嘱,因吴某2011年被法院宣告为无民事行为能力人,结合司法鉴定报告以及吴某退休前单位出具的材料,可以认定吴某在2011年2月27日是没有完全民事行为能力的,故原审法院据此认定吴某2011年2月27日所立代书遗嘱无效并无不当。综上,原判正确,应予维持。

【裁判依据】

《继承法》第二十二条。

【律师评析】

遗嘱能力是指被继承人生前在法律上享有的订立遗嘱、自由处分自己遗产的资格。① 自然人要么具有遗嘱能力,要么无遗嘱能力。

我国《继承法》第二十二条第一款规定:“无行为能力人或者限制行为能力人所立的遗嘱无效。”根据我国《民法总则》的规定,18 周岁以上的自然人为成年人。成年人为完全民事行为能力人,可以独立实施民事法律行为。16 周岁以上的未成年人,以自己的劳动收入为主要生活来源的,视为完全民事行为能力人。8 周岁以上的未成年人为限制民事行为能力人。不能完全辨认自己行为的成年人为限制民事行为能力人。不满 8 周岁的未成年人为无民事行为能力人,不能辨认自己行为的成年人为无民事行为能力人。由此可见,(1)不满 16 周岁的人都是无遗嘱能力人。对这个年龄段的人,精神智力是否健康在所不问。(2)已满 16 周岁、不满 18 周岁的人,以自己的劳动收入为主要生活来源的,并且精神智力健康的人为有遗嘱能力人,两个条件缺少其一即为无遗嘱能力人。(3)已满 18 周岁的人,精神智力健康的为有遗嘱能力人,否则为无遗嘱能力人。

遗嘱能力决定着遗嘱的效力,那么判断遗嘱人是否具有遗嘱能力的时间点为何时?《继承法意见》第四十一条规定:“遗嘱人立遗嘱时必须有行为能力。无行为能力人所立的遗嘱,即使其本人后来有了行为能力,仍属无效遗嘱。遗嘱人立遗嘱时有行为能力,后来丧失了行为能力,不影响遗嘱的效力。”可见,遗嘱是否有效关键是看立遗嘱时,遗嘱人是否具有遗嘱能力。立遗嘱是遗嘱人意思表示和处分财产的行为,立遗嘱人在作出意思表示和处分财产时,应当具有民事行为能力。一旦该行为完成,此后是否丧失遗嘱能力,对已经成立的遗嘱不产生任何影响;反之,在不具有遗嘱能力时订立遗嘱,该遗嘱不能真正代表遗嘱人的真实意思,遗嘱效力的无效状态已经确定,此后遗嘱人即使获得了遗嘱能力也不能影响该遗嘱的效力,遗嘱人只能再订立一份有效的遗嘱。

---

① 参见刘春茂主编:《中国民法学——财产继承》,人民法院出版社 2008 年版,第 259 页。

37. 精神病人所立的公证遗嘱是否有效

【关键词】
精神病人　无民事行为能力人　遗嘱能力　遗嘱无效

徐甲诉徐乙等法定继承纠纷一审案①

★法院观点★

精神病人所立的公证遗嘱无效。

【案情简介】

原告:徐甲。

被告:徐乙、徐丙、徐丁、徐戊、徐庚。

法院经审理查明:被继承人徐某于1999年2月1日死亡,被继承人王某于2005年11月7日死亡。两人于1953年6月16日登记结婚后生育徐庚、徐甲两子女,徐某与前妻共生育徐乙、徐丙、徐丁、徐戊四名子女。上海市曲阳路房屋产权于1995年登记在被继承人徐某一人名下。

① 案号:(2016)沪0109民初24883号,上海市虹口区人民法院。

被继承人徐某生前未立有遗嘱，被继承人王某生前立有公证遗嘱，表示其在上海市曲阳路房屋中的产权份额全部由原告继承。王某生前患有偏执型精神分裂症。在原告作为家属或委办人填写的死亡医学证明书上显示致死原因中"引起(b)的疾病或情况：精神分裂症"。原告提供上海市东方公证处(2011)沪东证决字5号关于(99)沪证字第2439号公证书的复查决定、上海市公证协会(2012)沪公协复字第6号公证复查争议投诉处理意见书、王某于1999年1月31日书写的字条，以证明公证遗嘱符合相关规定，合法有效，王某身患间歇性精神分裂症，在立遗嘱时具有完全民事行为能力。认为应确认王某的公证遗嘱真实、合法、有效。原告还认为两被继承人生前是由子女轮流照顾，不认可徐戊对两被继承人尽了主要扶养义务。

【各方观点】

原告徐甲观点：上海市曲阳路房屋系徐某和王某夫妻共同财产。按照被继承人王某生前所立公证遗嘱，诉争房屋中属于王某的产权份额全部由原告继承。徐戊17岁来沪住校就读，与王某未形成扶养关系，其对王某遗产不享有继承权。

被告徐乙、徐丙、徐丁观点：认可上海市曲阳路房屋产权登记在被继承人徐某名下，系两被继承人夫妻共同财产，各占一半份额。三被告与被继承人王某并未形成扶养关系，但被继承人王某生前患有精神分裂疾病，其所立公证遗嘱无效。

被告徐戊观点：上海市曲阳路房屋产权虽系两被继承人婚姻关系存续期间所得，但在购买该房屋产权前徐某生前多次表示该房屋属于徐戊所有，在购买该房屋产权时为了使用徐某的工龄，产权才登记在徐某名下，故该房屋属于徐戊所有。被继承人王某生前长期患有精神分裂疾病，其所立公证遗嘱无效。徐戊17岁时至上海读书，每逢周末(单休)休息，都到徐某家中，与被继承人王某系形成扶养关系的继子女，理应对其名下遗产享有继承权。

被告徐庚观点：认可诉争房屋系两被继承人夫妻共同财产。认可原告所提供遗嘱的真实有效，同意原告诉请。被告徐戊与被继承人王某并未形成抚养关系。

【法院裁判理由】

被继承人徐某生前未立有遗嘱，王某、本案原、被告六人作为其妻子和子女，对其名下房屋遗产享有均等继承权，各得 1/14 房屋份额。被继承人王某生前订立的遗嘱系公证遗嘱，但对诉讼而言，公证文书虽然是一项证明力较强的证据，但其证明力可以通过对证据的综合判断对案件事实作出否定。本案中，被继承人王某生前患有偏执型精神分裂症几十年，多次就医诊治并需长期服用药物，不能排除被继承人精神状态随时出现异常波动的情况，故推断被继承人即使不是不能辨认自己行为的精神病人，至少是不能完全辨认自己行为的精神病人。故被继承人王某订立的公证遗嘱无效。被告徐戊将近 17 周岁来沪读书并每周到两被继承人家中生活一天，此时徐戊已届成年，多数时间在学校生活，加之王某作为精神病人，其自身生活尚且需人照顾，何谈抚养徐戊，故认定被继承人王某与被告徐戊并未形成抚养关系。被继承人王某名下遗产应由其亲生子女即本案原告徐甲、被告徐庚按法定继承原则予以均分。

【裁判依据】

《继承法》第十条、第十三条第一款、第二十二条第一款、第二十六条、第二十九条。

【律师评析】

精神病是由于人体内外有害因素引起的大脑功能紊乱，导致知觉、意识、情感、思维、行为和智能等障碍的疾病，患者的认识、情感、意志、动作行为等心理活动均可出现持久的明显的异常；不能正常的学习、工作、生活；动作行为难以被一般人理解；在病态心理的支配下，有自杀或攻击、伤害他人的动作行为。精神病的常见类型有精神分裂症、狂躁抑郁性精神病、更年期精神病、偏执性精神病和各种器质性病变伴发的精神病。

精神病与心理问题、神经症不同。心理问题是一段时间内不良心境造成的兴趣减退、生活规律紊乱甚至行为异常、性格偏离等。神经症又称神经官能症或精神神经症，是一组精神障碍的总称，包括神经衰弱、强迫症、焦虑症、恐怖症、躯体形式障碍等。精神病人一般被认定为无民事行为能力人或限制民事行为能力人，有心理问题、神经症的人一般不会被认定为无民事行为能力人或限制民事行为能力人。

精神病人无论是无民事行为能力人还是限制民事行为能力人，都不具有遗嘱能力，其所立的遗嘱无效。公证机关在对遗嘱人订立遗嘱进行公证时，应当审查遗嘱人的精神智力状况，如果民事行为能力有缺陷的，不能为其公证遗嘱。有证据证明遗嘱人订立遗嘱时患有精神疾病的，通过公证订立的遗嘱也应当被撤销。本案中，王某长期患有精神分裂症，属于无民事行为能力人。即便在公证遗嘱过程中可能表现较为正常，但仍然不能认为其就具有民事行为能力。王某订立的遗嘱当属无效遗嘱。

38. 遗嘱被伪造、篡改的,效力如何认定

【关键词】
伪造遗嘱　篡改遗嘱　遗嘱无效

吴某诉余甲等继承纠纷一审案①

★法院观点★

伪造的遗嘱无效。

【案情简介】

原告:吴某。

被告:余甲。

第三人:余丙、余丁、余戊。

法院经审理查明:原告吴某与被继承人余某系夫妻关系。被告余甲与第三人余丙、余丁、余戊系原告与余某的子女。永嘉县瓯北镇双塔路的房屋原系原告与余某的夫妻共同财产,原产权登记在余某名下,余某

① 案号:(2010)温永瓯商初字第84号,温州市永嘉县人民法院。

于2007年4月12日亡故。2002年11月,被告余甲凭落款时间为2002年10月8日的一份分书,分别向永嘉县房屋管理局和土地管理局申请办理了产权证和土地证过户手续,将该房屋过户到被告余甲名下。2009年9月30日,原告与余丙、余丁、余戊共同起诉被告,要求确认其伪造的分书无效。2009年11月19日,永嘉县人民法院作出(2009)温某瓯民初字第295号民事判决书判决被告余甲于2002年10月8日出具的分书无效,该判决书现已生效。2010年1月22日,永嘉县房管局作出撤销被告名下的双塔路房屋的确权登记,并对被告作出1500元的处罚决定。

被继承人余某于2000年10月所立遗嘱,内容为:永嘉县瓯北镇双塔路房屋的一楼、三楼、四楼、五楼及顶楼由长子余丙、次子余戊共有;二楼由长女余甲所有;楼道由长子余丙、次子余戊及长女余甲共有。余某死亡后,原告吴某于2007年5月21日立有分书一份,内容为:一楼由长子余丙与次子余戊共有;二楼由余甲所有;三楼由长子余丙所有;四楼由余戊所有;五楼南向房间由余丙所有,北向房间由余戊所有,卫生间两兄弟共有;顶楼由余丙、余戊共有。

【各方观点】

原告吴某观点:诉争房屋系原告与余某夫妻共同财产。被告通过伪造、篡改遗嘱的手段,将房屋为己有,其行为已严重侵害原告和其他权利人的合法权益,要求取消被告对瓯北镇双塔路的继承权,按遗嘱有效部分处理余某遗产,其余部分按法定继承。

被告余甲观点:父亲余某遗嘱一共有四张,原告仅仅提供了其中的三张,系原告故意隐瞒第四张的遗嘱内容。

第三人余丙观点:父亲的遗嘱经法院判决已确认系伪造。父亲过世后,被告将房屋登记在其名下,导致第三人余丙和母亲的生活困难,缺乏安定感。

第三人余丁观点:子女应当赡养好父母,不应当为争夺财产导致家庭不和。请求法院依法判决。

第三人余戊观点：要求取消被告的继承权。

【法院裁判理由】

诉争房屋系原告吴某与被继承人余某的夫妻共同财产。继承人如有伪造、篡改或者销毁遗嘱，情节严重的，丧失继承权。被告余甲通过伪造分书的形式将诉争房屋过户到自己名下，且该分书内容与被继承人所立遗嘱内容不一致，违反了被继承人余某的意思表示，该分书已经法院判决确认无效。继承人伪造、篡改或者销毁遗嘱，侵害了缺乏劳动能力又无生活来源的继承人的利益，并造成其生活困难的，应认定其行为情节严重。原告年事已高缺乏劳动能力又无生活来源，第三人余丙月收入仅千元，符合情节严重的构成要件。余甲丧失继承权。

吴某所立分书内容与余某所立遗嘱的内容基本一致，仅对三楼、四楼、五楼由余丙和余戊共有，区分为三楼由余丙所有，四楼由余戊所有，五楼南向房间由余丙所有，北向房间由余戊所有。上述遗嘱和分书系原告吴某、被告余甲及第三人余丙、余戊的真实意思表示系其自行处分其财产份额，应予照准。该房屋二楼部分，因被告余甲丧失对该房屋的继承权，应按照法定继承处理。吴某取得二楼的 5/8 份额、第三人余丙享有 1/8 份额，第三人余丁享有 1/8 份额，第三人余戊享有 1/8 份额。

【裁判依据】

《继承法》第七条第（四）项、第九条、第十条第一款、第十三条第一款、第二十六条第一款、第二十九条；《继承法意见》第十四条。

【律师评析】

伪造遗嘱是指以遗嘱人的名义制作的并非表达遗嘱人真实意思的遗嘱。伪造遗嘱就是假遗嘱。篡改遗嘱是指篡改人未经遗嘱人同意私自更改了遗嘱的内容。伪造遗嘱和篡改遗嘱，不仅侵犯了遗嘱人遗产处分权和遗嘱自由，也侵犯了其他继承人的继承权和受遗赠人的受遗赠权。

我国《继承法》第二十二条规定："……伪造的遗嘱无效。遗嘱被篡改的，篡改的内容无效。"伪造遗嘱和篡改遗嘱都是违背遗嘱人真实意思的行为，而且不是遗嘱人自己的行为，当然不具备遗嘱的效力。根据我国《民法总则》的规定，无权代理或越权代理的行为，如果事后得到权利人的追认，代理行为仍可以归为有效。理论上讲，伪造遗嘱和篡改遗嘱如在遗嘱人生前得到其认可，那么同样可以有效。当然这样极端的例子，在实践中很少。

伪造的遗嘱，因整份遗嘱系伪造，伪造的内容全部无效，整份遗嘱亦无效。篡改的遗嘱，被篡改的部分应属无效；但未被篡改的部分，因系遗嘱人真实意思，仍属有效。因此，遗嘱部分内容被篡改的，仅导致被篡改部分无效，并不导致整份遗嘱无效。

39. 什么是共同遗嘱

【关键词】
共同遗嘱

顾某诉李某继承纠纷一审案[①]

★法院观点★

共同遗嘱没有违反法律禁止性规定的,应当认定合法有效。

【案情简介】

原告:顾某。

被告:李某。

法院经审理查明:被继承人傅某(2009 年 12 月 30 日去世)与陈某(2005 年 11 月 30 日去世)夫妇共生育原、被告二女儿。傅某和陈某生前立有两份遗嘱,一份遗嘱的内容为“我俩共同生活了五十余载,相依为命。已年老体衰,如一方去世,家中一切财与物,均留给对方。特此证

① 案号:(2010)静民一(民)初字第 855 号,上海市静安区人民法院。

明。二零零五年二月”。另一份遗嘱的内容为“小女李某,心田善良,孝顺父母,我俩得到很大宽慰。因此立下遗嘱:我俩去世后,我们的财与物,全部留给小女李某。二零零五年二月”。两份遗嘱均由被继承人傅某执笔,落款由陈某和傅某亲笔签名。被继承人傅某去世时遗有银行存款和现金若干元。被告李某为傅某花费的丧葬费等若干元。

【各方观点】

原告观点:自书遗嘱虽是母亲执笔,也应该有父亲亲笔书写,而不能只有签名,这不符合自书遗嘱的形式要件。落款的时间没有“日”,是故意留下空当不写,按母亲的书写习惯,年月日都是填写的,是母亲有意让遗嘱无效。

被告观点:两份遗嘱均是父母真实意思的表示,是合法有效的。

【法院裁判理由】

这是两份夫妻共同遗嘱,以处分共同遗嘱人共有的财产。首先是立遗嘱人先互相指定对方为自己的遗嘱继承人;而后是约定后死者将遗产留给共同指定的小女儿。两份遗嘱均为立遗嘱人的真实意思表示,对遗产处理的意思表示相互制约,并不矛盾。两份遗嘱均由被继承人之一傅某执笔,落款由陈某和傅某亲笔签名,是被继承人的真实意思表示,符合共同遗嘱的法律特征,只是书写的日期遗漏了“日”,在形式上稍有瑕疵,但总体不影响共同遗嘱的效力。在司法实践中,对夫妻共同遗嘱,如果没有违反继承法的禁止性规定,就应当承认共同遗嘱的效力,这有利于尊重和保护当事人的遗嘱自由。本案中,被继承人陈某和傅某相继死亡,遗嘱发生法律效力。

【裁判依据】

《继承法》第十六条。

【律师评析】

共同遗嘱又称合立遗嘱,是指两个或两个以上的遗嘱人共同设立的同一份遗嘱。[①] 我国继承法对共同遗嘱没有明确规定,但也没有禁止订立共同遗嘱。在实践中,夫妻双方订立共同遗嘱的也大量存在。法无明文禁止皆可为,共同遗嘱的法律效力在司法实践中应予以认可。这既体现了私法自治的原则,也尊重了很大部分家庭财产共同共有的客观事实。

根据内容的不同,共同遗嘱大致有以下几种情形:一是共同遗嘱人相互指定对方为自己遗产的继承人;二是共同遗嘱人都指定第三人等为遗产继承人;三是共同遗嘱人相互指定对方为自己遗产的继承人,并约定后死者将财产由第三人等继承。

共同遗嘱的主要特征是相关性,一方面体现为遗产的相关性,即共同遗嘱人处分的遗产具有相关性,如系共有财产等;另一方面体现为处分遗产意愿的相关性,即双方处分共同的遗产或各自的遗产的意愿互为因果、互为前提。与之相比,单独遗嘱不存在这样的相关性。因此,两个及以上的互不相关的遗嘱,即使被立在同一份遗嘱中,也不是共同遗嘱,仅仅是单独遗嘱的简单相加。因为这样的相关性,共同遗嘱系双务法律行为,即共同遗嘱人各方均有订立共同遗嘱的意愿和行为,共同遗嘱才能成立。共同遗嘱一旦成立,共同遗嘱人中的任何一方不能单方变更或撤销遗嘱。而单独遗嘱则是单方法律行为,在生效前遗嘱人随时可以合法的方式变更或撤销。

本案中有两份遗嘱。在前一份遗嘱中,两夫妻共同指定对方为自己遗产的继承人;在后一份遗嘱中,两夫妻共同指定在二人都死亡后李某为遗产继承人。两夫妻所处分的遗产具有相关性,是属于夫妻共同财产;两夫妻处分遗产的意愿具有相关性,一方死亡时,遗产都归另一方,双方都死亡时,遗产都归女儿李某。这是两份典型的共同遗嘱。

---

① 参见刘春茂主编:《中国民法学——财产继承》,人民法院出版社 2008 年版,第 297 页。

40. 共同遗嘱何时生效

【关键词】

共同遗嘱　遗嘱成立　遗嘱生效

张甲等诉娄某遗嘱继承纠纷一审案[①]

★法院观点★

共同遗嘱的效力分为设立效力和执行效力，共同遗嘱人都死亡时共同遗嘱才具有执行效力。

【案情简介】

原告：张甲、张乙、张丙。

被告：娄某。

法院经审理查明：被告娄某与被继承人张某系夫妻关系。原告张甲、张乙、张丙系被继承人张某与前妻所生之子女。被继承人张某于2014年12月去世。崂山东路房屋系娄某与张某夫妻共同财产，登记在

① 案号：(2016)沪0115民初83197号，上海市浦东新区人民法院。

被告娄某名下。

被继承人张某生前与被告娄某立有一份《共同遗嘱》,内容为:夫妻共同财产崂山路房屋一套,立遗嘱:(1)夫妻任何一方先于对方离世,另一方可以永久居住在上述夫妻共有的崂山路房屋内。不得擅自把上述产权房出售、转让、交易、过户,但是可以出租。出租的收益归在世的一方,直至离世。(2)夫妻双方如果均已经离世,崂山路房屋作为遗产由四名子女:张甲、张乙、张丙、娄甲以每人25%的份额平均继承。(3)此遗嘱由夫妻双方签字后即生效,并且办理公证。(4)夫妻在养老或生病期间,由四名子女张甲、张乙、张丙、娄甲共同承担赡养责任。(5)夫妻一方如离世后,另一方享有完全的生活自由,任何子女均不得干扰其正常的生活,如有违反,违反方即视作放弃房产继承权。(6)该遗嘱是夫妻双方真实意愿的表述,以后如需修改需经夫妻双方同意,单方面无权修改该遗嘱。

【各方观点】

原告张甲、张乙、张丙观点:崂山东路房屋应属于张某、娄某二人的夫妻共同财产,被继承人张某应当享有一半的产权份额,该份额在被继承人张某去世后应当作为其遗产由其法定继承人依法继承。

被告娄某观点:不同意分割崂山东路房屋,待被告娄某去世后,再对崂山东路房屋进行处理。

【法院裁判理由】

共同遗嘱是两名以上立遗嘱人共同设立的、处分共同共有的财产及其他事务的遗嘱,本案中,被继承人张某与被告娄某所立的遗嘱即为共同遗嘱。共同遗嘱的效力包括“设立效力”与“执行效力”。“设立效力”即指共同遗嘱只需符合法律所规定的形式要件和实质要件即具有法律效力。“执行效力”即遗嘱具有可执行的效力。普通遗嘱,在立遗嘱人去世之后,遗嘱便自然生效,也可以立即执行。但共同遗嘱系两名以上立遗嘱人共同设立,意志上有牵连,处分的是共同共有的财产,在变更及撤销共同遗嘱时受到另一方意思表示的限制,并不必然因立遗嘱人死亡而发生执行效力。本案中,共同遗嘱中已明确如果任何一方先于对方离世,则另一方可以永久居住崂山东路房屋,在夫妻双方均离世后,夫妻共有的崂山东路房屋则由其二人指定的继承人继承。立遗嘱人已明确在双方均去世后崂山东路房屋才可作为遗产进行继承分割,即该份共同遗嘱具有"执行效力"的时间应为两共同遗嘱人均离世之后。现被告娄某健在,遗嘱还不具有执行效力。

【裁判依据】

《民法通则》第四条;《继承法》第三条、第五条。

【律师评析】

共同遗嘱是两个及以上的遗嘱人共同订立的同一份遗嘱。共同遗嘱是双方法律行为。

遗嘱成立是指遗嘱人按照法律规定订立一个符合法定形式、具备法定构成要件的遗嘱。按照我国《继承法》的规定,遗嘱有公证遗嘱、自书遗嘱、代书遗嘱、录音遗嘱和口头遗嘱五种形式。每种遗嘱形式都必须具备法定的构成要件,才能成为一个合法的遗嘱。一般情况下,遗嘱人订立了一个遗嘱,该遗嘱就成立了。在单独遗嘱中,遗嘱人单方订立遗嘱,该遗嘱成立;在共同遗嘱中,共同遗嘱人共同订立遗嘱,该遗嘱成立。遗嘱成立,不代表遗嘱就生效了。

遗嘱生效是指遗嘱人死亡,遗嘱发生法律效力,遗嘱可以被执行,遗产可以被分割,继承人或受遗赠人的期待权利转为既得权利。遗嘱生效的时间就是遗嘱人死亡的时间。单独遗嘱的生效时间就是遗嘱人死亡的时间。但是在共同遗嘱中,因为存在两个及以上的遗嘱人,通常遗嘱人死亡时间是不同的，为此，共同遗嘱生效时间，是指部分共同遗嘱人死亡时间还是全部共同遗嘱人死亡时间？

按照本案中法院的观点，遗嘱效力分为设立效力和执行效力。遗嘱具备法律规定的形式要件和实质要件即具有了设立效力，全部共同遗嘱人死亡时共同遗嘱才具有执行效力。笔者认为，在共同遗嘱中存在三个时间点，即共同遗嘱订立时、部分共同遗嘱人死亡时和全部共同遗嘱人死亡时。首先，在共同遗嘱订立时，共同遗嘱成立。因所有共同遗嘱人作出订立遗嘱的双方法律行为，且共同遗嘱具备法律规定的构成要件，此时共同遗嘱成立，但尚未生效。其次，在部分共同遗嘱人死亡时，共同遗嘱的效力应视遗嘱具体内容而定。因在共同遗嘱中，可能涉及某个共同遗嘱人单方所有的财产，也可能涉及部分或全部共同遗嘱人共有的财产，为此，对于已死亡共同遗嘱人单方的遗产，因该遗产的所有人已经死亡，该遗产可以被分割，涉及该部分遗产的遗嘱生效；对于属于共同遗嘱人共有的财产，因尚有部分共有人未死亡，该部分遗嘱不生效，该部分遗嘱涉及的遗产也不应分割。最后，在全部共同遗嘱人死亡时，全部共同遗嘱生效，共同遗嘱涉及的全部遗产可以被分割。

本案中，遗产房屋是共同遗嘱人共同共有的财产，按照双方订立的共同遗嘱的内容，一方死亡时，另一方有居住权等权利，也有权将房屋出租收取租金；在双方都死亡时，房屋由四个子女继承。这份共同遗嘱处分的是共同遗嘱人共有的财产，目前只有部分共同遗嘱人死亡的情况下，共同遗嘱尚未发生法律效力。因此，原告作为继承人尚不能请求分割遗产。

41. 什么是后位继承和后位遗赠

【关键词】

后位继承　后位遗赠

朱甲诉朱丙等遗嘱继承纠纷一审案[①]

★法院观点★

后位遗赠的遗嘱限制了前位受遗赠人的处分权。

【案情简介】

上诉人(原审原告):朱甲。

被上诉人(原审被告):朱某、胡某、何甲、朱丙。

一审法院经审理查明:被继承人朱丁于2012年7月19日死亡,其死亡时并无配偶,第一顺序法定继承人有父亲朱某、母亲胡某、女儿何甲(父亲何1,朱丁于1997年与何1离婚)、儿子朱丙(父亲何2,朱丁于2008年11月10日与何2离婚)。2008年11月朱丁向周某购买广州市

① 案号:(2014)穗中法少民终字第121号,广州市中级人民法院。

番禺区房屋一套,即朱丁遗产房屋。2012 年 3 月 9 日,朱丁在信纸上立自书遗嘱,内容为:"至于自己有病,唯一丽景华苑房屋,以前由妹妹朱甲出首期现今还欠 7 万元未供完的房屋还赠给妹妹朱甲,由朱甲处理一切房屋的事及房产,但希望无变动下生活条件允许下妹妹朱甲 18 年(后)给付朱丙,但现在欠下的医药费用、学费及一切费用由朱丙 20 年后负责……朱丁,2012 年 3 月 9 日。见证人:朱×,2013. 3. 9。"

【各方观点】

上诉人(原审原告)朱甲观点:(1)涉案房屋是其于 2006 年向案外人周某购买并继续偿还按揭贷款的,未办理过户手续,因朱丁 2008 年离婚后无房居住,朱甲遂将其购买的涉案房屋赠给朱丁并办理过户手续,此后朱甲还代为支付了部分供楼款,所以朱丁立遗嘱时将该房又还赠给朱甲。(2)一审法院已经确认遗嘱合法有效。(3)遗嘱内容是 18 年后给付朱丙。(4)"希望"是愿望,不是附义务。

被上诉人(原审被告)朱某观点:遗嘱合法有效,遗嘱将房屋遗赠给朱甲没有附义务,房屋尚有贷款,除朱甲没人会还贷款。

被上诉人(原审被告)朱丙观点:涉案房屋不是朱甲购买的,否则何甲不会支付 2007 年 3 月至 2008 年 5 月的供房款,因朱甲办事能力强,朱丁才委托朱甲办理购房事宜。朱丁遗嘱不完整,房屋不应归朱甲。

【法院裁判理由】

一审法院观点:涉案房屋登记为朱丁,故该房屋为朱丁遗产。遗嘱内容可表达完整独立的意思,是合法有效的自书遗嘱。朱丁将涉案房屋"还赠"给朱甲,同时又约定"希望无变动下生活条件允许下妹妹朱甲 18 年(后)给付朱丙",可见,朱丁将立遗嘱 18 年后朱甲的经济状况作为判断房屋最终归属的依据,即为朱甲取得房屋所有权设定了条件,该条件系将来不确定的事实,朱甲作为前位受遗赠人在所附条件未成就的情况下无权主张房屋所有权；遗嘱限制了朱甲对涉案房屋的处分权能，朱甲作为前位受遗赠人实际取得的是对遗产的保管权。

二审法院观点：涉案房屋是被继承人朱丁的遗产。朱丁在遗嘱中明确涉案房屋由朱甲支付首期房款，并明确表示将涉案房屋还赠给朱甲，因此，根据朱丁的该意思表示，是要将涉案房屋指定由朱甲继承。虽然朱丁在遗嘱中同时表示"希望无变动下生活条件允许下妹妹朱甲 18 年（后）给付朱丙"，但该表述仅为"希望"，而没有明确要求朱甲必须或应当在 18 年后将涉案房屋给付朱丙。朱甲在继承涉案房屋后，是否在 18 年后将涉案房屋给付朱丙，应视朱甲的意愿及生活条件。因此，遗嘱中"希望无变动下生活条件允许下妹妹朱甲 18 年（后）给付朱丙"的内容并非朱丁将涉案房屋指定由朱甲继承所附的条件。朱甲请求由其继承涉案房屋并归其所有，合法有据。

【裁判依据】

《继承法》第二条、第三条、第五条、第十条、第十六条、第十七条第二款。

【律师评析】

后位继承，也称替代继承、次位继承，是指在遗嘱继承中，立遗嘱人指定某继承人所继承的财产利益，因某种条件的成就或期限的到来而转移给另一继承人。① 简单地讲，就是遗嘱人指定一人或数人先继承自己的遗产，然后该遗产再由另外的一人或数人再继承。先继承遗产的称为前位继承人，后继承遗产的称为后位继承人。后位遗赠，也称后继遗赠、次位遗赠，是指遗赠人在遗嘱中规定，受遗赠人在某条件的成就或期限

① 参见刘春茂主编：《中国民法学——财产继承》，人民法院出版社 2008 年版，第 305 页。

到来时,将所取得的遗赠利益转交给另一受遗赠人。先受遗赠的为前位受遗赠人,后受遗赠的为后位受遗赠人。

我国《继承法》没有明文规定后位继承和后位遗赠。但继承属于私法范畴,法无明文禁止皆可为,遗嘱人以后位继承、后位遗赠的方式处分自己遗产的意愿,应当予以尊重。

本案中,朱丁的遗嘱类似于后位继承、后位遗赠遗嘱。如果朱丁在遗嘱中指定:遗产房屋遗赠给朱甲,但朱甲不得处分房屋,18 年后房屋归朱丙。这就是一份后位继承、后位遗赠的遗嘱。朱甲是前位受遗赠人,朱丙是后位继承人。朱丁死亡后,朱甲受遗赠房屋,朱甲有权对房屋使用、管理、出租、收益,但无权处分房屋。到 18 年的期限满后,房屋归朱丙。当然本案中的情况比较特殊,朱丁使用了“希望”一词,仅仅表明朱丁对朱甲有这一希望,但没有强制要求朱甲。为此,朱丁的这一遗嘱并非真正的后位遗赠、后位继承遗嘱。

如果后位继承人在遗嘱指定的条件成就或期限到来之前死亡的,则遗产仍归前位继承人所有,不再转交后位继承人,也不由后位继承人的继承人继承。如果遗嘱中仅指定了前位继承人,而未指定后位继承人,那么应当推定前位继承人的法定继承人为后位继承人;如果遗嘱中仅指定了后位继承人,而未指定前位继承人,那么应当推定遗嘱人的法定继承人为前位继承人。如果遗嘱仅指定尚未孕育的人为继承人(不包括胎儿),那么应当认为遗嘱指定的尚未孕育的人是后位继承人,遗嘱人的法定继承人应为前位继承人,遗产应于该人出生时归于他。

42. 缺乏劳动能力又没有生活来源的继承人的必留份

【关键词】

缺乏劳动能力又没有生活来源　必留份

顾某诉李某等继承纠纷一审案[①]

★法院观点★

遗嘱应当对缺乏劳动能力又没有生活来源的继承人保留必要的遗产份额。

【案情简介】

原告:顾某。

被告:李某、刘甲、黄某。

第三人:刘乙。

法院经审理查明:原告顾某的母亲与被继承人潘某原系夫妻关系,

① 案号:(2014)奉民一(民)初字第6467号,上海市奉贤区人民法院。

双方于1981年9月25日登记结婚，于1982年10月22日生育原告，于1986年12月11日登记离婚。潘某与被告李某于1993年10月结婚、于2006年2月21日离婚，又于2008年4月3日复婚，婚姻关系存续期间未生育子女。2007年3月18日，潘某和被告李某、刘甲与案外人吴某、陈某签订《上海市房地产买卖合同》1份，共同购买了本案系争房屋，并登记为房屋的共同所有人。2012年9月17日，潘某自杀身亡，事发现场留有"遗书"1份，内容为"房子留给孙子和李某所有潘某2012年9月8日写"。原告为智力二级和肢体二级的多重残疾人，未结婚和生育子女，现每月享受重残无业补助金和粮油帮困卡。潘某的父亲已于1978年2月14日死亡、母亲为被告黄某。被告刘甲的母亲为被告李某、父亲为案外人刘某，二人于1993年3月29日经法院调解离婚，民事调解书中约定刘甲由李某抚养。被告刘甲与其配偶胡某现仅生育第三人刘乙一个子女。

【各方观点】

原告观点：原告与被继承人潘某系父子关系，有权继承遗产房屋；不认可遗书效力，不符合自书遗嘱构成要件，要求继承遗产房屋中5万元的份额。

被告李某、刘甲及第三人刘乙观点：不同意原告的诉讼请求；被继承人潘某死亡前留有遗嘱，已明确表明系争房屋由被告李某及第三人继承，本案应按遗嘱继承；法律规定的特留份是针对无劳动能力和生活来源的人，原告不符合上述条件，即使存在特留份，特留份金额也不应超过3万元。

【法院裁判理由】

系争房屋应为潘某与被告李某、刘甲的共同财产。潘某死亡后，其在系争房屋中的份额应作为遗产处理。结合各方当事人的陈述和相关证据并经法院调查，遗书中所指“房子”应为本案系争房屋，遗书中所指的“孙子”应为被告刘甲的唯一儿子、第三人刘乙。根据遗书，潘某在本案系争房屋中的遗产份额依法应由被告李某、第三人刘乙继承。

遗嘱应当对缺乏劳动能力又没有生活来源的继承人保留必要的遗产份额。未保留的，应当为该继承人留下必要的遗产，剩余部分才可参照遗嘱确定的分配原则处理。潘某的第一顺位继承人为被告李某、黄某、原告顾某。原告存在多重残疾，身体状况较差，街道社会救助事务管理所也出具证明证实其现享受的系“重残无业补助金”和“粮油帮困卡”，而上述“补助”和“帮困”系相关部门对符合领取条件的特定对象提供的一种救助和基本生活保障，并不能据此认定领取人员具有稳定的生活来源，本院认为原告依法可认定为缺乏劳动能力又没有生活来源的继承人。潘某在遗嘱中未为原告保留必要的遗产份额，违反了法律的规定。被告黄某自述每月领取 3000 元左右的退休工资，具有稳定的收入来源，依法不属于缺乏劳动能力又没有生活来源的继承人。

【裁判依据】

《继承法》第三条第(二)项、第五条、第十条第一款、第十六条、第十九条、第二十九条；《继承法意见》第三十七条。

【律师评析】

我国《继承法》第十九条规定：“遗嘱应当对缺乏劳动能力又没有生活来源的继承人保留必要的遗产份额。”《继承法意见》第三十七条规定：“遗嘱人未保留缺乏劳动能力又没有生活来源的继承人的遗产份额，遗产处理时，应当为该继承人留下必要的遗产，所剩余的部分，才可参照遗嘱确定的分配原则处理。继承人是否缺乏劳动能力又没有生活来源，应按遗嘱生效时该继承人的具体情况确定。”

上述法律规定和司法解释中的“必要遗产份额”，又称为必留份、特留份、保留份。特留份制度是指继承法为保障死者的血亲属、配偶和依靠死者生前扶养的或长期共同生活的人的利益,不因遗嘱而使其取消的一项制度。[①] 特留份制度在各国继承法律中均有所规定。特留份制度是对遗嘱自由的一种限制,也是对特殊主体的权益保护。我国继承法没有使用特留份这个概念,而是以必要遗产份额来保护相关主体的权益。

根据继承法律关于必要遗产份额的规定,首先,保护对象应属于继承人范围。只有继承人才有权主张必要遗产份额,继承人以外的人,无权主张。根据《继承法》第十条的规定,继承人有两个顺序,且有第一顺序继承人存在时,第二顺序继承人无权继承遗产。那么,有权主张必要遗产份额的继承人,仅限于排位在先顺序的继承人,还是包括两个顺序的继承人?即同时存在配偶、子女、父母、兄弟姐妹、祖父母和外祖父母的情况下,兄弟姐妹、祖父母、外祖父母是否有权主张必要遗产份额?笔者认为,存在第一顺序继承人时,第二顺序继承人无权主张必要遗产份额。存在第一顺序继承人的情况下,如按照法定继承,第一顺序继承人有继承遗产的实际可能性,第二顺序继承人无权继承,遗嘱事实上剥夺的是第一顺序继承人的遗产继承权。而必要遗产份额制度的目的在于,保护因遗嘱被剥夺遗产继承权的主体。此时,第二顺序继承人的实际权利并未因遗嘱而受到损害,即便没有遗嘱,因存在第一顺序继承人,第二顺序继承人也无权继承遗产。又因为必要遗产份额制度限制的是遗嘱自由,并不排斥法定继承制度。

其次,有权主张必要遗产份额的必须是缺乏劳动能力又没有生活来源的人,又简称双缺人。缺乏指少,不是无。没有指无,不是少。根据法条表述,应当理解为缺乏劳动能力,但不是完全丧失劳动能力;没有生活来源,但不是收入较少。“缺乏劳动能力”和“没有生活来源”这两个条

① 参见刘春茂主编:《中国民法学——财产继承》,人民法院出版社 2008 年版,第 310 页。

件都必须满足。那么缺乏劳动能力又收入较少不足以维持日常生活的人,是否属于双缺人？从文义理解,应当不属于继承法规定的双缺人。但笔者认为,必要遗产份额制度的目的在于保护那些无法依靠自身能力维持正常生活的继承人。那么,完全没有生活来源,和收入较少无法维持日常生活的人都属于保护对象。因此,对没有生活来源应当作扩大解释。年龄较大但每月领取退休金、养老金的人是否属于双缺人？笔者认为,即便在同一地区,公民养老金待遇相差也较大,多的有上万元,少的只有几百元。如果养老金足以维持其日常生活,则不属于双缺人;如果养老金不足以维持其日常生活,则属于双缺人。领取政府或社会组织救济金性质款项,是否排斥在双缺人认定之外？笔者认为不应当排斥。救济金性质款项旨在帮扶缺乏生存能力的弱势群体,如果反而排斥了帮扶对象继承遗产的权利,则违背了其初衷。而且一般而言,救济金性质款项金额不会太高,必要遗产份额金额也不会太高,两者同时享受也不一定会使双缺人过上过于优渥的生活。如果必要遗产份额的金额较大,那么也应该考虑其不再享受救济金性质款项,以减少对社会的负担,而不是享受社会救济的同时排斥其继承遗产的权利。

最后,必要遗产份额应该为多少？我国继承法律并未规定具体的份额,只能在个案中根据具体情况确定。一方面应当考虑遗产的数额,另一方面应当考虑双缺人维持日常生活的实际需要,兼顾两者来确定必要遗产份额的比例,或具体金额。一般而言,必要遗产份额应当相当于法定继承的应继份额。如果遗产数额较少,必要遗产份额占遗产的比例,可能高于法定继承的应继份额;如果遗产数额较大,必要遗产份额占遗产的比例,可能低于法定继承的应继份额。

本案中,顾某有多处重度残疾,仅享受一定的社会救济,因此可以认定其为缺乏劳动能力又没有生活来源。潘某遗嘱中没有为其保留必要份额,违反了法律规定。为此,在为顾某保留一定遗产份额的前提下,遗嘱继承人继承其余遗产。

四、遗产处理

43. 谁对遗产负有保管责任

【关键词】

遗产保管人　遗产管理人

钟甲等诉张某继承纠纷一审案[①]

★法院观点★

存有遗产的人应当妥善保管遗产，擅自处分应当承担赔偿责任。

【案情简介】

原告：钟甲、钟乙。

被告：张某。

① 案号：(2014)杭西民初字第612号，杭州市西湖区人民法院。

法院经审理查明:原告钟甲、钟乙系钟某的子女。钟某丧偶后经人介绍,与被告张某以夫妻名义共同生活,未办理结婚登记,根据已生效判决的认定,构成事实婚姻关系。1995 年和 1999 年,张某参加房改,申请购买胜利新村房屋和日晖新村房屋,取得上述两套房屋的所有权证。2009 年 12 月 6 日,钟某去世。2010 年 1 月 10 日,钟甲、钟乙、张某的三个子女共同出具《委托书》1 份,上面载明“兹委托母亲张某全权处理父亲钟某的全部遗产,并代表全体继承人签署有关处理遗产的所有经济与法律文件”。被告张某依据上述《委托书》从某法院处收讫与他人诉争股权转让款 300 万元,后张某分配了该款。2010 年 4 月 13 日,张某将胜利新村房屋以 100 万元价格转让给其子女。2010 年 9 月 25 日,张某又以 150 万元价格将日晖新村房屋转让给他人。钟某去世时,在建设银行账户有银行存款 94,004.27 元,在工商银行账户有银行存款 167,003.93 元,后由张某支取。张某为其设立的“钟某扶持老区基金会”捐赠汇款 20 万元。原、被告双方一致认可钟某身前所在单位为钟某去世发放的丧葬费为 8 万余元。

【各方观点】

原告观点:张某名下的胜利新村房屋和日晖新村房屋属于钟某和张某的夫妻共同财产。两原告对该遗产享有法定继承权。张某以明显不合理的价格将上述房屋出售给其女儿和他人,其上述行为未经两原告同意,属于私自处置、转移遗产,构成对两原告的法定继承权的侵害。故要求张某按照房屋市场价值赔偿损失。钟某去世时名下两笔银行存款共计 261,000 元被张某支取,该两笔存款两原告应分得 87,000 元,张某应予返还,并补偿相应利息。

被告观点:钟某去世后,两原告和被告的三个子女签订的《委托书》,明确“兹委托母亲张某全权处理父亲钟某的全部遗产,并代表全体继承人签署有关处理遗产的所有经济与法律文件”。被告系根据该《委托书》处分遗产,出售胜利新村房屋、日晖新村房屋和捐款,并非无权处分。钟某去世时名下两笔存款共计 261,000 元,是夫妻共同财产。5 万元用于办理丧事,则属于遗产部分仅有 105,500 元。根据钟某的生前遗愿,捐款 20 万元,遗产尚不够,被告是从售房所得款中拿出一部分用于捐款的。

【法院裁判理由】

胜利新村房屋、日晖新村房屋购买于张某和钟某婚姻关系存续期间,属于张某和钟某的夫妻共同财产。上述房屋的一半为钟某的遗产,钟某未立遗嘱,应当按照法定继承办理。张某、钟甲、钟乙为法定继承人。张某作为遗产保管人未经其他继承人钟甲、钟乙同意,擅自处分遗产,侵害了该二人的继承权,应当就此向钟甲、钟乙承担相应的赔偿责任。《委托书》内容简单,并未明确钟某遗产的具体情况,并不涉及对胜利新村房屋、日晖新村房屋的处分。因上述房屋已经被张某擅自处分,故张某应当按照钟甲、钟乙可继承份额折价予以赔偿。作为遗产的银行存款,系夫妻共同财产,一半即 130,500 元为钟某的遗产。钟某生前所在单位已经支付的丧葬等相关费用超过 8 万余元,足以用于丧葬支出。20 万元捐款未经两原告同意,该捐款亦不属于钟某的债务,该笔捐款与遗产无涉。张某应当分给钟甲、钟乙各 43,500 元。

【裁判依据】

《继承法》第二条、第五条、第十条、第十三条第一款、第二十六条第一款;《民法通则》第一百一十七条。

【律师评析】

被继承人死亡时,继承开始。但从继承开始到遗产分割完毕,有一段或短或长的期间。在这段期间内,遗产需要有人保管和管理,以免遗产遗失、毁损和灭失。那么谁对遗产负有保管和管理责任?

我国《继承法》第二十四条规定："存有遗产的人，应当妥善保管遗产，任何人不得侵吞或者争抢。"根据该条规定，存有遗产的人，对遗产负有保管的义务。存有遗产的人为遗产保管人，其保管的对象为存在自己处的他人遗产。可见继承法使用了遗产保管和遗产保管人的概念。

在生活实践中，不仅需要遗产保管，也需要遗产管理；不仅有遗产保管人，还需要有遗产管理人。遗产保管人与遗产管理人是两个不同概念。首先，从人数上看，多处遗产可能有多个遗产保管人，但一宗遗产案一般设立一个遗产管理人。其次，从行为对象上看，遗产保管人只保管存在自己处的遗产，在他人处的遗产，其无权也无责保管；遗产管理人要对多人多处的，所有的遗产进行管理。最后，从行为内容上看，遗产保管一般侧重于静态的、消极的管理方面，目的在于不使遗产损毁、灭失；遗产管理则是综合的、动态的、积极的，不仅要使遗产不被损毁、灭失，还应采取积极措施，使遗产有适当的改善和增益。

遗产管理人是指对死者遗产负有保存和管理责任的人。[①] 遗产管理人除了应妥善保管遗产外，还应清点遗产，制作遗产清单，通知继承人等，向继承人等报告遗产管理的状况，防止和应对他人的侵害行为，拒绝他人的清偿债务的要求，在遗产分割处理时交付遗产等。遗产管理人因无权处分遗产，怠于管理或管理不善导致遗产损毁、灭失的，应承担赔偿责任。笔者认为，我国继承法亟须建立遗产管理人制度，使遗产管理人的责权明确，这样更有利于保护继承人等的权益。

本案中，张某既是继承人，也是遗产保管人，房屋和存款皆置于其控制之下。为此，张某理应妥善保管遗产。在遗产分割后，或在征得所有继承人同意的前提下，才能处分遗产。张某未经其他继承人同意，低价出售房屋的行为，显然侵犯了其他继承人的权益，造成其他继承人损失的，理应赔偿。

---

① 参见刘春茂主编：《中国民法学——财产继承》，人民法院出版社 2008 年版，第 409 页。

44. 被继承人与他人共有的财产，遗产继承时如何处理

【关键词】

共有财产　析产

项丙等诉项甲等遗嘱继承、遗赠纠纷一审案[①]

★法院观点★

夫妻在婚姻关系存续期间所得的共同所有的财产，除有约定的以外，如果分割遗产，应当先将共同所有的财产的一半分出为配偶所有，其余的为被继承人的遗产。

【案情简介】

原告：项丙、鲍某。

被告：项甲、项乙、柯甲(妻)、柯乙、项丁、项戊。

法院经审理查明：原告项丙和鲍某系被继承人项某的父母。被继承

① 案号：(2014)甬鄞民初字第830号，宁波市鄞州区人民法院。

人项某与被告柯甲系夫妻,生育女儿项甲和儿子项乙。项丁系项某的弟弟,项戊系项某的妹妹,柯乙系柯甲的父亲、项某的岳父。2011年11月,项某因病去世。

2011年5月,项某立自书遗嘱一份,载明:我名下财产如下:(1)奔驰进口汽车一辆和广本轿车一辆;(2)福龙不锈钢厂,占地面积若干,有证房产若干,无证大棚若干;(3)宁波鄞州钟公庙芝兰新城某房屋一套及配套的地下车库一个;(4)宁波轻纺城南二区2个摊位。所有个人财产归属于我父母来安排,自愿将我个人财产留给我父母所有。我自愿把轻纺城南二区摊位送妹项戊1个、项丁1个。现金20万元给丈人养老用。补欠条:我欠弟项丁65万元(多次借来无欠条);徐某欠我65万元,他说我去治病就还我。

另查明,1999年项某与柯甲取得了宁波轻纺城两个商铺的优先承租权,商铺大小均等。

2002年6月,项某注册成立了福龙不锈钢厂(个体工商户)。2006年,福龙不锈钢厂购买了厂房。2010年,项某以福龙不锈钢厂名义向鄞州银行贷款150万元,后转贷200万元。2012年5月,柯甲注册成立了大厉不锈钢厂(个体工商户),以该厂名义向鄞州银行贷款160万元,并向林某借款40万元偿还了福龙不锈钢厂的200万元贷款,后因转贷支付转贷费用10万元。项某去世后该200万元借款利息一直由柯甲支付。福龙不锈钢厂名下原有广本轿车一辆,2011年12月,柯甲以9万元价格将该车转让。

自2011年至2014年7月31日止,福龙不锈钢厂有部分厂房对外出租,被告柯甲共收取厂房租金合计160余万元。

2008年,项某与柯甲以按揭贷款形式购买了芝兰新城房屋及地下车位,二人各持有50%的份额。购买该房屋时,向交通银行抵押贷款934,000元。项某去世后,贷款一直由柯甲偿还。

2010年8月,项某与柯甲以按揭贷款方式购买奔驰轿车一辆,每月需还贷款本息 12,715.68 元，项某过世后，该贷款一直由柯甲偿还。

2011 年 12 月，柯甲向宁波市鄞州区医疗保障管理中心领取了项某医疗统筹基金、救助基金合计 502,986.31 元。

项某生前在中国太平洋人寿保险股份有限公司购买了以柯甲为受益人的个人长期人身保险，项某去世后，柯甲领取了 120,280 元保险理赔款。

柯甲为办理项某的丧葬事宜，向项丁借款 255,000 元，后返还 100,000 元，尚欠 155,000 元。

审理中，原、被告就以下财产分割达成一致意见，予以确认：(1) 截至 2014 年 7 月 31 日，被告柯甲收取的厂房租金收益、已领取的医疗统筹基金、救助基金、保险理赔款、广本轿车转让款合计 2,321,506.31 元，与截至 2014 年 7 月 31 日被告柯甲已支付芝兰新城房屋按揭贷款（含利息）、奔驰轿车抵押贷款（含利息）、因原福龙不锈钢厂 200 万元贷款转贷而支付的 160 万元银行贷款利息及向林某借款 40 万元的利息、福龙不锈钢厂厂房维修费用及其他账目支出等开支相折抵。(2) 宁波轻纺城两个商铺的优先承租权，其中一个商铺的承租权归柯甲享有，另一个商铺的承租权由项丁及项戊共同继承。(3) 以下财产为项某与柯甲的夫妻共同财产：①芝兰新城房屋和地下车位；②福龙不锈钢厂的厂房（含土地）；③奔驰轿车；④从 2014 年 8 月 1 日起福龙不锈钢厂厂房的租金收益。(4) 以下债务为项某与柯甲的夫妻共同债务：①截至 2014 年 8 月 1 日，芝兰新城房屋剩余银行按揭贷款及利息；②截至 2014 年 8 月 1 日，奔驰轿车剩余银行按揭贷款及利息；③因原福龙不锈钢厂 200 万元贷款转贷而由柯丙支付的 10 万元费用；④尚欠的银行贷款 160 万元及 2014 年 8 月 1 日起的利息（按照月利率 10‰计算）；⑤向林某的借款 40 万元及 2014 年 8 月 1 日起的利息（按照月利率 10‰计算）；⑥柯甲尚欠项丁的借款 15.5 万元。(5) 在项某的遗产中支付柯乙 20 万元。因原、被告双方均要求对财产评估、拍卖后再作现金分割，故本院在本案中仅确定各自份额。

【各方观点】

原告项丙、鲍某观点：儿子项某留有遗嘱，应按照遗嘱，全部遗产由原告继承。

被告项甲、项乙、柯甲观点：广本轿车已经转让，不属于遗产；对遗嘱中的涂改内容异议；宁波轻纺城的两个商铺属于夫妻共同财产，不能作为个人遗产处理；两个子女尚未成年，应保留必要的遗产份额；夫妻共同债务要求依法处理。

被告柯乙观点：项某所立遗嘱中写明赠与 20 万元，要求按照遗嘱分配。

被告项丁观点：宁波轻纺城的两个商铺应按照遗嘱进行分配；项某生前借款 65 万元要求归还；15.5 万元属于柯甲的个人债务。

被告项戊观点：宁波轻纺城商铺应按照遗嘱来分配。

【法院裁判理由】

被继承人项某留有遗嘱，且遗嘱由项某本人书写并签名，注明年、月、日，符合自书遗嘱的形式要件。遗产是公民死亡时遗留的个人合法财产，夫妻在婚姻关系存续期间所得的共同所有的财产，除有约定的以外，如果分割遗产，应当先将共同所有的财产的一半分出为配偶所有，其余的为被继承人的遗产。项某在遗嘱中处分的婚姻关系存续期间购置的芝兰新城房屋及地下车位、福龙不锈钢厂的厂房（含土地）、奔驰轿车均属于夫妻共同财产，柯甲享有上述财产 50%的份额。

继承遗产应当清偿被继承人依法应当缴纳的税款和债务。对项某与柯甲的夫妻共同债务，应由柯甲负担 50%，由项某的遗产清偿 50%。关于项某在遗嘱中书自认的欠项丁 65 万元，柯甲否认但未提供相关证据。因项某未明确该笔借款的用途，且柯甲否认，项丁亦未提交证据，故该借款应为项某的个人债务，应在项某的遗产中清偿。关于项某在遗嘱中提及的其对徐某享有的65万元债权，双方未举证，且涉及案外第三人权益，仅凭债权人陈述无法确认借款的真实性，暂不予处理。

遗嘱应当对缺乏劳动能力又没有生活来源的继承人保留必要的遗产份额。项某去世时，项甲、项乙尚未成年，无劳动能力又无生活来源，项某的遗嘱违反了法律规定。因被继承人项某的遗产足以清偿债务，酌情确定项某的遗产清偿债务后的剩余遗产中，项甲继承3%，项乙继承7%。

原、被告已就轻纺城两个商铺的优先承租权协商一致，双方均确认赠与柯乙20万元，予以准许。项某的遗产清偿债务，并扣除赠与柯乙的20万元以及项甲及项乙共可继承的10%份额后，剩余遗产由项丙及鲍某共同继承。

【裁判依据】

《继承法》第二条、第三条、第五条、第十六条、第十七条第二款、第十九条、第二十六条、第三十三条；《继承法意见》第三十七条、第三十八条；《婚姻法》第十七条。

【律师评析】

我国《继承法》第三条规定："遗产是公民死亡时遗留的个人合法财产……"由此可见，遗产必须是死者的个人财产，他人的遗产不属于死者的遗产。但实践中，死者的个人财产，往往与他人的财产结合在同一标的物上，形成共有，包括按份共有和共同共有。大致可以分为三种情况：(1)死者与配偶共有财产；(2)死者与配偶之外的其他家庭成员共有财产；(3)死者与家庭成员之外的人共有财产。对共有财产在遗产继承时，该如何处理？

《继承法》第二十六条规定："夫妻在婚姻关系存续期间所得的共同

所有的财产,除有约定的以外,如果分割遗产,应当先将共同所有的财产的一半分出为配偶所有,其余的为被继承人的遗产……”根据上述规定,在死者与配偶共有财产的情况下,应先析出配偶所有的财产份额,剩余的为死者的个人财产,即其遗产,以便继承。实践中,配偶的财产所有权,尤其是女性配偶的财产所有权往往被侵犯。比如,丈夫在立遗嘱时,将夫妻共同所有的财产当作其个人所有的财产,全部加以处分;在分割遗产时,将被继承人夫妻共同所有的财产全部当作被继承人的遗产予以分割继承等。本案例中即发生了这种情况。被继承人在遗嘱中处分了配偶所有的财产份额的,该处分行为无效,遗嘱的该部分内容无效。配偶得在继承纠纷中主张自己的财产所有权。在遗产分割中,配偶有权主张其财产所有权;财产已经被当作被继承人遗产分割的,配偶有权要求继承人或受遗赠人返还;财产不能返还的,配偶有权向侵害人主张损害赔偿请求权。家庭其他成员,或家庭成员外其他人享有财产共有权的,同样有权主张财产所有权或相应的损害赔偿请求权。

共有财产应当分割,共同债务也应当分担。我国《婚姻法》第四十一条规定:“离婚时,原为夫妻共同生活所负的债务,应当共同偿还。……”《最高人民法院关于适用〈中华人民共和国婚姻法〉若干问题的解释(二)》(以下简称《婚姻法解释二》)第二十六条规定:“夫或妻一方死亡的,生存一方应当对婚姻关系存续期间的共同债务承担连带清偿责任。”对于债权人而言,夫妻是共同体,对婚姻关系存续期间为共同生活所负的债务承担共同清偿责任;一方死亡的,生存一方仍应负连带清偿责任。在夫妻之间,除有特别约定外,共同债务应当各半分担;一方死亡的,生存一方承担一半债务,继续清偿,死亡一方以其遗产清偿另一半债务,或继承人在继承遗产实际价值范围内承担债务清偿责任。本案中,尚未清偿的夫妻共同债务,由妻子柯甲承担一半,项某以其遗产清偿另一半债务。

我国《继承法》第十九条规定:“遗嘱应当对缺乏劳动能力又没有生

活来源的继承人保留必要的遗产份额。”必要遗产份额的规定，给予了遗嘱自由一定的限制。遗嘱人违反该规定的，法院可以酌情确定给予保留的必要份额。本案中，项某将全部遗产定由父母继承，对未成年的儿女未做保留，违反了继承法的规定，法院酌情确定项甲、项乙继承项某遗产扣除债务后的10%份额。本案中同时涉及保护缺乏劳动能力又没有生活来源的继承人与被继承人的债权人的权利。在本案中，遗产足以清偿债务，两者权利未造成冲突。在遗产不足以清偿债务的情况下，根据《继承法意见》第六十一条的规定，也应当为前者保留必要遗产份额。

最高人民法院公报案例

唐某诉李某某、唐某乙法定继承纠纷案①

【案情简介】

被继承人唐某甲与被告李某某系夫妻关系，二人生育一子唐某乙。唐某甲与前妻曾生育一女唐某，离婚后由其前妻抚养。唐某甲父母均早已去世。唐某甲于2011年9月16日在外地出差期间突发疾病死亡，未留下遗嘱。唐某甲名下财产有财富中心房屋等。唐某甲生前与妻子李某某签订有《分居协议书》，约定：因感情破裂而分居，财富中心房子归李某某，李某某可以任意处置。原被告双方对财富中心房屋是唐某甲和李某某夫妻共同财产，还是李某某个人财产，存在争议。

【裁判要点】

从分居协议内容上看，双方是在婚姻关系存续的基础上选择以分居作为一种解决方式并对共同财产予以分割，并非以离婚为目的而达成财产分割协议。从文义解释出发，二人所签《分居协议书》中只字未提“离

① 《中华人民共和国最高人民法院公报》2014年第12期（总第218期）。

婚”。《婚姻法》第十九条规定了夫妻约定财产制。为此,分居协议是婚内财产分割协议,而非离婚财产分割协议,该协议有效,财富中心房屋属李某某个人财产。

婚姻家庭的团体性特点决定了婚姻法不可能完全以个人为本位,必须考虑夫妻共同体、家庭共同体的利益,与物权法突出个人本位主义有所不同。在调整夫妻财产关系领域,物权法应当保持谦抑性,对婚姻法的适用空间和规制功能予以尊重,尤其是夫妻之间关于具体财产制度的约定不宜由物权法过度调整,应当由婚姻法去规范评价。

物权法以登记作为不动产物权变动的法定公示要件,赋予登记以公信力,旨在明晰物权归属,保护交易安全和交易秩序,提高交易效率。《物权法》第二十八条至第三十条对于非基于法律行为所引起的物权变动亦进行了例示性规定,列举了无须公示即可直接发生物权变动的情形。夫妻财产约定充分体现了夫妻的真实意愿,系意思自治的结果,应当受到法律的尊重和保护,故就法理而言,亦应纳入非依法律行为即可发生物权变动效力的范畴。只要有充分证据足以确定该不动产的权属状况,且不涉及第三人利益,就应当尊重夫妻之间的真实意思表示,按照双方达成的婚内财产分割协议履行,优先保护事实物权人。

【律师评析】

在处理继承案件时首先要厘清遗产的范围。根据《继承法》的规定,遗产是公民死亡时遗留的个人合法财产。遗产是被继承人的个人财产,那么在被继承人与他人共有财产的情况下,首先应析出被继承人的个人财产。

被继承人与他人共有财产的最普遍的情况之一是夫妻共同财产。我国婚姻法规定了法定夫妻财产制度和约定夫妻财产制度。夫妻双方如无特别约定,则婚姻关系存续期间夫妻双方取得的财产属于夫妻共同所有,并且是共有中的共同共有。此即为法定夫妻财产制度。夫妻双方也可以约定在婚姻关系存续期间取得的财产归共同所有、各自所有或部分共同所有部分各自所有。此即为约定夫妻财产制度。在婚姻关系内部,约定制优先于法定制。故在本案中,在分居协议有效的前提下,唐某甲和李某某夫妻对财产的约定对双方具有约束力。据此,财富中心的房屋应为李某某个人财产,不属于唐某甲遗产,不作继承处理。

婚姻法旨在调整婚姻关系主体之间的财产和人身关系,物权法旨在调整物权主体之间的财产关系,前者具有明显的人身性、团体性的特点,后者具有纯粹的财产性。在婚姻法和物权法适用的优先次序上,应作内部关系和外部关系的区分。在婚姻关系内部,应优先适用婚姻法的规定来确定财产的归属;夫妻一方或双方与婚姻外民事主体之间的财产关系,应优先适用物权法的规定,来确定交易的效力和财产的归属。

45. 无人继承又无人受遗赠的遗产怎么处理

【关键词】

无人继承　又无人受遗赠的遗产

郑某诉上海市中国中学法定继承纠纷一审案①

★法院观点★

无人继承又无人受遗赠的遗产，归国家所有；继承人以外对被继承人扶养较多的人，可以分给他们适当的遗产。

【案情简介】

原告：郑某。

被告：上海市中国中学。

法院经审理查明：原告郑某系被继承人魏某的学生。魏某的父亲于1970年12月27日死亡、母亲于1985年4月18日死亡。魏某生前未结婚生子，亦无兄弟姐妹。

① 案号：(2014)闵民一(民)初字第10247号，上海市闵行区人民法院。

1990 年起原告一直对魏某进行照顾，并联合其他同学对魏某进行探望，魏某生病时亦主动承担起照顾义务。2012 年魏某身患癌症，原告及其家人常去医院耐心照料和护理，直至 2012 年 9 月 14 日魏某去世。魏某生前将存折存放在原告处。魏某退休后亦得到原单位（中国中学）和其他学生的关心和帮助。2012 年 7 月，魏某曾在他人协助下欲办理遗嘱公证，后因种种原因未办成。

【各方观点】

原告观点：原告从 20 世纪 90 年代中叶开始一直对魏某进行悉心的照料，原告及其家人把魏某当成自己的亲人，事无巨细都竭力帮助。2012 年魏某身患癌症，原告一家仍然耐心照料护理直至 2012 年 9 月 14 日魏某去世。去世后，原告一家还为魏某的葬礼奔波并垫资。原告对魏某生前照顾较多，要求继承魏某名下房屋和存款。

被告观点：被继承人魏某于 1990 年退休，直到 2012 年 7 月患癌症住院之前，被继承人一直能生活自理。学校一直关注和照顾魏某生活。学校没有听说过原告对魏某尽过赡养义务，直到 2012 年 7 月被继承人住院，校方派人看望，才知道了原告在生活上给予其一定照顾。原告照顾时期只有两个月，原告对被继承人的照顾只是从学生角度进行一般照顾，没有达到赡养义务的水平。学校多次提醒她要立遗嘱，被继承人多次表示没有想好；原告曾找了公证处人员希望继承财产，但被继承人是拒绝的，可以证明将财产赠送给原告是违背被继承人意愿的。

【法院裁判理由】

原告作为一名学生，能对自己的老师进行长期关怀和照顾，其行为应当予以肯定和鼓励。继承人以外对被继承人扶养较多的人，可以分给他们适当的遗产。考虑到原告对被继承人尽了一定的扶养义务，并结合实际，酌情确认由原告保管的被继承人魏某存折内的存款若干元归原告所有。无人继承又无人受遗赠的遗产,归国家所有,故魏某名下房屋收归国有。

【裁判依据】

《继承法》第十四条、第三十二条。

【律师评析】

无人继承又无人受遗赠是指继承开始后,在法定期限内没有人接受继承又没有人受领遗赠。[①] 无人继承又无人受遗赠分为两种情况:一是被继承人没有法定继承人,也未以遗嘱指定受遗赠人;二是被继承人有法定继承人、遗嘱继承人或指定了受遗赠人,但是因各种原因,继承人放弃了继承或丧失了继承权,受遗赠人未受领遗赠,导致最后没有继承人继承又没有受遗赠人领受遗赠。

我国《继承法》第三十二条规定:"无人继承又无人受遗赠的遗产,归国家所有;死者生前是集体所有制组织成员的,归所在集体所有制组织所有。"《继承法意见》第五十七条规定:"遗产因无人继承收归国家或集体组织所有时,按继承法第十四条规定可以分给遗产的人提出取得遗产的要求,人民法院应视情况适当分给遗产。"《继承法》第十四条规定:"对继承人以外的依靠被继承人扶养的缺乏劳动能力又没有生活来源的人,或者继承人以外的对被继承人扶养较多的人,可以分配给他们适当的遗产。"上述规定明确了无人继承又无人受遗赠的遗产的归属。首先,被继承人生前是集体所有制组织成员的,遗产归集体所有制组织所有;其次,被继承人生前不是集体所有制组织成员的,遗产归国家所有;最后,继承人以外的依靠被继承人扶养的缺乏劳动能力又没有生活来源的

① 参见刘春茂主编:《中国民法学——财产继承》,人民法院出版社2008年版,第463页。

人，或者继承人以外的对被继承人扶养较多的人，有权要求分得适当遗产。

我国《继承法》第三十三条规定："继承遗产应当清偿被继承人依法应当缴纳的税款和债务，缴纳税款和清偿债务以他的遗产实际价值为限……"根据该规定，无人继承又无人受遗赠的情况下，被继承人生前欠缴税款或负有债务的，应当先以遗产缴纳税款和清偿债务。在缴纳税款和清偿债务之后，尚有剩余的，按照上述规定确定遗产归属。

无人继承又无人受遗赠的遗产与无主财产不同。前者的原所有权人明确，后者的所有权人不明确。前者通过普通民事诉讼审判程序确定财产归属，后者通过特别民事诉讼程序确定财产归属。

本案中，魏某无法定继承人，在生前也未订立遗嘱确定遗产归属。为此，魏某遗留的房屋和存款属于无人继承又无人受遗赠的遗产。魏某生前并非集体所有制组织成员，也未欠缴税款、未负债务，故其遗产应归国家所有。原告对魏某生前照顾较多，依法可以分得适当遗产。综合考量，法院将存款判归原告，将房屋收归国有。

46. 被继承人尚有债务未清偿的，继承人应承担什么责任

【关键词】

被继承人的债务　限定继承

沈某等诉刘某等被继承人债务清偿纠纷一审案①

★法院观点★

继承遗产应当清偿被继承人依法应当缴纳的税款和债务，缴纳税款和清偿债务以被继承人的遗产实际价值为限。

【案情简介】

原告：沈某、陈某。

被告：刘某、王某。

法院经审理查明：两原告系夫妻，两被告系刘甲的父母。刘甲于2017年5月19日死亡，除两被告外，无其他法定继承人。因投资关系，

① 案号：(2017)沪0109民初12731号，上海市虹口区人民法院。

两原告共通过转账、支付宝、在刘甲提供的 POS 机上刷卡等方式共支付给刘甲钱款，刘甲返还了部分投资，资金差额 932,388 元。双方并未签订投资合同，也未有其他书面协议，双方通过微信确认投资关系及返还钱款的事宜，刘甲承诺将投资本金及利息全部返还给被告。被继承人刘甲名下有坐落于上海市旅顺路房屋一套。

【各方观点】

原告沈某、陈某观点：刘甲欠两原告投资款，应返还；刘甲去世后遗产有房屋，两被告是刘甲法定继承人，应在继承刘甲的遗产范围内承担返还投资款的义务。

被告刘某、王某观点：两被告退休多年，收入微薄，且对刘甲的借款均不知情。既然是投资关系，投资是有风险的，并不一定确保有收益。对于高风险、高回报的投资两原告和刘甲都应该有清醒的认识，两原告应该自行承担投资失败的结果。上海市旅顺路房屋不完全是刘甲的遗产，虽然产权人登记为刘甲，但房款是由两被告出资的，两被告和刘甲也签订有书面协议，明确旅顺路房屋由两被告和刘甲各占 1/3 份额。

【法院裁判理由】

原告与被继承人刘甲虽无书面协议，但根据原告陈述及双方的微信聊天记录可确认原告将钱款交付被继承人刘甲并由其进行投资的合意，被告就投资一节亦予以认可，故可以确认原告与被继承人之间的委托投资关系，被继承人作为受托人。原告要求返还投资本金，可以准许。继承遗产应当清偿被继承人依法应当缴纳的税款和债务，缴纳税款和清偿债务以被继承人的遗产实际价值为限。现刘甲已死亡，两被告作为刘甲的法定继承人，应在其继承遗产范围内清偿债务。

【裁判依据】

《合同法》第三百九十六条、第三百九十九条、第四百零一条;《继承法》第三十三条。

【律师评析】

限定继承是指继承人对于被继承人所欠的债务和税款,限定在继承人所继承的遗产的范围内负责清偿,超过继承人所继承遗产的价值总额,继承人可以不负清偿责任。① 我国《继承法》第三十三条第一款规定:“继承遗产应当清偿被继承人依法应当缴纳的税款和债务,缴纳税款和清偿债务以他的遗产实际价值为限。超过遗产实际价值部分,继承人自愿偿还的不在此限。”可见,我国继承法确定了限定继承的原则。

继承人以遗产实际价值为限应当清偿的被继承人的债务,包括合同之债、侵权之债、不当得利之债和无因管理之债。合同之债如被继承人生前向他人借款等。本案所涉投资款的返还亦属于合同之债。侵权之债如被继承人在交通事故中造成自己和他人死亡导致的损害赔偿等。

存在多个继承人或多种继承形式和遗赠时,继承人、受遗赠人该怎样来清偿债务?《继承法意见》第六十二条规定:“遗产已被分割而未清偿债务时,如有法定继承又有遗嘱继承和遗赠的,首先由法定继承人用其所得遗产清偿债务;不足清偿时,剩余的债务由遗嘱继承人和受遗赠人按比例用所得遗产偿还;如果只有遗嘱继承和遗赠的,由遗嘱继承人和受遗赠人按比例用所得遗产偿还。”根据该条规定,法定继承人承担债务在前,遗嘱继承人和受遗赠人承担债务在后。这样的规定也是与遗嘱人的遗嘱意愿相符的。而多个同一类的继承人或受遗赠人之间,应当按照连带责任还是按照按份责任来清偿债务呢?根据该条规定,应当是按

① 参见刘春茂主编:《中国民法学——财产继承》,人民法院出版社 2008 年版,第 46 页。

照取得遗产的份额比例来承担债务，而非承担连带责任。

限定继承是原则，但并非没有例外。我国继承法虽然没有规定，但从公平公正的民法原则来看，有些特殊债务，如被继承人生前为继承人上学、就医等由继承人受益而负的债务，应考虑继承人在继承遗产时也承担上述特殊债务，而不以遗产实际价值为限。

对于附条件和附期限的债务，在被继承人死亡时，所附条件尚未成就或所附期限尚未届满时，该债务是加速到期应当立即清偿，还是等待条件成就或期限到来后再清偿，对此我国继承法尚无明确规定。笔者认为，应当参考破产法的精神，在遗产处理时一并处理该类债务，使遗产分割和债权债务能及时有效的解决。

我国《继承法》第三十三条第二款规定："继承人放弃继承的，对被继承人依法应当缴纳的税款和债务可以不负偿还责任。"继承人放弃继承，受遗赠人未在法定期间内接受遗赠的，对被继承人生前所欠税款和债务也就没有清偿的义务。

本案中，被继承人生前所负的返还投资款的义务是合法的合同之债，且被继承人留有遗产房屋可供清偿债务。为此，两被告作为继承人，应当在继承遗产的实际价值范围内偿还债务。笔者认为，这类案件有一个难点，就是法院执行机构如何去执行这个判决。执行这类判决首先应确定有多少遗产，其次应确定继承人继承了多少遗产，解决了上述两个问题才能确定继承人应承担多少债务。但是遗产范围和价值的确定以及继承份额的确定，应当在审判阶段处理，如果继承人不予配合，法院执行机构是否有权认定上述基本事实，能否在执行程序中查清，都是问题。

47. 遗产不足清偿债务的，缺乏劳动能力又没有生活来源的继承人能否要求保留适当的遗产

【关键词】

缺乏劳动能力又没有生活来源的继承人

吕某诉刘某等被继承人债务清偿纠纷一审案[1]

★法院观点★

继承人中有缺乏劳动能力又没有生活来源的人，即使遗产不足以清偿债务，也应该为其保留适当遗产。

【案情简介】

原告：吕某。

被告：刘某、郑某、刘乙。

法院经审理查明：被告刘某、郑某系夫妻关系，刘甲系二人之子，被告刘乙系刘甲之子。2014 年 8 月 8 日，刘甲向原告出具借条，借条主要

① 案号：(2014)西民初字第 24722 号，北京市西城区人民法院。

内容为：从吕某处借款300万元，并承诺于2014年8月22日归还。2014年8月11日，刘甲向原告出具借条，借条主要内容为：从吕某处借款150万元，并承诺于2014年8月26日归还。上述两笔借款均系原告转账给刘甲。2014年9月6日，刘甲死亡。庭审中，原告提供购房合同两份，证明位于北京市某房屋、某省某房屋系刘甲生前购买。另查，被告刘乙于1999年4月11日出生，诉讼时尚未成年。

被告刘某、郑某表示继承刘甲遗产中属于他们的份额。被告刘乙亦表示主张继承属于自己的份额，同时，原告在庭审中同意为被告刘乙保留必要的遗产份额，请求法院合理判决。

诉讼中，三被告均表示无法判断借条是否为刘甲所签，也无法判断汇款凭证的真假，但不就该借条的真实性申请鉴定。

【各方观点】

原告吕某观点：原告借款给刘甲，刘甲应当归还。刘甲死亡，三被告应当共同偿还原告欠款450万元。

被告刘某、郑某观点：对于刘甲向原告借款并不知情，二被告也并未继承取得刘甲任何财产，不同意承担债务。

被告刘乙观点：继承人还款应该以继承的遗产范围为限，超出遗产继承部分没有法定还款义务。偿还债务应当为没有工作能力又无生活来源的继承人保留必要的遗产，刘乙为正在学校读书的未成年人，根据其实际需要，应为其保留60万元遗产以保证其成长及完成学业。刘甲生前立遗嘱将两套房屋抵押给被告刘乙的法定代理人张某，张某享有优先受偿权，剩余部分由其他债权人按比例受偿。另外，刘甲系为邢某、李某融资买卖房地产，因邢某等人不能将融资款项及时返还刘甲，造成刘甲不能及时返还融资款项。原告向刘甲的债务人主张权利，更能保护自己的债权。综上，被告不同意原告的诉讼请求。

【法院裁判理由】

债务应当清偿。刘甲与原告吕某的债务有借条以及汇款凭证为证，法院予以确认。刘甲死亡后，三被告作为刘甲的法定继承人，依法应当在其所继承刘甲的遗产范围内对刘甲的个人债务予以清偿。另外，被告刘乙目前尚未成年且正在上学，根据法律规定，继承人中有缺乏劳动能力又没有生活来源的人，即使遗产不足以清偿债务，也应该为其保留适当遗产。但被告刘乙主张的保留60万元遗产的要求显然过高，为其保留遗产的数额由本院结合其年龄、生活水平予以酌定。

【裁判依据】

《继承法》第三十三条；《继承法意见》第六十一条。

【律师评析】

《继承法意见》第六十一条规定："继承人中有缺乏劳动能力又没有生活来源的人，即使遗产不足清偿债务，也应为其保留适当遗产，然后再按继承法第三十三条和民事诉讼法第一百八十条的规定清偿债务。"

缺乏指少，不是无。没有指无，不是少。根据法条表述，应当理解为缺乏劳动能力，但不是完全丧失劳动能力；没有生活来源，但不是收入较少。"缺乏劳动能力"和"没有生活来源"这两个条件都必须满足。（参见本书案例第42篇）

"缺乏劳动能力又没有生活来源"，这个概念在继承法中多处出现。在法定继承中，继承人以外的依靠被继承人扶养的缺乏劳动能力又没有生活来源的人，有权主张酌情分得遗产权。在遗嘱继承和遗赠中，遗嘱应当对缺乏劳动能力又没有生活来源的继承人保留必要的遗产份额。在遗产处理中，《继承法意见》又规定，即使遗产不足清偿债务，也应当为缺乏劳动能力又没有生活来源的继承人保留适当遗产。区别在于，后两者是法定继承人，前者不是法定继承人。在法定继承中，如果是法定继承人，其只需主张法定继承权即可，无须以酌情分得遗产权来保护自身权益。可见，在《继承法》中贯穿了对缺乏劳动能力又没有生活来源的人的保护。

48. 夫妻一方死亡的，生前债务如何清偿

【关键词】

夫妻共同债务　遗产清偿债务

王某诉浩翔公司、马某等民间借贷纠纷一审案①

★法院观点★

夫妻一方死亡的，生存一方应继续偿还共同债务；继承人应在继承遗产的实际价值范围内清偿债务。

【案情简介】

原告：王某。

被告：浩翔公司、马某、吕甲。

法院经审理查明：吕某向原告借款若干元，2014 年 5 月吕某出具借条，浩翔公司盖章并承诺归还。马某系吕某妻子，吕甲系吕某儿子。2015 年 8 月吕某死亡。坐落于溧阳市别桥镇某房屋和浩翔公司股权登记在吕某名下。

① 案号：（2015）泰海民初字第 2551 号，江苏省泰州市海陵区人民法院。

【各方观点】

原告观点：吕某借款应当归还；浩翔公司承诺归还，应承担清偿责任；马某系吕某妻子，系夫妻共同债务；马某、吕甲系吕某法定继承人，应在继承遗产范围内清偿债务。

被告马某、吕某观点：对借款情况不清楚；借款金额巨大，系吕某个人债务，马某不承担；放弃继承遗产，以吕某遗产清偿债务。

【法院裁判理由】

吕某借款应当归还，本息根据证据依法认定。吕某向原告借款事实发生在吕某和马某婚姻关系存续期间，马某未能举证证明系吕某个人债务，该债务认定为夫妻共同债务，马某应当共同归还。继承人在继承遗产的实际价值范围内清偿被继承人的生前债务。两继承人均表示放弃继承遗产。无人继承又无人受遗赠的遗产归国家所有；死者生前是集体组织成员的，归所在集体所有制组织所有。吕某的遗产应首先用于清偿债务，清偿完毕后仍有积极财产的，该部分财产方归国家或集体所有，如此处理，方符合法律的基本原则和精神。为减少诉累，指定被告马某、吕甲作为吕某遗产的代管人，管理遗产并将其用于清偿吕某所欠债务。

【裁判依据】

《民法通则》第四条、第九十条、第一百零八条；《继承法》第三十三条；《婚姻法解释（二）》第二十四条。

【律师评析】

夫妻婚姻关系存续期间的债务，分为夫妻共同债务和一方单方债务。夫妻一方死亡，在婚姻关系存续期间所欠的债务如何归还，应先分三种情况：(1)夫妻双方的共同债务；(2)死亡一方的单方债务；(3)生存一方的单方债务。

(1)夫妻双方的共同债务。《婚姻法解释(二)》第二十六条规定:"夫或妻一方死亡的,生存一方应当对婚姻关系存续期间的共同债务承担连带清偿责任。"夫妻共同债务应当共同偿还。一方死亡的,另一方仍应对债务承担清偿责任。法院执行该债务时,可以执行夫妻共同财产,也可以执行任何一方的单方财产。(2)死亡一方的单方债务。《继承法》第三十三条第一款规定:"继承遗产应当清偿被继承人依法应当缴纳的税款和债务,缴纳税款和清偿债务以他的遗产实际价值为限。超过遗产实际价值部分,继承人自愿偿还的不在此限。"死亡一方的单方债务,不应由配偶承担,应以遗产清偿债务。遗产由死者单方财产和在婚姻中夫妻共同财产中的享有的份额两部分组成。在清偿死亡一方的单方债务时,宜先以其单方所有的财产偿还债务,不足的再以夫妻共同财产中其应享有的份额来偿还债务。在处理夫妻共同财产时,不应侵害配偶一方的财产所有权。(3)生存一方的单方债务。生存一方的单方债务应由生存一方偿还,配偶无须承担,死亡的配偶的遗产无须用于清偿债务。在清偿债务时,宜先以生存一方的单方财产清偿债务,不足的再以夫妻共同财产中属于生存一方享有的份额来清偿。在处理夫妻共同财产时,不得损害继承人的继承遗产的权利。

最高人民法院公报案例

单甲等诉胡某等法定继承纠纷案①

【案情简介】

1987年,被继承人单某与胡某结婚,生育儿子被告单乙、单丙,原告单甲和刘某系被继承人单某的父母。2002年,单某因车祸死亡。

① 《中华人民共和国最高人民法院公报》2006年第5期(总第115期)。

原、被告双方主要对债务存在争议：单某和胡某共同经营的倍思特商场是否欠利丰行货款；倍思特商场是否欠某保健品公司货款；单某是否欠某科贸公司债务；单某是否欠徐某债务。

【法院裁判理由】

法院前往利丰行调查核实，胡某陈述与利丰行陈述不一致，胡某和利丰行都不能提供交易的原始账目，对该债务不予认定；法院前往某保健品公司调查核实，胡某陈述与某保健品公司陈述不一致，胡某和某保健品公司都不能提供交易的原始账目，对该债务不予认定；法院前往某科贸公司调查核实，该总司总经理在国外，无法核实，该债务证据不充分，不予认定；徐某未到庭作证，借条原件在胡某处，胡某不能证明该债务仍然存在，不予认定。

《婚姻法解释(二)》第二十四条规定的本意在于加强对债权人的保护，一般只适用于对夫妻外部债务关系的处理。人民法院在处理涉及夫妻内部财产关系的纠纷时，不能简单依据该规定将夫或妻一方的对外债务认定为夫妻共同债务，其他人民法院依据该规定作出的关于夫妻对外债务纠纷的生效裁判，也不能当然地作为处理夫妻内部财产纠纷的判决依据，主张夫或妻一方的对外债务属于夫妻共同债务的当事人仍负有证明该项债务确为夫妻共同债务的举证责任。

【律师评析】

以夫妻一方名义对外所负债务，到底是夫妻单方债务还是共同债务，以及如何判定，应该优先保护债权人还是优先保护夫妻非举债一方，一直是司法实践中争论的热点问题。从法律解读，到司法解释，再到高级法院指导意见，对该问题的把握掌握着不同的分寸，有时甚至相反。

无论对是否夫妻共同债务的认定的争议多大，但有一点是共同认同的，即处理夫妻债务时应区分是在夫妻内部还是夫妻与债权人之间。在夫妻内部，是否认定为夫妻共同债务，主要依据婚姻法和婚姻法解释；在夫妻举债一方与债权人之间,主要依据债法(合同法、借贷司法解释);在夫妻非举债一方与债权人之间,应同时结合婚姻法和债法的规定,平衡夫妻非举债一方与债权人的权益。

2018 年 1 月 18 日起施行的《最高人民法院关于审理涉及夫妻债务纠纷案件适用法律有关问题的解释》,对以夫妻一方名义所负债务划了一条线,即债务是否为家庭日常生活需要所负。为家庭日常生活所负的债务,认定为夫妻共同债务;超出家庭日常生活需要所负的债务,原则上不认定为夫妻共同债务,除非债权人举证证明,或夫妻另一方签字同意或事后追认。应该说,这条线是符合婚姻法精神和法条规定的。《婚姻法》第四十一条规定:"离婚时,原为夫妻共同生活所负的债务,应当共同偿还……"婚姻法对夫妻共同债务的认定标准即"为夫妻共同生活所负"。这条线划分了优先保护顺序的不同,为家庭日常生活所负债务,优先保护债权人权益;超出家庭日常生活所负债务,优先保护夫妻非举债一方权益。这条线也划分了举证责任,所负债务表面上看符合一般的家庭日常生活需要的特点时,应由配偶一方来举证证明争议债务非为家庭日常生活需要所负;超出家庭日常生活需要所负的债务,应由债权人举证证明债务用于夫妻共同生活、共同经营或基于夫妻共同意思表示所负。

但该司法解释未直接规定如何认定"为家庭日常生活需要所负债务",如何界定"家庭日常生活需要"。因家庭生活千差万别,难以一个简单的标准衡量千家万户的家庭生活需要。笔者认为,对此只能提供一个审查和判定的指引,由审判人员在个案中结合当事人的实际情况予以判定。在判定该问题时,应注意审查家庭收入支出水平,家庭经常性消费支出的项目,对于金额较大支出的意愿表达,某项支出是否相同收入水平的家庭的正常需要,是否家庭成员满足生存、医疗、教育等的必需,该项支出是否使家庭成员受益等。

49. 遗赠扶养协议如何签订

【关键词】

遗赠扶养协议

李某诉陆甲等遗赠扶养协议纠纷一审案[①]

★法院观点★

公民可以签订遗赠扶养协议，处分个人财产。

【案情简介】

原告：李某。

被告：陆甲、陆乙、陆丙、陆丁、陆戊。

法院经审理查明：1960 年，费某与姜某登记结婚，婚后未生育子女。姜某与前夫生育了子女陆甲、陆乙、陆丙、陆丁、陆戊等。费某于 2014 年 10 月死亡，其父母均先于其死亡。

2011 年 3 月 15 日，费某与原告签订了《遗赠抚养协议》一份，主要

① 案号：(2014)杨民一(民)初字第 7123 号，上海市杨浦区人民法院。

内容为:(1)因费某年事已高,日常生活离不开人照料,原告同意继续居住在费某处照料其生活起居,为费某养老送终;(2)费某去世后,原告应尽心为费某办理好丧葬事宜;(3)费某将其所拥有的系争房屋及房屋内的一切财产,在费某死亡后赠送给原告;(4)原告应在费某去世后三个月内办理上述赠与不动产的所有权转移手续,逾期不办的,视为拒绝遗赠,其遗产可按法定继承处理;(5)费某应负对遗赠财产的维护责任,不得随意处理遗赠的财产;(6)原告未尽主要抚养义务的,经催告仍不履行的,费某有权变更或解除本协议。费某和原告在该协议上签字并捺手印,陈某律师在代书人处签名并盖章,陈某律师和辛某律师在见证人处签名并盖章。同日,陈某律师和辛某律师出具了遗赠抚养协议的律师见证书。

费某生前,原告与费某共同生活,对费某进行了照顾。费某死亡后,原告办理了费某的丧葬事宜,并支付了殡葬费、墓地费等9万余元。

【各方观点】

原告观点:原告尽了生养死葬义务,有权继承费某遗产房屋。

被告观点:不清楚母亲的第二次婚姻,原告诉请与被告无关。

【法院裁判理由】

公民有依法处分个人财产的权利。原告与费某签订的《遗赠抚养协议》经过律师见证,系双方的真实意思表示,合法有效。根据原告提供的证人证言和丧葬费凭证,原告作为扶养人承担了费某生养死葬的义务,按照《遗赠抚养协议》,原告享有受遗赠的权利。原告按照《遗赠抚养协议》内容要求费某名下系争房屋归原告所有的请求,于法有据。

【裁判依据】

《继承法》第五条、第三十一条第一款。

【律师评析】

遗赠扶养协议是指遗赠人与扶养人之间所订立的有关遗赠和扶养关系的协议,是我国继承立法的一个独创。

遗赠扶养协议既是遗赠,又不同于遗赠。遗赠是单方法律行为,遗赠人单方给予受遗赠人遗产,受遗赠人只需表示接受或不接受;遗赠扶养协议是双方法律行为,遗赠人与扶养人签订协议确定双方的权利义务;遗赠是无偿的,遗赠扶养协议是有偿的。基于上述两个特征,遗赠扶养协议的效力优先于遗嘱遗赠,在遗赠扶养协议和遗嘱遗赠处分了同一遗产时,应优先适用遗赠扶养协议。

遗赠扶养协议既是合同,又不同于一般的合同。遗赠扶养协议的标的特殊,扶养人提供的是对遗赠人生养死葬的扶养行为,遗赠人提供的是遗产;遗赠人与扶养人履行义务或交付标的的时间较漫长且相差较远。扶养人一般是经过对遗赠人长期的扶养后待遗赠人死亡时才取得遗产,这与一般的合同中权利取得与义务履行时间较短,相距较近或交叉进行,有所区别。

根据遗赠扶养协议的上述法律特征,签订遗赠扶养协议应注意以下几点:第一,签订协议时,双方必须具有完全民事行为能力,扶养人不具备完全民事行为能力则无法扶养遗赠人,遗赠人不具备完全民事行为能力的,不能处分其遗产;第二,遗赠人有权处分赠与标的物,在遗赠扶养协议中被处分的财产必须是遗赠人有完全的处分权利,如处分了夫妻共有财产或家庭共有财产,则可能导致遗赠无效或无权处分的部分无效;第三,扶养人取得标的物的时间应是遗赠人死亡后,如果在遗赠人生前即交付标的物则该行为属于赠与而不是遗赠,应适用合同法而不是继承法的规定;第四,遗赠扶养协议最好有律师等见证人见证,或经公证处公证,遗赠扶养协议履行时间较漫长,且扶养人取得遗产一般是在遗赠人去世后,因遗赠人的法定继承人不知晓或不理解,容易造成纠纷,经过见证或公证,能够避免证明不能的法律风险;第五,遗赠人死亡后,扶养人应尽快表示接受遗赠,取得相应遗产,拖延时间过长,有权利丧失风险。

本案中的遗赠扶养协议具有典型性。遗赠人费某与扶养人李某签订遗赠扶养协议,费某处分了自己的遗产,李某对费某承担生养死葬义务;在协议中还约定了扶养人在遗赠人死亡后接受遗产的时间,且协议经过了律师的见证。李某最终取得了遗赠扶养协议约定的遗产。

50. 怎样认定继嗣契约

【关键词】

继嗣契约　遗赠扶养协议

包甲等诉包乙遗赠纠纷一审案[①]

★法院观点★

继嗣契约实质是遗赠扶养协议。

【案情简介】

原告:包甲、潘某。

被告:包乙。

法院经审理查明:2013 年 10 月 6 日,在宗族叔伯兄弟的见证下,原告包甲、潘某夫妇与包丙、王某夫妇签订招子继嗣契约,约定包甲夫妇要照顾包丙夫妇日后的一切生活,并负责其养老送终,包丙夫妇名下的动产、不动产全部由包甲继承。后双方均按约定履行,现包丙夫妇均已

① 案号:(2015)温泰民初字第 438 号,浙江省泰顺县人民法院。

去世。

【各方观点】

原告观点:原告已经履行赡养义务,遗赠扶养协议有效,房屋应由原告继承。

被告观点:对原告的陈述无异议。

【法院裁判理由】

两原告和包丙夫妇签订的招子继嗣契约,其实质是“遗赠扶养协议”,双方成立合法的遗赠扶养关系。两原告依约履行赡养义务,现被继承人包丙夫妇均已去世,原告有权依据协议继承包丙夫妇名下的财产。

【裁判依据】

《继承法》第三十一条第一款。

【律师评析】

继嗣有过继、过房、继承之意。中国传统文化,不孝有三,无后为大。没有子嗣的,负担了较大的道德压力。另外,为了财产等能够得到继承,也需要有后代。过继就是解决上述问题的方法之一。过继,一般是选择同宗兄弟的儿子,通过族人认可,举行过继仪式,多要立字据,同宗人也一起画押。过继之后,双方即视同亲生,形成法律上的父母子女关系,过继父母对过继子女有抚养教育的权利义务,过继子女对过继父母有赡养的义务,也有继承的权利。

我国现有的法律并没有规定继嗣、过继的制度。与之相关联的应该是收养和遗赠扶养。根据我国《收养法》的规定,不满 14 周岁的未成年人有丧失父母的孤儿、查找不到生父母的弃婴和儿童、生父母有特殊困难无力抚养的子女情形之一的可以被收养;收养三代以内同辈旁系血亲的子女,可以不受生父母生活困难和14周岁的限制。过继时,过继子女尚未成年的;过继后,过继子女随过继父母生活,得到抚养教育。这种情形符合我国《收养法》的规定,收养成立。收养成立后,养子女与养父母建立法律上的父母子女关系,与亲生父母不再有法律上的父母子女关系。养子女有义务为养父母养老送终,也有权继承养父母的遗产。我国《继承法》第三十一条规定:公民可以与扶养人签订遗赠扶养协议。按照协议,扶养人承担该公民生养死葬的义务,享有受遗赠的权利。过继时,过继子女已经成年的,双方无法再建立收养关系。如根据双方的约定,过继子女负责过继父母的养老送终,并有权继承遗产的,更符合我国继承法关于遗赠扶养制度的规定。双方签订遗赠扶养协议后,扶养人尽到养老送终义务后有权继承被扶养人的遗产。

值得注意的是,继嗣、过继成立合法的收养或遗赠扶养关系,必须有抚养、赡养的实质。这也是成立合法的收养或遗赠扶养关系的必备条件。如果仅仅是根据传统文化做了过继,但仅有过继之名,而无收养、赡养之实,这种情况不能够被认定为收养或遗赠扶养,双方之间也不具有收养或遗赠扶养的权利义务。

用以证明继嗣、过继的证据,一般可以提供继嗣契约。双方在过继时签订了继嗣契约的,该契约可以作为双方关系的主要证据。另外,在过继时有同宗亲属参与见证的,该亲属的证人证言也可以作为双方关系的证据。

本案中,包甲与包丙夫妇签订了招子继嗣契约,包甲夫妇对包丙夫妇尽到了养老送终的义务,双方之间成立合法的遗赠扶养关系。在包丙夫妇去世后,包甲夫妇有权继承其遗产。

51. 遗赠扶养协议能否解除

【关键词】

遗赠扶养协议　合同解除

赵某诉汪甲等遗赠扶养协议纠纷一审案[①]

★法院观点★

遗赠人要求解除遗赠扶养协议的,应当偿还扶养人扶养费用。

【案情简介】

原告:赵某。

被告:汪甲、汪乙。

法院经审理查明:原告系两被告的姨父。2004年6月14日,原告及其妻子汪某与两被告签订遗赠扶养协议,载明:遗赠人是扶养人的姨父、姨母。遗赠人考虑到婚后未生育过子女,而扶养人作为外甥女经常照顾遗赠人的生活起居。故双方经协商一致,订立协议如下:(1)遗赠人因

① 案号:(2015)闵民一(民)初字第9211号,上海市闵行区人民法院。

拆迁安置所得之坐落于上海市闵行区虹莘路某房屋权益(尚未取得房地产权证),在遗赠人故世后赠送给扶养人。(2)扶养人应承担对遗赠人的生活照顾、养老送终义务,并承诺在遗赠人以自有收入无法维持生活时,贴补生活费予遗赠人以供生活需要。(3)遗赠人应负责对遗赠财产的维护责任,不得随意处理遗赠的财产。否则,扶养人有权终止协议。(4)扶养人应当按协议第二条承担对遗赠人的照顾义务。若不履行约定之义务,遗赠人有权要求扶养人继续履行,否则,遗赠人有权终止协议。同日,上海市闵行区公证处出具遗赠扶养协议公证书。

原告及汪某于2008年1月取得坐落于上海市闵行区虹莘路某房屋房地产权证,2011年3月14日汪某因病死亡;汪某在死亡之后的丧葬过程中相关事务所预留的联系电话,均系被告及被告母亲;2013年11月12日,被告汪甲因原告所需汇款人民币2万元给原告。

【各方观点】

原告观点:两被告没有履行协议,对汪某生前未照顾,死后未殡葬。因此,原告另找他人照顾自己,并于2015年1月登记结婚。要求解除遗赠扶养协议。

被告观点:遗赠扶养协议是双方自愿签订的,经过公证,合法有效;两被告对原告和汪某予以了扶养,汪某丧葬所留电话是被告的证明被告履行了义务;自遗赠扶养协议签订到汪某去世,乃至原告再婚前,原告对协议都没有异议,是再婚引起本案;汪某已经去世,对其两被告已经履行完毕生养死葬的义务。

【法院裁判理由】

民事法律行为是公民设立、变更、终止民事权利和民事义务的合法行为。原告与汪某于2004年6月14日与两被告签订遗赠扶养协议并经公证,系原告及汪某生前真实意思表示,应当依约履行。原告再婚后无须被告照顾扶养，主张解除协议，无可厚非，但应偿还扶养人已支付的供养费。原告未有充分证据证明两被告未履行扶养义务，汪某的遗产，上海市闵行区虹莘路房屋产权的1/2，应当归两被告所有。被告汪甲汇付较大的金额2万元，原告应予偿还。

【裁判依据】

《继承法》第十七条、第二十九条、第三十一条；《继承法意见》第五十六条；《物权法》第三十九条、第九十四条、第九十七条、第九十九条。

【律师评析】

遗赠扶养协议履行时间较漫长，在履行的过程中，双方的意愿难免会发生变化，或出现一方当事人履行义务不适当，通常是扶养人，或遗赠人生前处分了遗赠标的物等，则双方当事人都可能提出解除遗赠扶养协议。那么遗赠扶养协议能否解除呢？遗赠扶养协议虽是特殊的合同，但也属于合同的范畴。既是合同，遗赠扶养协议自然可以解除。解除之后，已经履行的部分如何处理方能平衡双方当事人的权利义务？

扶养人可以提出解除遗赠扶养协议。扶养人提出解除遗赠扶养协议，首先，可能是扶养人的意愿发生变化，不再愿意对遗赠人承担生养死葬的义务；其次，可能是扶养人扶养的能力发生变化，扶养人不再具有扶养能力，因而主动提出解除协议；最后，遗赠人生存时擅自处分了遗赠扶养协议约定的遗赠标的物，导致扶养人的受遗赠权利被侵害。

遗赠人也可以提出解除遗赠扶养协议。遗赠人提出解除遗赠扶养协议，首先，可能是遗赠人的意愿发生变化，不再愿意将约定的标的物遗赠给扶养人；其次，可能是扶养人没有尽到生养死葬的义务，通常是在遗赠人尚生存时，扶养人拒不履行扶养义务，或未充分履行，导致遗赠人不能再信任依赖扶养人；最后，可能是扶养人的扶养能力发生变化，不再具备扶养遗赠人的能力。

遗赠扶养协议履行的时间较漫长，即便一方或双方提出解除遗赠扶养协议，此时可能距签订遗赠扶养协议已经有一段较长时间，扶养人或已经对遗赠人付出了一定的供养，这部分权利义务如何处理？《继承法意见》第五十六条规定："扶养人或集体组织与公民订有遗赠扶养协议，扶养人或集体组织无正当理由不履行，致协议解除的，不能享有受遗赠的权利，其支付的供养费用一般不予补偿；遗赠人无正当理由不履行，致协议解除的，则应偿还扶养人或集体组织已支付的供养费用。"据此，已经发生的供养的成本，应当由无正当理由致使合同解除的一方当事人承担。

实践中，遗赠人一方可能是一人，也可能是夫妻二人，甚至是多人。遗赠扶养协议在部分遗赠人死亡而部分遗赠人尚生存时，扶养人或生存的遗赠人主张解除遗赠扶养协议的，该如何认定协议效力？如扶养人尽到了扶养义务的，则对于已经死亡的遗赠人，其相关部分的遗赠扶养协议应继续有效，扶养人得依据协议取得相关遗赠标的物。对于尚生存的遗赠人，因相关部分的遗赠扶养协议解除，扶养人与遗赠人不再有遗赠权利义务关系，已经产生的供养成本，应由无正当理由致使合同解除的一方当事人承担。

我国《合同法》第一百零七条规定："当事人一方不履行合同义务或者履行合同义务不符合约定的，应当承担继续履行、采取补救措施或者赔偿损失等违约责任。"合同签订后，一方当事人能够履行而无正当理由不履行的，另一方当事人可以主张合同继续履行。那么，在遗赠扶养协议中，一方无正当理由要求解除协议的，另一方能否要求继续履行协议？对此，我国继承法和司法解释没有具体规定。笔者认为应当分两个时间段来考虑：首先，在遗赠人生存时，一方提出解除遗赠扶养协议的，以解除协议为宜。遗赠扶养协议要求扶养人承担的是生养死葬的义务。生养，是宽泛的概念，应当包括物质上的供养和精神上的慰藉，也包括金钱的给予和生活的照顾。这决定了"生养"是难以强制的，即便强制，也已经变味了。强制的生养,可能双方都不愿意接受。因此,解除协议,对双方都是合宜的。其次,在遗赠人去世后、扶养人取得遗产前,这个时候其实不存在协议解除的问题,因为一方当事人已经死亡了,协议终止(扶养人取得遗赠标的物后置,另当别论)。扶养人对遗赠标的物已经唾手可得,不可能提出解除协议;遗赠人的法定继承人则有可能以扶养人未尽扶养义务提出异议。如果扶养人履行了生养死葬的义务,则有权取得遗赠标的物;如果扶养人未履行,则遗赠人的法定继承人应以扶养人未履行扶养义务提出抗辩,而不是提出协议解除。

值得注意的是,扶养人在履行扶养义务时,应注意保留扶养证据。一方面,在遗赠人无正当理由致使遗赠扶养协议解除时,扶养人可以据此主张扶养费用;另一方面,在遗赠人死亡后,遗赠人的法定继承人提出异议时,扶养人得以证明其履行了扶养义务,有权取得遗赠标的物。

52. 农村五保户的遗产如何处理

【关键词】
农村五保户

徐甲诉某村经济合作社继承纠纷一审案①

★法院观点★

五保户生前与集体经济组织签订有《供养协议》的,遗产按照协议约定处理。

【案情简介】

原告:徐甲。

被告:某村经济合作社。

法院经审理查明:徐某系某村村民,无配偶、子女,于2004年4月19日死亡。原告系徐某姐姐。徐某父母以及兄弟徐乙均已于2004年4月19日前死亡。1997年四五月间,徐某因病卧床不起。后村经济合作社

① 案号:(2012)甬慈浒民初字第229号,宁波市慈溪市人民法院。

出资雇人照顾徐某。1999 年 2 月,经镇民政办公室同意,徐某按五保老人进入镇敬老院,护理费由被告承担。2003 年 10 月 21 日,街道办事处根据徐某的申请,经村民委员会建议,同意给予徐某五保供养,并办理了相应的审批手续。同日,被告与徐某、街道敬老院订立了《慈溪市农村五保对象集中供养协议》,被告为供养方,徐某为五保供养对象,敬老院为受委托扶养人,协议对供养方式、供养时间、供养标准等作了约定,该协议同时约定由被告管理徐某的房屋、自留地、承包地等财产,徐某死后由被告继承该部分财产。街道办事处对该协议进行了审核、鉴证。被告依约履行了供养义务,徐某在街道敬老院生活至 2004 年 4 月 19 日去世。徐某去世后,由被告出资为其办理了丧葬事宜,并接管了徐某的房产。2012 年 5 月 10 日被告作为徐某遗产的所有人与慈溪市市政工程管理处、慈溪市拆迁事务所订立了《房屋拆迁货币补偿协议》。被告可获拆迁补偿款 290,506 元。

【各方观点】

原告观点:被继承人徐某生前未与集体组织签订扶养协议,原告确为无遗嘱继承人,继承人与徐某有长期的感情维系的亲情,对其生、养、死、葬都尽了相当的责任。徐某死亡后遗留的砖木结构住房 1 间及宅基地,拆迁后转为补偿款 290,506 元,在扣除五保费用后由原告继承。

被告观点:被告查找了账目和资料,同时在民政局查到了五保协议。被告为徐某办理了农村五保供养手续,订立了协议,并由街道办事处审核、鉴证,协议合法有效。之后,各方均按协议履行。原告及其家族成员对徐某弃置不顾,已经丧失了亲情和继承权利。被告对徐某的房屋进行了管理和维修,该房产已经成为村集体资产。

【法院裁判理由】

原告主张被继承人徐某在订立《农村五保对象集中供养协议》时不具有民事行为能力，不可能在协议上盖章，且所盖徐某印章系被告私刻，该协议应属无效，但未提供相应的证据证明，故不予采纳。被告与被继承人徐某、街道敬老院订立了《农村五保对象集中供养协议》，该协议内容明确、具体、合法，经各方当事人盖章确认后，由浒山街道办事处审核、鉴证，该协议应属合法有效。之后被告与街道敬老院已经实际履行了各自的义务，徐某死亡后，被告作为供养人有权依照协议的约定取得徐某相应财产的所有权。

【裁判依据】

《民法通则》第十一条第一款、第十三条；《继承法意见》第五十五条。

【律师评析】

农村中既无劳动能力，又没有经济来源的老、弱、孤、残的农民，由集体供养其生活基本需要，实行保吃、穿、住、医、葬，简称“五保”，享受五保待遇的家庭为农村五保户。

五保供养对象必须符合一定的条件，老年、残疾或者未满16周岁的村民，无劳动能力、无生活来源又无法定赡养、抚养、扶养义务人，或者其法定赡养、抚养、扶养义务人无赡养、抚养、扶养能力的，享受农村五保供养待遇。享受农村五保供养待遇，应当由村民本人或村民小组等向村民委员会提出申请，经村委会民主评议、公告，报送乡镇人民政府审核。批准的，发给《农村五保供养证书》。

五保供养的内容包含5个方面：（1）供给粮油、副食品和生活用燃料；（2）供给服装、被褥等生活用品和零用钱；（3）提供符合基本居住条件的住房；（4）提供疾病治疗，对生活不能自理的给予照料；（5）办理丧葬事宜。五保供养对象为仍在接受义务教育的,应当保障他们接受义务教育所需费用。五保供养的形式可以在服务机构集中供养,也可以在家分散供养。五保供养的资金,一方面由地方人民政府财政预算中安排,另一方面,有农村集体经营等收入的地方,可以从农村集体经营等收入中安排资金。

五保户的生活既然由政府或农村集体供养,其死亡后所遗留的遗产应怎样处理?是否当然归供养者——政府或农村集体所有?对此问题,行政法规和司法解释的规定有所不同,且有变化。最高人民法院 1985 年发布的《继承法意见》第五十五条规定:"集体组织对'五保户'实行'五保'时,双方有扶养协议的,按协议处理;没有抚养协议,死者有遗嘱继承人或法定继承人要求继承的,按遗嘱继承或法定继承处理,但集体组织有权要求扣回'五保'费用。"1994 年,国务院发布《农村五保供养工作条例》,第五章规定了五保户的财产处理。其中第十八条规定:"五保对象的个人财产,其本人可以继续使用,但是不得自行处分;其需要代管的财产,可以由农村集体经济组织代管。"第十九条规定:"五保对象死亡后,其遗产归所在的农村集体经济组织所有;有五保供养协议的,按照协议处理。"可见上述两个规定产生了矛盾,后者限制了五保户的财产处分权和继承人的继承权。对此,2000 年发布的《最高人民法院关于如何处理农村五保对象遗产问题的批复》(法释〔2000〕23 号)规定:"农村五保对象死亡后,其遗产按照国务院《农村五保供养工作条例》第十八条、第十九条的有关规定处理。"但此后,国务院于 2006 年对《农村五保供养工作条例》进行了修改,删除了第五章财产处理的规定,即该条例不再限制五保户财产处分的权利。综上,目前对于五保户遗产的处理,仍应当根据《继承法》的精神,适用《继承法意见》第五十五条的规定,即有扶养协议的按照协议处理,没有扶养协议的,应按照遗嘱或法定继承处理,村集体组织有权要求扣回五保供养费用。

本案中,五保户徐某与村集体组织签订了《农村五保对象集中供养协议》,应当按照该协议的约定处理徐某的遗产。该协议实质上既是五保供养协议,也是遗赠扶养协议。协议的内容既反映了我国五保供养的社会福利,也反映了村民个人与村集体组织生前扶养、死后遗赠的契约意思。徐某既已以协议方式在生前处分了财产,则继承人不再享有继承遗产的权利。

53. 出家人(道士、和尚、尼姑)的遗产能否由继承人继承

【关键词】

出家人

和尚钱某遗产继承案①

★法院观点★

和尚的继承人有权继承和尚的遗产。

【案情简介】

钱甲的叔父钱某在新中国成立前是上海清凉寺的和尚,新中国成立初还俗,以设摊卖香烟为生,与一妇女同居,未生育,其妻于 1973 年死亡。1981 年钱某到上海玉佛寺当和尚,因脑溢血于 1984 年 9 月 26 日死亡,丧葬由玉佛寺料理。不久其兄(钱甲之父)也死亡。其弟表示放弃

① 案号:(1986)沪高民他字第 4 号,上海市高级人民法院。(1986)民他字第 63 号,最高人民法院。

继承。钱甲凭本市黄浦区公证处出具的继承权公证文书,从银行提取了钱某的遗产 1500 元存款。之后,钱甲又去玉佛寺要求继承已被该寺收取的钱某的其他遗产计存款 2700 元和国库券 100 元等,该寺不允。

【各方观点】

钱甲观点:钱甲有权继承钱某的遗产。

上海市宗教事务管理局和佛教协会认为:宗教有特殊性,按照佛教的传统,和尚的生养死葬均由寺庙负责,他们的遗产归寺庙所有,故应尊重佛教传统,和尚的遗产继承人不得继承。

【法院裁判理由】

上海市高级人民法院有两种意见。一种意见:应遵照国家宗教政策,和尚的生养死葬均由寺庙负责,与家庭已无权利义务关系。因此和尚的遗产应归寺庙所有。另一种意见:继承法对此没有特别规定,和尚的继承人依法应有继承权。审委会意见:我国宪法、民法通则和继承法都规定,保护公民的私有财产的继承权。继承法对和尚遗产的继承无例外规定,因此和尚的继承人依法可以继承。

最高人民法院观点:我国现行法律对和尚个人遗产的继承问题并无例外的规定,因而,对作为公民的和尚,在其死后,其有继承权的亲属继承其遗产的权利尚不能给予否定。

【律师评析】

出家是指离开亲人、家庭、事业这样的世俗世界,到道观里做道士,或到寺院里做和尚、尼姑。按出家时间长短,出家可分为长期出家和短期出家。长期出家是指在有生之年遁入空门,不再返回世俗世界的生活中。短期出家是指在一段时间内到道观、寺院出家,一段时间后仍然返回世俗世界中生活。与出家相对的叫还俗。还俗是指僧尼因为破戒被逐出僧团返回俗家,或僧尼自愿舍戒离开僧团返回俗家。

出家是否改变了人身和财产法律关系?还俗是否恢复了人身和财产法律关系?从宗教传统看,出家意味着与世隔绝,出家人断绝与亲人、家庭的关系,从此依附道观、寺院,人身和财产关系均发生了改变。但我国法律并没有相关规定。佛宗传统和宗教戒规,不能对世俗世界产生拘束力,为此,就我国目前法律规定而言,道士、和尚、尼姑并未被作为特殊主体,排除在世俗法律的适用范围之外,对出家或还俗的人身和财产关系亦无特殊规定,出家并不改变出家人与亲人、家庭的人身和财产关系,还俗也无所谓恢复人身和财产关系。就继承而言,出家人的遗产继承应当受继承法律的规范。

如出家人与道观、寺院有供养协议的,按照协议处理。一般可以在协议中约定,出家人生前受道观、寺院供养,死后遗产遗赠给道观、寺院。这类似于农村五保供养协议。如无供养协议而有遗嘱的,应按照出家人遗嘱处理遗产。如无供养协议也无遗嘱的,应当按照法定继承处理遗产。

本案中,寺院与被继承人并无供养协议,被继承人也未留有遗嘱。为此,被继承人的遗产应当按照法定继承处理。

中　篇

五、遗产的具体形式

54. 存款、房屋和因房屋拆迁取得的合同权利

【关键词】

房屋　公房　房改房　拆迁　安置用房　存款

唐某甲诉唐某乙等继承纠纷一审案[①]

★法院观点★

房屋作为遗产可以依法继承;因房屋将被拆迁而签订拆迁协议的,继承人可以按份享有拆迁合同权利;存款作为遗产可以依法继承。

【案情简介】

原告:唐某甲。

① 案号:(2013)杭余民初字第1151号,杭州市余杭区人民法院。

被告:唐某丁、唐某乙、唐某丙。

法院经审理认定以下事实:唐父与蔡母系夫妻,共同生育唐某丁、唐某乙、唐某丙、唐某甲四名子女。蔡母于 2011 年 12 月 5 日死亡。唐父于 2012 年 11 月 14 日死亡。

1999 年,当时的余杭市临平镇房地产管理所与唐父签订《余杭市直管公房租赁合同》,将坐落于工农 13 组 1 幢 5009 号下的房屋租赁给唐父使用。2003 年 6 月 6 日,唐父购得上述房屋并登记在其名下(后更改门牌号码为余杭区临平街道保安弄某号),系房改购房。唐父、蔡母及唐某甲户口均登记在该房屋名下。该房屋于 2012 年 7 月 3 日由唐某甲妻子代唐父对外出租。庭审中,杭州永信资产评估有限公司于 2014 年 2 月 20 日作出资产评估报告书一份,评估上述房屋价值为 171,000 元。

2008 年 4 月 6 日,唐父(乙方)与杭州余杭运河综合保护开发建设有限公司(甲方)签订《房屋腾空搬迁实物安置协议》一份,约定乙方同意将坐落于塘栖镇市南街 43 号房屋交由甲方接管。甲方补偿乙方各项费用若干元。甲方将坐落塘栖镇市南街回迁的房屋作为安置用房,该房屋为期房,建筑面积约 90 平方米。在交付安置用房时,进行资金结算。乙方自行解决过渡用房,在过渡期内,临时安置补助费为每月每平方米建筑面积 6 元,按 28 个月计算,计 11,684 元,甲方先发给乙方 12 个月,计 5008 元。现该房屋拆迁后的安置用房还未分配,甲方累计支付乙方拆迁款项至 2014 年 2 月。庭审中,原、被告均确认在本案中对拆迁安置款项不作分割处理。

唐父留有银行存单 8 份,共计 148,000 元。存款银行名称、存款金额、利率、存期省略不述。

另查明,唐某甲身患疾病,需长期服药,系杭州市余杭区城镇低保家庭户。唐某丁在唐父、蔡母生前尽到较多的扶养义务。

【各方观点】

原告唐某甲观点:(1)位于临平街道的房屋,1991年由唐某甲从承租人徐某处以被继承人唐父的名义续租所得,2002年年底由唐某甲出资以被继承人唐父名义购买并办理房产三证,被继承人唐父系房屋的名义所有权人。但在此期间一直由唐某甲一家实际居住,被继承人唐父、蔡母也在此房屋与唐某甲一家共同生活近10年。该房屋应归唐某甲所有。唐某甲身患疾病,缺乏劳动能力、生活困难,系杭州市余杭区城镇低保家庭,获政府救助,享受最低生活保障待遇,要求多分遗产。(2)位于塘栖镇的房屋,属被继承人唐父、蔡母所有,《房屋腾空搬迁实物安置协议》合同项下的权利,唐某甲要求分得2/5的份额。(3)唐父、蔡母存款遗产148,000元,唐某甲要求分得2/5的份额。

被告唐某丁观点:唐某甲所述情况属实。考虑到唐某甲生活比较困难,唐某丁同意唐某甲的分割意见。同时唐某丁对父母尽到主要的赡养义务,请求予以适当多分。

被告唐某乙观点:唐某甲所述情况属实,同意唐某丁的意见,请求法院依法判决。

被告唐某丙观点:位于临平街道的房屋的实际出资人是被继承人唐父,唐某甲一家是在房屋购买后住进被继承人唐父的家里。被继承人唐父、蔡母生前未表示要将该房屋归唐某甲所有。唐某甲在本案中提及的遗产并非是被继承人的全部遗产,还有大量的存款没有提供。被继承人生前由唐某丙照顾比较多,且唐某丙目前生活困难,因此唐某丙要求适当予以多分。唐某甲有赌博的恶习,且并没有尽到主要的赡养义务,应当少分或者不分。

【法院裁判理由】

本院认为,公民的私有财产继承权受法律保护。现唐父、蔡母死亡,其个人合法财产应依法由其继承人继承。

临平街道房屋的房屋所有权证登记在唐父名下,且并未进行过产权变更登记,故该房屋应作为遗产进行分割。原告唐某甲关于该房屋系其实际出资并使用,且唐父曾口头遗嘱该房屋归唐某甲所有,因未能提供有效的证据予以证明,对其主张不予支持。关于该房屋的分割问题,本院结合该房屋的价值、现状及原、被告的生活状况,确定该房屋及唐父死亡后的房屋租金归原告唐某甲所有,由唐某甲支付其他三方房屋折价款合计 128,250 元。

关于塘栖镇的房屋,原、被告均确认该房屋系唐父的遗产,且考虑到该房屋因拆迁至今尚未取得安置房而无法对实物进行分割,各方均同意对因该房屋拆迁而签订的《房屋腾空搬迁实物安置协议》合同项下的权利进行分割。结合该房屋的状况及原、被告的生活现状,确定原、被告对《房屋腾空搬迁实物安置协议》合同项下的权利各享有 1/4 的份额。原、被告关于要求多分的主张及抗辩意见,不予采纳。

存款 148,000 元,原、被告均确认该款项系唐父的遗产。考虑到原告唐某甲的实际生活状况,根据法律规定,对其应当予以照顾,故确认原告唐某甲分得存款本金 59,200 元及全部存款利息。考虑到被告唐某丁对被继承人尽到了较多的赡养义务,故确认被告唐某丁分得存款本金 59,200 元。被告唐某乙、唐某丙各分得存款本金 14,800 元。

【裁判依据】

《继承法》第二条、第三条、第九条、第十条、第十三条、第二十九条。

【律师评析】

所有权是所有人依法对自己财产所享有的占有、使用、收益和处分的权利。所有权是一种财产权,又称财产所有权。所有权是物权中最重要也最完全的一种权利,具有绝对性、排他性、永续性三个特征,包括占有、使用、收益、处分四项权能。

所有权是继承权的最主要的客体,是遗产的最主要的形式。《继承法》第三条规定:"遗产是公民死亡时遗留的个人合法财产,包括:(一)公民的收入;(二)公民的房屋、储蓄和生活用品;(三)公民的林木、牲畜和家禽;(四)公民的文物、图书资料;(五)法律允许公民所有的生产资料……"该条所列举的遗产中,前五项的实质均为所有权。

房屋,一般指上有屋顶,周围有墙,能防风避雨,御寒保温,供人们在其中工作、生活、学习、娱乐和储藏物资,并具有固定基础,层高一般在2.2米以上的永久性场所。但根据某些地方的房屋生活习惯,可供人们常年居住的窑洞、竹楼等也应包括在内。

房屋的分类。按照房屋结构,可以分为钢结构房屋、钢筋混凝土结构房屋、砖混结构房屋、砖木结构房屋、木结构房屋等。按照房屋层数多少,可以分为低层房屋、多层房屋、中高层房屋、高层房屋、超高层房屋。按照楼层结构部位,可以分为地下室、夹层、正式层、附层、阁楼等。按照房屋是否用于居住,可以分为住宅房屋和非住宅房屋,或者分为住宅房屋、工业房屋、商业房屋、仓储房屋、交通用房、科研用房、教育用房等。按照是否有权利证书,可以分为有证房产和无证房产。按照房屋所在土地的所有权性质,可以分为国有土地上房屋、集体土地上房屋。国有土地上房屋,按照是否依法缴纳土地出让金,可以分为国有出让土地上房屋和国有划拨土地上房屋;按照用途,可以分为住宅用地上房屋、工业用地上房屋、商业用地上房屋等。集体土地上房屋,按照用途,可以分为宅基地上房屋和建设用地上房屋等。按照所有权人是私人还是国家或集体,分为私有房屋和公有房屋。

因房屋具有巨大的市场价值而成为大多数家庭的主要财产,也因此成为大多数遗产继承纠纷案件中的主要争议标的。在继承纠纷诉讼案件中,大多数案件涉及房屋继承。本案中,被继承人死亡后遗留的房屋作为遗产,由继承人依法继承。

在分割房屋这类遗产时,因房屋的数量相对于继承人人数而言较少,一般不足以供各继承人均能分得房屋;即便均能分得房屋,因房屋价值不同,也存在分割不均的问题。为此,一般只能将房屋判归部分继承人所有,由取得房屋所有权的继承人或取得较高价值房屋的继承人,对其他继承人作出货币补偿。那么,如何确定房屋归哪个继承人所有?补偿的价值如何确定?房屋的归属可以根据房屋的历史使用情况、现实使用情况、价值、各继承人的住房条件及经济状况等来判定。房屋的价值可以由各方当事人协商确定,如不能协商确定的,可以交由评估机构估价。如各方当事人均无取得房屋的意愿,或均无取得房屋作出补偿的能力,也可以将房屋交拍卖、变卖后分割价款。

作为遗产的房屋在分割前如遇国家拆迁征收,则征收前的房屋价值转化为货币补偿款或征收后的安置用房,遗产的形式从房屋所有权转化为货币所有权或安置用房的所有权。如征收协议已经签订而货币补偿款或安置用房尚未取得,则继承人可以共享征收协议所确定的被征收人的合同权利。此时,遗产的形式从房屋所有权转化为债权。本案中,拆迁协议已经签订但尚未履行、尚未取得安置用房,则法院判决各继承人按份享有拆迁协议确定的合同权利。

最高人民法院公报案例

陈某诉某住建局不履行房屋登记法定职责行政二审案①

【案情简介】

位于南京市的某房屋,所有权人为曹某。2011 年 5 月 23 日,曹某亲笔书写遗嘱,将该房产及一间储藏室(8 平方米)以及曹某名下所有存款、住房中的全部用品无条件赠给原告陈某。后曹某于 2011 年 6 月 22 日在医院去世。2011 年 7 月 22 日,原告经江苏省南京市某公证处作出

① 《中华人民共和国最高人民法院公报》2014 年第 8 期(总第 214 期)。

公证，声明接受曹某的全部遗赠。2011年8月3日，原告携带曹某遗嘱、房产证、公证书等材料前往被告住建局下设的房地产交易中心办理房屋所有权转移登记被拒绝。2011年10月10日，原告向被告提出书面申请要求被告依法为其办理房屋所有权转移登记，被告于2011年10月27日书面回复，以“遗嘱未经公证，又无‘遗嘱继承公证书’”为由不予办理遗产转移登记。原告认为被告强制公证的做法，与我国现行的《继承法》《物权法》《公证法》等多部法律相抵触，要求法院确认被告拒为原告办理房屋所有权转移登记的行为违法，责令被告就涉案房屋为原告办理房屋所有权转移登记。

【法院裁判理由】

在我国对不动产实行统一登记制度。统一登记的范围、登记机构和登记办法，由法律、行政法规规定。《司法部、建设部关于房产登记管理中加强公证的联合通知》（以下简称《联合通知》）不属于法律、行政法规、地方性法规、规章的范畴，且与《物权法》《继承法》《房屋登记办法》等有关法律法规相抵触，不能成为房屋登记主管部门不履行房屋登记法定职责的依据。行政机关行使行政职能时必须符合法律规定，行政机关行使法律赋予的行政权力时，不能在有关法律法规规定之外创设新的权力来限制或剥夺行政相对人的合法权利。被告某住建局依据《联合通知》要求原告必须出示遗嘱公证书才能办理房屋转移登记的行为与法律法规相抵触，对该涉案房屋不予办理房屋所有权转移登记的具体行政行为违法。

【律师评析】

根据我国《物权法》的规定，动产物权的设立和转让，自交付时发生效力；不动产物权的设立、变更、转让和消灭，经依法登记，发生效力。遗产继承时，物权从被继承人移转给继承人或受遗赠人等，其法律效力也应遵守《物权法》的规定。房屋和对应的土地使用权属于不动产，继承房屋和土地使用权应当办理不动产所有权转移登记手续。

1991 年，司法部和建设部发出《联合通知》，要求继承房产应当持公证机关出具的“继承权公证书”，遗嘱受益人须持公证机关出具的“遗嘱公证书”和“遗嘱继承权公证书”或“接受遗赠公证书”办理继承房屋登记。简言之，继承房屋必须公证，或称强制公证。在该通知发出后的相当长时间内，继承人或受遗赠人都必须办理公证才能办理遗产房屋的产权变更登记手续。

本案中，法院从法律渊源的效力等级的角度，否定了《联合通知》的合法性，进而判定某住建局依据《联合通知》作出的不予办理房屋所有权转移登记的具体行政行为违法。

《不动产登记暂行条例》于 2014 年 11 月 24 日公布，自 2015 年 3 月 1 日起施行。根据该条例第十四条之规定，继承、接受遗赠取得不动产权利的，可以由当事人单方申请。《不动产登记暂行条例实施细则》于 2016 年 1 月 1 日起施行，该细则第十四条规定：“因继承、受遗赠取得不动产，当事人申请登记的，应当提交死亡证明材料、遗嘱或者全部法定继承人关于不动产分配的协议以及与被继承人的亲属关系材料等，也可以提交经公证的材料或者生效的法律文书。”细则关于继承不动产的其他条款也规定提交“继承的材料”。上述两个法律规范均未要求强制公证。据此，只要申请人提交了足以证明继承或受遗赠房屋的材料，行政机关应予办理不动产权转移登记手续。2016 年 7 月 5 日，司法部发出通知，废止《联合通知》。自此，继承房屋无须强制公证。

55. 国有土地上房屋征收的货币补偿款

【关键词】

房屋拆迁　房屋征收　货币补偿　主房价值　装修价值　附属物价值　选择货币补偿奖励费　搬迁补偿费　水的一户一表补助费　电的一户一表补助费　电视电话等补助费　奖励费

孙某甲等诉孙某戊等法定继承纠纷一审、二审案①

★法院观点★

房屋拆迁所得的货币补偿款可以依法继承;拆迁房屋货币补偿款中不属于遗产的部分应先析出。

【案情简介】

上诉人(原审原告):孙某甲。

被上诉人(原审原告):孙某乙、孙某丙、孙某丁。

被上诉人(原审被告):孙某戊、孙某己。

一审法院经审理查明:被继承人田某,育有孙某己、孙某乙、孙某丙、

① 案号:(2015)金婺北民初字第270号,金华市婺城区人民法院;(2015)浙金民终字第1452号,金华市中级人民法院。

孙某丁、孙某戊、孙某甲 6 个子女。被继承人田某生前有房产一处，坐落于金华市婺城区解放西路。2014 年 11 月 20 日，金华市金信公证处出具公证书 1 份，载明："由于被继承人田某的父亲、母亲、丈夫均先于被继承人田某死亡。据此，兹证明被继承人田某的上述遗产由其儿子孙某己、儿子孙某乙、儿子孙某丙、女儿孙某丁、女儿孙某戊、儿子孙某甲六人共同继承"。2015 年 1 月 11 日，孙某乙、孙某丙、孙某丁、孙某戊、孙某己、孙某甲六人与金华市婺城区二七新村区块改造工程指挥部签订了《货币补偿协议》，协议中明确主房价值 582,444 元、装修价值 18,074 元、附属物价值 5636 元、选择货币补偿奖励费 60,052 元、搬迁补偿费 1800 元，水的一户一表补助 700 元、电的一户一表补助 620 元、电视电话等补助费 686 元、奖励费 15,740 元。涉案房产拆迁之前由孙某甲居住，且由孙某甲进行装修，附属物也是由孙某甲所搭建，故其中装修价值、附属物价值、搬迁补偿费、电的一户一表补助费、电视电话补助费属于孙某甲所有。涉案房屋赔偿款中，主房价值 582,444 元、选择货币补偿奖励费 60,052 元、水的一户一表补助 700 元、奖励费 15,740 元，共计 658,936 元，可予以分割。

【各方观点】

上诉人（原审原告）孙某甲观点：诉争房屋系上诉人夫妻于 1993 年出资购买，被继承人生前与上诉人共同生活，上诉人赡养较多，应多分遗产。

被上诉人（原审原告）孙某乙、孙某丙、孙某丁观点：原、被告 6 人系继承人，有权继承母亲遗留房屋。两被告不肯分割房产赔偿款。要求各继承赔偿款的 1/6。房屋并非孙某甲出资购买，其没有经济能力。田某有经济能力，非孙某甲赡养。

被上诉人（原审被告）孙某戊观点：被继承人生前说过涉案房产归孙某己所有，故不应该分割房产赔偿款。

被上诉人(原审被告)孙某己观点:涉案房屋的补偿款没有到被告的账上,被告孙某己享有拆迁补偿的选择方式。

【法院裁判理由】

一审法院观点:公民依法享有处理遗产的权利,对于被继承人田某坐落于金华市婺城区解放西路的遗产房屋,孙某乙、孙某丙、孙某丁、孙某戊、孙某己、孙某甲六人的共同继承权已于2014年11月20日在签订的公证书中予以明确。2015年1月11日,孙某乙、孙某丙、孙某丁、孙某戊、孙某己、孙某甲与金华市婺城区二七新村区块改造工程指挥部签订的《货币补偿协议》,是6人真实的意思表示,故对涉案房产的拆迁补偿款,除去属于孙某甲个人所有的部分补偿款26,816元,余款658,936元孙某乙、孙某丙、孙某丁、孙某戊、孙某己、孙某甲6人可以共同继承。

二审法院观点:孙某甲未提交证据证明房屋系其出资购买,房屋属于田某遗产。1993年后孙某甲与田某共同生活直至田某去世,且1999年6位继承人《协议》约定孙某甲对房屋有永久使用权,故孙某甲可以多分适当遗产。

【裁判依据】

《继承法》第三条、第五条、第九条、第十条、第十三条。

【律师评析】

拆迁,是指取得拆迁许可的单位,根据城市建设规划要求和政府所批准的用地文件,依法拆除建设用地范围内的房屋和附属物,将该范围内的单位和居民重新安置,并对其所受损失予以补偿的法律行为。拆迁人,是指取得房屋拆迁许可证的单位。被拆迁人,是指被拆迁房屋的所有人。于2001年11月1日起施行的《城市房屋拆迁条例》对城市房屋拆迁作出了具体的规范。该条例因《国有土地上房屋征收与补偿条例》

于 2011 年 1 月 21 日公布实施而被废止。征收概念取代了拆迁概念。

根据《国有土地上房屋征收与补偿条例》的规定，征收是指根据国民经济和社会发展规划、土地利用总体规划、城乡规划和专项规划，将保障性安居工程建设、旧城区改建，应当纳入市、县级国民经济和社会发展年度计划需要，房屋征收部门可以委托房屋征收实施单位依法拆除建设用地范围内的房屋和附属物，将该范围内的单位和居民重新安置，并对其所受损失予以补偿的法律行为。房屋征收决定由市、县级人民政府作出，市、县级人民政府确定的房屋征收部门组织实施本行政区域的房屋征收与补偿工作。被征收人是指被征收房屋的所有权人。

房屋征收部门与被征收人就补偿方式、补偿金额和支付期限、用于产权调换房屋的地点和面积、搬迁费、临时安置费或者周转用房、停产停业损失、搬迁期限、过渡方式和过渡期限等事项，订立补偿协议。被征收人可以选择货币补偿，也可以选择房屋产权调换。作出房屋征收决定的市、县级人民政府对被征收人应当给予补偿，补偿包括：(1)被征收房屋价值的补偿；(2)因征收房屋造成的搬迁、临时安置的补偿；(3)因征收房屋造成的停产停业损失的补偿。房屋价值，包括被征收房屋主体以及构成房屋的不可分割部分的价值，包括装修价值和房屋附属物价值。因征收房屋造成搬迁的，房屋征收部门应当向被征收人支付搬迁费。选择房屋产权调换的，产权调换房屋交付前，房屋征收部门应当向被征收人支付临时安置费或者提供周转用房。对因征收房屋造成停产停业损失的补偿，根据房屋被征收前的效益、停产停业期限等因素确定。对认定为合法建筑和未超过批准期限的临时建筑的，应当给予补偿；对认定为违法建筑和超过批准期限的临时建筑的，不予补偿。房屋征收部门还需对水、电、电话、网络等开户损失给予一定的补偿。此外，市、县级人民政府应当制定补助和奖励办法，对被征收人给予补助和奖励，如(1)货币补偿补助，被征收人选择货币补偿方式的，给予一定比例的货币补偿补助；(2)住宅房屋产权调换面积补助，被征收人选择住宅房屋产权调换的，给予一定面积的补助；(3)住宅房屋产权调换差价结算补助，被征收人选择住宅房屋产权调换的，在一定面积差内给予优惠价格结算；(4)住宅房屋产权调换公摊面积补助，被征收人选择住宅房屋产权调换的，给予一定面积的公摊面积补助；(5)签约搬迁奖励，被征收人在签约期内签订补偿协议的，给予一定比例的奖励。

在分割遗产前首先要确定遗产的范围。被征收房屋实际权利归属与权证登记的所有权归属不一致或不完全一致时，应当先对被征收房屋进行析产，属于夫妻共同财产的，应先析出被继承人配偶所有的部分；属于家庭成员共同财产的，应先析出被继承人其他家庭成员所有的部分。本案中，房屋系孙某甲装修，其装修价值添附到房屋上，则应析出房屋的装修补偿款，确定该款为孙某甲所有，不属于遗产。

被征收房屋系遗产的情况下，是否全部的货币补偿款项都应由继承人均分值得探讨。应当根据不同补偿项目的目的和继承的实际情况相结合来确定。比如实践中，有多个继承人有权继承遗产房屋，但只有部分继承人实际居住在该被征收房屋内，则搬迁费和临时安置费可以考虑只由实际居住在房屋内的继承人继承。

多个继承人对征收方案意见不一导致无法与房屋征收部门签订补偿协议的，怎么办？首先，继承人之间可以协商确定或起诉由法院判定各自的继承份额，而不要求实际分割房屋以及办理产权过户手续。其次，《国有土地上房屋征收与补偿条例》第二十六条规定："房屋征收部门与被征收人在征收补偿方案确定的签约期限内达不成补偿协议，或者被征收房屋所有权人不明确的，由房屋征收部门报请作出房屋征收决定的市、县级人民政府依照本条例的规定，按照征收补偿方案作出补偿决定，并在房屋征收范围内予以公告。"即房屋征收部门可以单方作出补偿决定。继承人对征收补偿决定不服的，可以申请行政复议，或提起行政诉讼。根据最终生效的补偿决定和继承人各自的继承份额，即可确定每位继承人实际可以享受的权利。

56. 国有土地上房屋征收产权调换取得的安置用房

【关键词】

国有土地上房屋征收　产权调换安置用房

江某甲等诉江某己等法定继承纠纷一审、二审案①

★法院观点★

以产权调换形式实现国有土地上房屋征收的，安置用房的所有权属于被征收人；被继承人遗留的以产权调换取得的安置用房系遗产，可以依法继承；部分继承人继承取得房屋的，对其他继承人折价予以补偿。

【案情简介】

上诉人（原审原告）：江某甲。

被上诉人（原审原告）：江某辛、江某乙、江某丙、江某丁、江某戊。

被上诉人（原审被告）：江某己、江某庚。

一审法院经审理查明：江某某与洪某某于1999年和2011年先后去

① 案号：（2013）杭江民初字第580号，杭州市江干区人民法院；（2014）浙杭民终字第829号，杭州市中级人民法院。

世，生前育有原告江某甲、江某辛、江某乙、江某丙、江某丁、江某戊与被告江某己、江某庚兄弟姐妹8人。

2006年，因杭州市老年活动中心项目建设需要，江某某生前所有的上城区某处房屋被拆迁。2006年9月28日，拆迁人（甲方）、拆迁单位，与被拆迁人江某某（亡）委托代理人江某辛（乙方），签订了《产权调换协议》一份，约定：乙方同意将坐落上城区某处房屋交给甲方拆除；房屋货币补偿金额483,672元，附属物补偿金额7222元，总计补偿金额490,894元；甲方将坐落于复兴地块的房屋作为安置用房，该房屋为期房；乙方在2006年9月13日前搬迁腾空房屋，甲方在2008年9月12日前将安置用房交付给乙方。

2006年11月14日，拆迁人作出《拆迁户回迁资金结算单》，确定户主姓名江某某（亡）、原房地址上城区某处的房屋回迁安置的房号为26幢3单元、3幢4单元和3幢2单元，安置房屋的新房评估价分别为256,250元、261,225元和255,267元，扣除旧房评估价483,672元和装修费7222元，新旧房差价为289,070元。同日，杭州市上城区城市整治建设服务办公室作为执收单位，开具了交款个人为江某某（亡）的新旧房差价289,070元的往来款票据。庭审中，原、被告确认，3幢4单元房屋现由江某丁占有使用，26幢3单元房屋由江某己占有使用、3幢2单元房屋由江某庚占有使用。江某丁支付了新旧房差价款中的261,225元，江某己支付了13,000元，江某庚支付了14,845元。

2013年11月4日，房地产评估公司做出房地产估价报告，确定26幢3单元房屋的市场价值为1,130,000元，3幢2单元房屋的市场价值为1,220,000元，3幢4单元房屋的市场价值为1,200,000元。

因原、被告对三套房屋的所有权存在争议，至今未办理产权过户登记手续，拆迁人同意协助办理产权过户手续。

【各方观点】

上诉人(原审原告)江某甲观点:本案应是共有财产分割,不是法定继承纠纷;三套房屋平均分配是错误的;落实知青政策,3 幢 4 单元房屋应归本人所有。

被上诉人(原审原告)江某辛、江某乙、江某丙、江某戊观点:本案是继承纠纷;三套房屋系产权调换而来,应由原、被告 8 人平均继承,出售后进行货币分割。

被上诉人(原审被告)江某己观点:拆迁安置的三套房屋都是父母的遗产,应当一起分割。拆迁时其支付了扩面差价 13,000 元,母亲在世时与其共同居住在房屋内。原、被告曾同意过该房屋归其所有,不同意出售该套房屋,愿意以总价 26 万元为标准补偿其他兄弟姐妹。

被上诉人(原审被告)江某庚观点:认可 26 幢 3 单元和 3 幢 2 单元房屋是父母的遗产,原、被告均享有份额。3 幢 4 单元房屋如果不是依政策由江某丁个人购置的,也要求进行分割。其在房屋拆迁时支付了扩面差价 15,000 元左右,居住使用了江干区丙处房屋,并支出了 75,000 元对该房屋进行装修。同意将该房屋出售,但是要求将扩面的增值部分和房屋装修予以补偿,在收到相关款项后一个月内搬出。

【法院裁判理由】

一审法院观点:遗产是公民死亡时遗留的个人合法财产,继承开始后,被继承人没有遗嘱的,按照法定继承办理。本案中,原、被告作为被继承人江某某和洪某某的第一顺序继承人,有权平等继承两人的遗产。

关于遗产范围。根据查明的事实,上城区某处房屋的拆迁方式为产权调换,因此拆迁人提供的三套安置用房的所有权应属被拆迁房屋的所有权人所有。三套安置用房应在原、被告间进行平等继承分割。

关于三套房屋的分割。房屋分别由江某丁、江某己和江某庚占有使用,从有利于生产、生活的角度出发,三套房屋应按目前的居住使用情况分别归该三人所有,并由该三人按折价款向其他人进行补偿。房屋拆迁安置时的新旧房差价款系由江某丁、江某己和江某庚支付,该部分费用亦应由 8 位继承人进行平摊。江某己自拆迁安置以来已享受了案涉房屋相应的居住利益,且房屋亦确定分割归其所有,因此对于其出资的房屋的装修费用不宜予以额外补偿。考虑到江某丁代为垫付了新旧房差价款中的大部分,且相关当事人在其占有使用案涉房屋期间均未提出过异议,因此对江某丁占有使用房屋期间取得的相应收益不再补偿其他继承人。

关于补偿的计算问题。三套房屋的市场价总额,扣除新旧房的差价款后的价值,由 8 人平均享有。江某丁、江某己、江某庚三人,各自占有的房屋价值,扣除其已支出的新旧房差价,扣除各自有权享有的部分,剩余款项应向其他人作出补偿。

二审法院观点:三套房屋均为拆迁房屋的产权调换安置用房,为江某某和洪某某的遗产,由 8 位继承人平均继承,产权调换安置房屋时的新旧房屋差价款亦应由 8 位继承人平均分摊。鉴于在原审第一次庭审后,除江某庚外的其他继承人即江某乙、江某丙、江某丁、江某戊、江某己、江某辛确认 3 幢 4 单元房屋归江某甲所有,本院认为该 6 人已经放弃对 3 幢 4 单元房屋的继承份额,应对补偿款的计算作相应调整。

【裁判依据】

《继承法》第五条、第十三条。

【律师评析】

关于国有土地上房屋征收的基本规定,详见前文中关于国有土地上房屋征收的货币补偿款分割的相关内容,不再赘述。

国有土地上房屋被依法征收的,被征收人可以选择货币补偿,也可以选择房屋产权调换。被征收人选择房屋产权调换的,其可以取得的补偿价值基本等同于货币补偿方式的补偿价值，两者的区别只是，后者是直接取得货币，前者是取得房屋。在以下补偿项目上有所不同：(1)选择房屋产权调换的，产权调换房屋交付前，房屋征收部门应当向被征收人支付临时安置费或者提供周转用房；选择货币补偿的，被征收人没有该权利。(2)选择产权调换方式的，在向最接近产权调换住宅房屋建筑面积的套型上靠前，按被征收住宅房屋补偿价值与产权调换住宅房屋评估比准价格换算面积的一定比例给予产权调换面积补助，补助面积部分按优惠价进行结算；选择货币补偿的没有此规定。(3)选择产权调换的，对其产权调换住宅房屋向最接近产权调换住宅房屋建筑面积的套型上靠建筑面积部分，在一定面积以内的，以优惠价结算；选择货币补偿的没有此规定。(4)产权调换住宅房屋为高层建筑的，在向最接近产权调换住宅房屋建筑面积的套型上靠前给予一定的公摊面积补助，补助面积部分不支付房款；选择货币补偿没有此规定。(5)选择货币补偿的，按照被征收房屋评估价值的一定比例给予货币补偿补助；选择产权调换没有此规定。

被征收人选择住宅房屋产权调换的，产权调换住宅房屋的建筑面积应当不低于被征收住宅房屋建筑面积，但被征收人主动要求小于被征收住宅房屋建筑面积的则可允许。产权调换住宅房屋按评估价值与被征收住宅房屋补偿价值结算差价。产权调换住宅房屋建筑面积，按被征收住宅房屋补偿价值与产权调换住宅房屋评估比准价格换算，根据换算结果再增加一定面积后，向最接近产权调换住宅房屋建筑面积的套型上靠确定。结算差价应由被征收人支付。如被征收人已经死亡，继承人选择产权调换的，应从被继承人其他遗产中支付，或者由继承人分摊承担。本案中，被继承人在房屋被拆迁前已经死亡，继承人选择了产权调换，且部分继承人支付了结算差价，在遗产分割时，该结算差价应当由所有继承人分摊承担。

57. 农村集体土地上房屋征收的货币补偿款

【关键词】

集体所有土地房屋　宅基地　宅基地区位补偿价　房屋重置成新价

祁某1与祁某2等法定继承纠纷二审案①

★法院观点★

集体所有土地房屋拆迁补偿款属于遗产，可以依法继承；拆迁补偿款中不属于被继承人遗产的价值，应当先析出。

【案情简介】

上诉人(原审被告)：祁某1。

被上诉人(原审原告)：祁某2。

被上诉人(原审被告)：祁某3。

一审法院认定的事实：祁某4与刘某系夫妻关系，育有儿子祁某1、长女祁某3、次女祁某2。祁某4于1999年11月10日死亡，刘某于

① 案号：(2017)京03民终2722号，北京市第三中级人民法院。

2013 年 4 月 3 日死亡。庭审中双方一致确认，祁某 4 之父母均先于其去世，刘某之父母均先于其去世，祁某 4、刘某生前均未留遗嘱。

坐落于古城村前街×号院（以下简称涉案院落）内有正房三间，即涉诉房屋，系祁某 4、刘某于 20 世纪 60 年代兴建，后未翻建。土地登记审批表载明土地使用者系祁某 4，建筑占地 54.18 平方米。祁某 4、刘某生前一直在涉案院落内居住，直至去世。祁某 1 于 2010 年出资在涉案院落内新建正房 7 间。

2015 年 8 月 24 日，北京新奥集团有限公司（甲方、拆迁人）与祁某 4（已故）（被拆迁人）、祁某 1（其他签约人）签订《集体土地房屋拆迁补偿协议书》，约定："甲方因通州区潞城镇棚户区改造项目（A 片区）拆迁项目建设需要，对乙方在拆迁范围内古城村古城前街×号的宅基地上所有房屋及其附属物进行拆迁。乙方合法宅基地认定面积 349.13 平方米，合法宅基地范围内首层正式房屋建筑面积 241.47 平方米，其他房屋（地上二层及地下室）建筑面积 0 平方米。合法宅基地外建筑面积 2.42 平方米。经营用房面积 0 平方米，出租房屋面积 234.02 平方米。乙方被安置人口共计 0 人。安置面积约为 244.39 平方米，乙方自愿选择货币补偿。拆迁房屋货币补偿款明细如下：1. 甲乙双方一致同意，经评估，甲方应支付给乙方的宅基地区位补偿价款 1,217,670 元；房屋重置成新价款 210,450 元；装修及附属物补偿费 301,838 元；以上合计 1,729,958 元。2. 设备移机费 300（空调 0 部，有线电视 1 端，电话 0 部，宽带 0 部，热水器 0 台）。3. 拆迁各项补助费和奖励费：（1）停产停业综合补助费 0 元。（2）房屋租赁补助费 46,804 元。（3）家禽养殖补助费 0 元。（4）搬迁补助费：①经营性用房搬迁补助费 0 元；②住宅房屋搬迁补助费 3622 元。（5）安家补助费 0 元。（6）独生子女补助费 0 元。（7）合法利用土地奖励费 100,000 元。（8）宅基地少建房奖 86,128 元。（9）住房困难户补助费 0 元。（10）提前搬家奖励费 100,000 元。（11）全部放弃安置房补助 4,337,784 元。（12）其他 0 元。以上（1）至（12）项合计 4,674,338

元。4. 本条款上述各项拆迁房屋货币补偿款共计 6,404,596 元。”祁某1 在该协议落款中“委托代理人”处签字捺手印。2015 年 9 月 19 日,双方签订《临时周转补助协议》,约定:乙方自愿选择自行周转过渡方式作为临时周转方式,甲方不再对乙方提供临时周转用房,甲方按照一宗宅基地 3 万元标准给予周转补助费。祁某 1 在该协议落款中“委托代理人”处签字捺手印。

庭审中,双方一致确认:对拆迁协议和周转协议予以认可;拆迁房屋货币补偿款共计 6,404,596 元已经由祁某 1 领取完毕;合法宅基地范围内首层正式房屋建筑面积 241.47 平方米中除去涉诉房屋所占建筑面积 54.18 平方米外,其余为祁某 1 所建 7 间正房的建筑面积 187.29 平方米;祁某 3 于 1998 年走失,现处于下落不明状态,已经向公安机关报案。祁某 3 未到庭应诉。

【各方观点】

祁某 2 观点:(1)涉案院落的宅基地登记在祁某 4 名下,在父母去世后,涉案院落应由祁某 2、祁某 3、祁某 1 三人进行法定继承,该院落的拆迁补偿款亦应按照法定继承予以分割;(2)涉诉房屋(建筑占地 54.18 平方米)属于其父母遗产,涉诉房屋之外的由祁某 1 出资兴建的 7 间房屋不属于其父母遗产;(3)在主张拆迁补偿款份额中,已对祁某 1 建房的支出予以酌减,因此祁某 2 仅主张 1/3 份额 200 万元拆迁补偿款;(4)不认可祁某 1 对父母尽到了主要赡养义务。

祁某 1 观点:(1)其于 2010 年出资在涉案院落内新建正房七间,该房屋权利属于其个人;(2)涉案院落由祁某 1 及其母亲刘某生前共同使用,刘某曾向村委会和邻居表示涉案院落归祁某 1 所有;(3)涉案院落宅基地虽然登记在祁某 4 名下,但祁某 1 已在院落内增建房屋,涉案宅基地实际使用人系祁某 1,故涉案院落的全部拆迁利益应由祁某 1 享有;(4)祁某 1 对父母尽到了主要赡养义务,祁某 2 未尽赡养义务,在遗产的分配上,祁某 1 应予以多分。

【法院裁判理由】

一审法院观点:公民的合法的民事权益受法律保护,任何组织和个人不得侵犯。遗产是公民死亡时遗留的个人合法财产。本案中,涉诉房屋系被继承人祁某 4、刘某所建,涉案院落的宅基地登记在祁某 4 名下,且祁某 4、刘某生前一直在涉案院落内居住,故涉案院落内涉诉房屋及其他相关地上物及附属物均属于祁某 4、刘某所有。祁某 4 为《拆迁补偿协议》《周转补助协议》载明的被拆迁人,因此,涉案院落、涉诉房屋因拆迁所转化的相关拆迁利益均属于祁某 4、刘某的遗产。祁某 1 在院内兴建正房 7 间(建筑面积 187.29 平方米)属于祁某 1 所有,应予析出;与之相对应(187.29 平方米在总建筑面积 241.47 平方米中所占比例),该 7 间房屋所对应的房屋重置成新价款 163,230 元、装修及附属物补偿费 234,113 元、房屋租赁补助费 36,302 元,共计 433,645 元属于祁某 1 所有。《拆迁补偿协议》《周转补助协议》所载明的拆迁利益中,宅基地区位补偿价款 1,217,670 元、房屋重置成新价款 47,220 元(210,450 元减去 163,230 元)、装修及附属物补偿费 67,725 元(301,838 元减去 234,113 元)、设备移机费 300 元、房屋租赁补助费 10,502 元(46,804 元减去 36,302 元)、住宅房屋搬迁补助费 3622 元、合法利用土地奖励费 100,000 元、宅基地少建房奖 86,128 元、提前搬家奖励费 100,000 元、全部放弃安置房补助 4,337,784 元、周转补助费 30,000 元,共计 6,000,951 元,属于祁某 4、刘某的遗产。

继承开始后,有遗嘱的按照遗嘱办理。没有遗嘱的,按照法定继承办理。法定继承开始后,由第一顺序继承人继承。同一顺序继承人继承遗产的份额,一般应当均等。根据查明的事实,鉴于祁某 4、刘某生前未留遗嘱,且其父母均先于其去世,故其去世后,祁某 2、祁某 1、祁某 3 作为其子女,应作为其第一顺序继承人依法继承其遗产,应各继承 1/3 遗产份额。

人民法院在审理继承案件时，如果知道有继承人而无法通知的，分割遗产时，要保留其应继承的遗产，并确定该遗产的保管人或保管单位。一审法院确定祁某3的应分得遗产份额由祁某1保管，祁某3与祁某1的遗产分配问题，可另行解决。

二审法院观点：涉案院落及相关地上物、附属物均为祁某4、刘某所有，拆迁后，拆迁利益归祁某4、刘某。祁某1增建房屋应归祁某1所有，相应拆迁利益也归祁某1。一审法院认定事实正确，适用法律正确。

【裁判依据】

《继承法》第三条、第五条、第十条第一款、第二款。

【律师评析】

集体土地，指农民集体所有的土地，集体土地是中国土地所有制的一种形式。《宪法》第十条第二款规定："农村和城市郊区的土地，除由法律规定属于国家所有的以外，属于集体所有；宅基地和自留地、自留山，也属于集体所有。"《土地管理法》第八条规定："城市市区的土地属于国家所有。农村和城市郊区的土地，除由法律规定属于国家所有的以外，属于农民集体所有；宅基地和自留地、自留山，属于农民集体所有。"第十条规定："农民集体所有的土地依法属于村农民集体所有的，由村集体经济组织或者村民委员会经营、管理；已经分别属于村内两个以上农村集体经济组织的农民集体所有的，由村内各该农村集体经济组织或者村民小组经营、管理；已经属于乡（镇）农民集体所有的，由乡（镇）农村集体经济组织经营、管理。"

集体土地使用权是农村集体经济组织及其成员以及符合法律规定的其他组织和个人在法律规定的范围内对集体所有的土地享有的用益物权。集体土地使用权根据土地用途的不同，可以分为农业用地使用权、宅基地使用权、公用企事业用地使用权,后两者也可称为建设用地使用权。

宅基地是农村的农户或个人用作住宅基地而占有、利用本集体所有的土地。宅基地使用权不得单独转让,地随房一并转让。宅基地使用权的主体是本集体经济组织的成员,集体组织成员以外的人不能申请享有,也不能受让。

征收集体所有土地房屋包括征收住宅用房和非住宅用房,两者补偿的方式和标准不同。征收住宅用房的,被征收人可以选择调产安置或货币安置,有条件的可以实行迁建安置。调产安置是指由征收人提供住宅用房作为产权调换;货币安置是指由征收人提供补偿资金,被征收人自行选购安置用房;迁建安置是指由征收人提供迁建用地和费用,被征收人自行建造安置用房。非住宅用房,应当实行货币安置,符合条件的可以实行迁建安置。

征收集体所有土地房屋的安置方式和补偿标准,我国各地的规定不一。《北京市宅基地房屋拆迁补偿规则》第三条第一款规定:"房屋拆迁补偿价,由宅基地区位补偿价、被拆迁房屋重置成新价构成……"第四条规定:"宅基地区位补偿价按下列公式计算:宅基地区位补偿价=(当地普通住宅指导价-房屋重置成新均价)×户均安置面积户均宅基地面积……房屋重置成新均价,是指一定时间、一定区域内的被拆迁宅基地房屋重置成新平均价……"根据《宁波市征收集体所有土地房屋拆迁条例》的规定,住宅用房的可安置面积每户最高不超过建筑面积 250 平方米,每户人均不少于 30 平方米;选择调产安置的,安置用房按基本造价,被拆迁房屋按重置价格结合成新,结算差价;选择货币安置的,补偿资金按照拆迁公告发布时被拆迁房屋所在地段与安置用房同类房屋等级的商品住宅的平均价格扣除基本造价确定;此外还应补偿房屋附属设施价值、装饰费用、停产停业损失、提供过渡用房或临时过渡补贴费、搬家补贴费、奖励等。

集体所有土地房屋拆迁所获得的补偿款中,属于他人添附等形成的财产,不属于遗产,应当先析出。本案中,祁某1在涉案院落内兴建的正房七间,属于其个人财产,不属于被继承人遗产,应归期个人所有,不作为遗产来分割继承。

58. 承租公房拆迁赔偿款

【关键词】

公房　公房承租人　征收　补偿

劳某乙等与劳某甲继承纠纷二审案①

★法院观点★

公房承租人依法可以获得的征收补偿款系遗产，可以依法继承；公房征收补偿款中不属于被继承人遗产的部分，应当先析出。

【案情简介】

上诉人（原审被告）：劳某甲。

被上诉人（原审原告）：劳某乙、徐某、劳某丙。

一审法院审理认定：陈母与劳父生前育有劳某丁、劳某戊、劳某丙、劳某己、劳某甲。劳某戊、劳父早于陈母死亡，陈母于2001年1月23日去世，劳某丁于2009年12月23日去世。劳某乙、徐某分别系劳某丁的

① 案号：（2015）浙甬民一二终字第626号，宁波市中级人民法院。

女儿、配偶。2001年1月1日起,陈母获得工人路房屋的承租权,该房屋系余姚市国家直管公房住宅。劳某甲曾与陈母一起居住在工人路房屋内。劳某己向原审法院明确表示不愿意参加本案诉讼活动,不要求分割涉案财产。

2014年3月5日,劳某甲(乙方)作为承租人陈母的签约代理人(劳某己、劳某丙在委托人处签字)与余姚市房屋征收补偿办公室(甲方)签订《住宅用房征收货币补偿协议》一份,载明:房屋坐落工人路,建筑面积39.07平方米;选择安置方式为货币补偿,补偿资金为房屋评估价值419,635.24元、装修及附属物评估金额17,037.70元、临时安置补偿9600元、一次性搬迁补偿3907元、选择货币补偿增加的补偿金额146,873元,扣除房改购房款8,009.35元,合计589,045元;在协议签订之日起7日内先行支付补偿资金的50%计294,523元,余额294,523元在乙方搬迁后7日内支付;乙方在规定时间内签约并搬迁腾空房屋移交甲方,经验收确认后,可按被征收房屋建筑面积300元/平方米计发按期签约、搬迁奖励费11,721元等。至2014年4月30日止,劳某甲已经领取款项600,767元。在原审审理过程中,劳某乙、徐某、劳某丙表示对涉案房屋的装修及附属物评估金额17,037.70元、临时安置补偿9600元、一次性搬迁补偿3907元、按期签约、搬迁奖励费11,721元不要求分割,且不要求分割劳某己放弃部分的份额。

【各方观点】

原告劳某乙、徐某观点:余姚市工人路房屋拆迁款系被继承人陈母的遗产,长子劳某丁作为第一顺序继承人与其他继承人享有共同的权利,现因其已亡故,该权利应由两原告享有,两原告各应得继承份额计150,192元人民币。

被告劳某甲答辩称:原告所述不属实,公房没有继承权,被告是实际的承租人,房租费以及房屋装修费都由被告支付,原告没有支付过。陈母的丧葬费等各项费用都是被告支付的,原告没有出。原告每个人都有居住的房屋,所以陈母将该房屋给没有住房的小女儿也即本案被告居住。

【法院裁判理由】

一审法院观点:本案的争议焦点为关于工人路房屋拆迁安置补偿款是属于陈母的遗产,还是被告劳某甲个人拆迁所得权益。

租赁证上显示承租人系陈母,在签署拆迁协议时,被告劳某甲仅是作为签约代理人(公房代办人),且在接受劳某己及原告劳某丙的委托下签订的合同,虽然被告劳某甲与陈母同住工人路房屋,但并不能改变承租人系陈母的事实,故本院认为此次拆迁安置部分补偿款558,501.30元(在审理过程中,三原告不要求分割房屋的装修及附属评估金额17,037.70元、临时安置补偿9600元、一次性搬迁补偿3907元、按期签约、搬迁奖励费11,721元,故作扣除)应当属于陈母的权益,现陈母已经死亡,该部分财产应当认定为陈母的遗产。

继承权男女平等。遗产继承按照顺序继承,第一顺序为配偶、父母、子女,同一顺序继承人在继承遗产份额时应当均等。继承开始后,继承人没有表示放弃继承,并于遗产分割前死亡的,其继承遗产的权益转移给他的合法继承人。在本案中,劳某丁系原告劳某乙的父亲,系原告徐某的配偶,劳某丁于陈母之后死亡,且没有表示放弃继承,故原告劳某乙、徐某可以转继承劳某丁对陈母名下遗产所享有的份额。劳某己书面表示不参加诉讼,并明确表示放弃继承,故劳某己享有的份额本应按照法定继承处理,但是三原告不要求分割劳某己的份额,仅要求以1/4的份额享有自身权益,本院予以准许。现陈母名下的拆迁补偿款在被告劳某甲处,故应由被告劳某甲按比例支付给三原告。

二审法院观点:根据余姚市国家直管公房住房租赁证,可以证明工人路房屋由被继承人陈母承租,现该房屋被拆迁,房屋拆迁安置补偿款应作为遗产由其主张继承的子女按法定继承予以继承。原审法院对被继承人陈母名下的遗产分配并无不当,本院应予支持。劳某甲虽主张其是工人路房屋的共同承租人,但其户口并未签入该承租公房,在陈母死亡后亦未到公房管理部门申请办理更名手续,工人路房屋拆迁时其是作为家庭成员代理人与拆迁部门签订拆迁补偿协议,并非作为被拆迁公房的承租人签订协议。据此,劳某甲主张其是被拆迁公房的承租人缺乏依据,劳某乙、徐某、劳某丙要求继承被继承人陈母名下的遗产理由正当,本院予以支持。

【裁判依据】

《继承法》第三条、第九条、第十条、第十三条第一款、第二十五条第一款;《继承法意见》第五十二条。

【律师评析】

公房,是指国家政府以及国有企业、事业单位投资兴建、销售的住宅,在住宅未出售之前,住宅的产权归国家或企业、事业单位所有。公有住宅主要由本地政府建设,主要向本城市居民出租、出售;由企业、事业单位建设的住宅,向该企业、事业单位等职工出租、出售。公房在出售后变为私房。按照产权人的不同又分为三种:一是直管公房,指由政府接管、出租、收购、新建、扩建的住房,大多数由政府房地产管理部门直接管理出租、修缮,少部分免租给单位使用的住房;二是单位自管公房,指全民所有制和集体所有制等单位所有的住房;三是行政事业单位作为产权人,分配或出租给单位员工居住使用的房屋。通常能上市交易的是前两种。

公房承租权能否继承,实践中情况比较复杂,且颇有争议。遗产是公民死亡时遗留的个人合法财产。作为遗产的财产既包括有形财产,也包括财产权利。房屋承租权作为一种合同权利,也可以作为遗产的一种形式。然而实践中，很多公房的承租权一般带有强烈的人身性。公房是作为一种福利提供给特定的人群，比如本单位职工、特殊困难人群等。当拥有公房承租权的被继承人死亡时，其继承人如果不具备承租该公房的条件，则继承人不能继续承租公房；即便继承人也具备承租公房的条件，其也应按照承租公房的规则申请承租，而不是直接继承被继承人生前承租的公房。为此，实践中多认为公房承租权不能作为遗产来继承。但实践中，也有允许继承人继续承租公房的做法。这种做法能否视为对公房不是遗产这个观点的突破，值得探讨，但至少可以理解为这些公房的相应规定赋予了继承人继续承租的权利。实践中从社会安定和谐的角度考虑，一般允许变更承租人。《城市房屋租赁管理办法》第十一条第三款规定："住宅用房承租人在租赁期限内死亡的，其共同居住两年以上的家庭成员可以继续承租。"实践中还有一种做法，将公房承租权与房改房政策结合起来，被继承人生前承租公房的，其死亡后，其家属有权按照房改政策购买该公房，使公房变为私房。变为私房后则再无继承之障碍。

公房遇政府征收拆迁时，公房的承租人是否有权获得征收补偿，补偿标准如何，对此各地规定不一。试以浙江省的规定举例。根据《浙江省国有土地上房屋征收与补偿条例》的规定，房屋征收范围内有公房管理部门直管住宅公房或者单位自管住宅公房的，设区的市、县(市、区)人民政府应当组织公房管理部门和单位自管住宅公房的所有权人对承租人是否符合房改政策予以调查、认定。公房承租人符合房改政策的，享有按照房改政策购买被征收房屋的权利。承租人按照房改政策购房后，设区的市、县(市、区)人民政府应当对其按照被征收人予以补偿。单位自管住宅公房的承租人未按房改政策购房，也未与被征收人达成解除租赁关系协议的，设区的市、县(市、区)人民政府应当对被征收人实行房屋产权调换的补偿方式，用于产权调换房屋由原房屋承租人承租。公房管理部门直管住宅公房的承租人未按房改政策购房，也未与公房管理部门达成解除租赁关系协议的，由设区的市、县（市、区）人民政府向原房屋承租人另行提供承租房屋。除上述规定外，根据《宁波市国有土地上房屋征收与补偿办法》的规定，对以下情形的承租人也给予相应补偿：1983年12月7日《城市私有房屋管理条例》施行前已实际居住且有常住户口的私有住宅房屋承租人；1998年12月31日前，机关、事业单位和国有企业将非住宅房屋改作住宅房屋并作为福利性住房分配给职工承租的；1998年12月31日前，房产管理部门直管公有非住宅房屋的单位承租人，将其租赁的非住宅房屋改作住宅房屋并作为福利性住房分配给职工承租的；房产管理部门直管非住宅公房，按国家政策性租金租赁并签订《国家直管非住宅公房租赁合同》的承租人；房产管理部门代管房屋承租人。根据上述的规定，公房的承租人有权获得相应的征收补偿；被继承人去世后，该补偿的权利应当作为其遗产由继承人继承。

59. 祖遗房屋

【关键词】

祖遗房屋

倪某乙等与倪某甲法定继承纠纷二审案①

★法院观点★

祖遗房屋应由继承人共同继承;祖遗房屋在分割前由全部继承人共同共有,不适用诉讼时效制度。

【案情简介】

上诉人(原审被告):倪某甲。

被上诉人(原审原告):倪某乙、倪某丙、倪某丁、施某甲、施某乙、屠某甲、屠某乙、屠某丙、屠某丁。

一审法院经审理查明,倪父(早年去世)与黄母(2011 年 12 月间去世)生育有 6 个子女即倪某乙、倪某丙、倪某丁、倪某戊(1981 年间去世,

① 案号:(2015)浙温民终字第 2508 号,温州市中级人民法院。

其生育有二子即施某甲、施某乙)、倪某甲、倪某己(2012年8月21日去世,其与配偶屠某甲生育有三女即屠某乙、屠某丙、屠某丁)。

诉争房产位于乐清市北白象镇万南村,建造于民国时期,源于倪父、黄母的祖产。1994年10月20日,倪某甲取得诉争房产的土地使用权证。2003年期间,因原证件遗失,倪某甲就该土地使用权向乐清市国土资源局申请变更登记。2004年1月10日,乐清市国土资源局向倪某甲重新颁发集体土地使用证,确认使用权面积为113.3平方米。2013年6月3日,乐清市国土资源局出具关于撤销倪某甲土地登记行为的函,载明:“倪某乙、倪某丙等起诉市人民政府关于第三人倪某甲土地登记一案,在该案诉讼期间,我局查实第三人倪某甲申请土地上房屋原属于倪某乙、倪某甲、倪某丙等父母倪父、黄母所有,倪父、黄母分别于××××年××月和2011年12月逝世,该宗地使用权应由倪父和黄母第一顺序继承人共同继承。在第一顺位继承人未达成协议前,该宗地使用权不应由倪某甲独自继承所得。1994年10月以倪某甲名义办理该宗土地登记应予撤销。已于2013年5月28日依法撤销该宗地的土地登记行为,并在乐清日报上声明作废原颁发给第三人倪某甲土地使用权证。”倪父和黄母在去世前未作出书面遗嘱或者遗赠材料,本案各方当事人均未曾作出放弃继承的表示。

【各方观点】

上诉人(原审被告)倪某甲观点:(1)诉争房产系倪某甲于1980年通过分家析产形式取得。诉争房产轩间两间经折价平分,倪某甲支付倪某乙一间轩间房屋折价款1700元,由倪某甲分得诉争房产、倪某乙分得136平方米宅基地。倪某乙在对该136平方米宅基地《违章建房用地事件处理审批表》拥有房屋情况栏中明确填写“原有一间设间已买给兄”。倪某甲已取得诉争房产的初始登记,在近30年内,电表水表安装、水电费支出均由倪某甲承担。根据1991年《万家村个人违法建房用地调查表》,倪某甲缴纳了罚款后才按实际使用面积进行确权登记,确定了倪某甲对诉争房产的合法权利。且在2000年之前,倪某甲还对诉争房产进行了改造翻新,内部结构和外部框架发生变化。在倪某甲居住使用的多年以来,其他各方均没有提出任何异议。(2)倪某乙夫妇对于诉争房产土地确权登记的事实早在1996年已知晓,各方均未对倪某甲占有使用诉争房产提出异议。倪某乙等人本次起诉早已超过诉讼时效。(3)即便诉争房产属于遗产应当依法继承,原判结果也有失公允。四个姐妹在1980年分家之前均已出嫁,倪某丙长期居住在温州市区,倪某丁长期定居荷兰,倪某戊于1981年过世,其两个儿子施某甲、施某乙长期定居法国,长期未来看望照顾黄母,更未尽到生活扶助和经济赡养的义务。黄母一直由倪某甲与倪某乙两兄弟轮流照料,费用也一直由二人承担。根据继承法的规定,尽了主要抚养义务或者与被继承人共同生活的继承人,可多分;有抚养能力和有抚养条件的继承人不尽抚养义务,应当不分或者少分。

被上诉人(原审原告)倪某乙、倪某丙、倪某丁、施某甲、施某乙观点:(1)2013年5月,乐清市国土资源局已经登报公告通知倪某甲撤销土地登记行为,诉争宗地使用权由倪父和黄母第一顺序继承人共同继承。在第一顺位继承人未达成协议前,该宗地使用权不应由倪某甲独自继承所得。且已告知倪某甲若不服该行政机关的认定可以提起行政复议或诉讼,但倪某甲并未提起,应视为对国土局撤销土地登记行为的认可。(2)倪某甲提供的证据无法证明进行过分家析产,其主张的水电费支付情况也不属实,诉争房屋一直由黄母居住直至过世,黄母居住期间所有费用均由所有子女分担。136平方米宅基地系以倪某乙户名义申请的,村里批下来后倪某乙另从同村人倪某手里购买部分,然后建造房屋,该地与涉案诉争的房产不具有关联性。(3)根据物权法的相关规定,本案不适用诉讼时效制度,原判适用法律正确。(4)倪某丙、倪某丁、施某甲、施某乙等人虽然并未与倪父、黄母共同生活,但偶尔有回来探望并经常提供经济帮助,也均尽到赡养义务,因此,本案不存在遗产可多分或少分的情形。根据继承法的规定,继承份额应当均等分配。

【法院裁判理由】

一审法院观点:(1)关于诉争房产是否属于遗产问题。虽然倪某甲在1994年10月20日以其个人名义就诉争房产进行了初始登记,并取得诉争房产土地使用权证,但其未能就分家析产的主张提供证据,涉案宗地的土地登记行为已由乐清市国土资源局于2013年6月3日撤销,不能因为倪某乙获得宅基地,就推定本案双方已经分家析产,从而推定倪某甲取得诉争房产。故诉争房产应属于遗产由各法定继承人依法继承。(2)关于本案是否已经超过诉讼时效的问题。倪某乙等继承人并未作出放弃继承的表示,应视为接受继承。依据《物权法》第二十九条规定:“因继承取得物权的,自继承开始发生效力。”因此,倪某乙等自继承开始时就已经取得涉案房产的部分物权,与倪某甲等就涉案房产形成共有关系,本案纠纷属共有权纠纷,不适用诉讼时效制度。(3)关于遗产范围及各继承人继承份额的问题。倪某甲就要求多份遗产的主张仅提供了村委会证明,村委会不能了解本案倪某丙等人有无对其长辈提供经济帮助,故对倪某甲的主张不予支持。诉争房屋系倪父和黄母婚姻关系存续期间所得的夫妻共同财产,倪父死亡后,其继承份额的一半应归黄母所有,剩余一半再由其第一顺序继承人黄母、倪某乙、倪某丙、倪某丁、倪某甲、倪某己、倪某戊均等分割。黄母死亡后,其遗产由倪某乙、倪某丙、倪某丁、倪某戊、倪某甲和倪某己均等分割。因倪某戊先于倪父死亡,故其份额应由其子施某甲和施某乙代位继承。因倪某己在倪父和黄母死亡后、遗产分割前死亡,其继承份额应依法由其配偶屠某甲和女儿屠某乙、屠某丙、屠某丁转继承。即就诉争房产,倪某乙、倪某丙、倪某丁、倪某甲各享有1/6,施某甲、施某乙各享有1/12,屠某甲享有5/48,屠某乙、屠某丙和屠某丁各享有1/48。

二审法院观点：关于倪某甲是否已通过分家析产取得诉争房屋所有权的问题。《违章建房用地事件处理审批表》中，倪某乙拥有住房情况一栏填写“原有一间设间已买给兄”，此处关于买与卖表述并不清楚。即使系该表格填写有误，亦不能证明诉争房屋已分给倪某甲。倪某甲以其安装水电费、缴纳水电费为由主张涉案房屋系其所有。倪某甲于1994年取得诉争房产的土地使用权初始登记，但乐清市国土资源局已于2013年5月28日撤销该土地登记行为。综上，倪某甲提供的证据均无法证明已经分家析产的事实。

关于诉讼时效的问题。本案各方当事人均未作出放弃继承的表示，故自继承开始时各继承人已经取得诉争房屋的部分物权，各方之间形成共有关系，因此，本案实质上是各共有人就诉争房产权属分配产生的纠纷，原判认定本案不适用诉讼时效制度，并无不当。

关于本案是否存在遗产多分或少分的情形。本案中，各方一致认可黄母在世时日常生活起居确实主要由倪某甲与倪某乙照顾，但对父母的扶养义务除生活方面外也包括经济方面的扶助。故倪某甲主张其应当多分，倪某丙、倪某丁等人应当少分，缺乏事实和法律依据，本院不予采信。

【裁判依据】

《继承法》第二条、第三条第（二）项、第五条、第十条、第十一条、第十三条、第二十五条、第二十六条；《物权法》第二十九条、第九十九条；《继承法意见》第五十二条。

【律师评析】

祖遗房屋是指祖上所有的，经过一代代传承下来的房屋。祖遗房屋是作为遗产进行遗产继承分割，还是作为共有财产来分割析产，是有区别的，在具体的个案中应作具体分析。

笔者认为，祖遗房屋的所有人比较简单时，可以作为遗产对待，作遗产继承分割。如本案例中，祖遗房屋的最后所有人为倪父和黄母，二人的法定继承人为子女 6 人。房屋由 6 位子女法定继承。如祖遗房屋的所有人较多，所有关系较为复杂时，无法简单作为某个死者的遗产来处理。并且，经过较长年代的传承，各个时期的传承人所占的份额也难以查明。这时，将祖遗房屋作为有关的全部后裔的共有财产来作分割析产较为妥当。

祖遗房屋作为遗产，与一般的房屋并无二致。继承的标的物是房屋，标的是房屋所有权。房屋的分割应遵循有利于发挥房屋效用的原则。部分继承人取得房屋的，应当对其他继承人作出补偿。

如果按照遗产继承处理，根据我国《继承法》第八条之规定，一般诉讼时效是 2 年，自继承人知道或者应当知道其权利被侵犯之日起计算；最长诉讼时效是 20 年，自继承开始之日起计算。为此，遗产继承适用诉讼时效制度。诉讼时效仅适用于请求权。物的共有是物权所有权的一种形式。物权所有权是绝对权、对世权，具有绝对排他的效力。物上请求权不适用诉讼时效制度。只要对物权所有权的侵害一直持续，所有权人就始终有权要求停止侵害等。因此，祖遗房屋在选择遗产继承纠纷案由或共有财产分割析产案由时，在是否适用诉讼时效制度问题上是有区别的。本案中，祖遗房屋的权属较为清晰，所有关系较为简单，仅为倪父和黄母共同所有，可以作为遗产继承处理。既然案由为遗产继承纠纷，应当按照继承法关于诉讼时效的规定，适用 2 年的一般诉讼时效和 20 年的最长诉讼时效。笔者认为，本案中法院认为应按照共有财产的规定，不适用诉讼时效的规定，这样的观点违背了继承法设立诉讼时效制度旨在要求继承人及早保护权利的初衷。遗产在被继承人死亡时即为全部继承人共同共有，按照本案中法院的观点，因共有物不适用诉讼时效制度而排除诉讼时效制度，那么所有的遗产继承就都无法适用诉讼时效了。笔者认为，关键还是看案件是属于遗产继承纠纷案件，还是共有财产分割析产纠纷。如果是前者,则应该适用诉讼时效制度;如果是后者,则不适用诉讼时效制度。在实践中,应注意案件的性质和案由的选择。

本案例也反映了一个关于祖遗房屋经常发生的问题,即祖遗房屋被某些继承人或他人通过行政确认方式侵占了,这时其他人该如何维护合法权益?本案例中,行政机关先撤销了倪某甲的土地登记行为,随后在继承纠纷诉讼中,遗产分割就顺理成章了。实践中可以借鉴该做法。如果行政机关未主动撤销,权利人既可以向行政机关提出纠正意见,也可以提起行政复议或行政诉讼,先撤销错误的登记行为,而后提起遗产继承纠纷。

60. 经济适用住房

【关键词】

经济适用住房

周甲诉周乙继承纠纷一审案[①]

★法院观点★

经济适用住房属于遗产，可以依法继承。

【案情简介】

原告：周甲。

被告：周乙。

法院经审理查明：被继承人周某、蒋某生前共育原告周甲、被告周乙二个子女。2008年12月16日，周某去世；2012年10月1日，蒋某去世。二人去世前均未立遗嘱。二人去世后留有遗产：周某名下位于宁波市海曙区西北街房屋一套、蒋某名下位于宁波市鄞州区高桥镇蒲家村经

① 案号：(2015)甬海民初字第77号，宁波市海曙区人民法院。

济适用房一套。其中蒋某购买位于宁波市鄞州区高桥镇蒲家村经济适用房时，手续委托原告办理，原告垫付购房款 326，189.13 元，该房目前尚有购房款 150，969.19 元未付。因原、被告对上述两套房屋的价值意见不一，本院委托慈溪市某房地产评估有限责任公司进行估价。该公司出具的房地产估价报告估价结果为：位于宁波市鄞州区高桥镇蒲家村经济适用房市场价值为 542，100 元；位于宁波市海曙区西北街房屋市场价值为 342，300 元。

【各方观点】

原告周甲观点：宁波市鄞州区高桥镇蒲家村经济适用房系原告和母亲商量，由原告出资，以母亲名义购买的经济适用房，相关出面买房的手续由原告全权代理。该房屋属原告所有。母亲蒋某在世时，母亲、原、被告在场商量一致，即由原告支付给被告 350，000 元后，原、被告父母的遗产（包括但不限于）上述两处房产归原告所有，被告配合办理相关产权过户事宜，并由原告承担母亲过世的各项安排和支出。原、被告当场均表示同意无异议。为此两套房屋应归原告所有；被告应履行两套房产过户、办理相关证照的义务。

被告周乙观点：经济适用房的产权人一直是蒋某。父母留下的存款，都给原告用作了放贷之用，经济适用房房款虽然通过原告支付，但实际的钱款仍是原告母亲的。父母在生前均没有对遗产作出过分配，应当系原、被告的共同所有。

【法院裁判理由】

被继承人周某、蒋某生前未立遗嘱，本案应按法定继承处理。原告周甲、被告周乙系被继承人的两个子女，有权继承遗产。被继承人蒋某名下位于宁波市鄞州区高桥镇蒲家村经济适用房市场价值为 542，100 元，但该房尚有购房款 150，969.19 元未付，且该房购房款中有 326，189.13

元系原告垫付，故本院确认该房由原告继承所有为宜，未付购房款150,969.19元由原告负责支付，原告应补偿被告遗产分割款32,470.84元[（542,100元-326,189.13元-150,969.19元）÷2]。被继承人周某名下位于宁波市海曙区西北街房屋由被告继承所有，被告应补偿原告遗产分割款171,150元（342,300元÷2）。原告主张两套房屋款项均为其支付，被告抗辩购房款为被继承人蒋某所有，原告提供了取款凭证予以证明，该取款凭证与购房款支付日期、金额基本一致，本院对原告取自自己账户的金额326,189.13元予以认定，被告对其抗辩意见未提供证据予以证明，难以采信。

【裁判依据】

《继承法》第五条、第十三条第一款、第三十三条第一款。

【律师评析】

经济适用住房，是指根据国家经济适用住房建设计划安排建设的住宅。由国家统一下达计划，用地一般实行行政划拨的方式，免收土地出让金，对各种经批准的收费实行减半征收，出售价格实行政府指导价，按保本微利的原则确定。经济适用房相对于商品房具有3个显著特征，即经济性、保障性、实用性。是具有社会保障性质的商品住宅。

规范经济适用住房的法规主要是2007年11月实施的部门规范性文件《经济适用住房管理办法》。此外，各省、直辖市、自治区等各有地方性规范，如《浙江省经济适用住房管理办法》《上海市经济适用住房管理试行办法》等。

经济适用住房的土地性质一般为国有划拨土地，价格一般按照保本微利原则，在成本基础上增加较低的利润（不超过3%），因此，经济适用住房的价格比市场上一般商品房的价格低不少。

经济适用住房并非想买就能买，需要申请人符合一定的条件，具体为:(1)具有当地城镇户口;(2)家庭收入符合市县人民政府划定的低收入家庭收入标准;(3)无房或现住房面积低于市县人民政府规定的住房困难标准。

经济适用住房购房人拥有有限产权。既不同于普通商品房的完全所有权,也不同于租赁公房中个人无所有权、只有使用权。购房人在5年内不得出售房屋。满5年后出售房屋的,应按照届时同地段普通商品住房与经济适用住房差价的一定比例向政府缴纳土地收益等相关价款。购房人也可以按照政府所定的标准向政府缴纳土地收益等相关价款后,取得完全产权。个人购买的经济适用住房在取得完全产权以前不得用于出租经营。

无论是在5年内因特殊情况需要转让经济适用住房,还是在满5年后上市交易,政府均有权回购或优先回购。

经济适用住房能否作为遗产来继承?首先,遗产是公民死亡时遗留的个人合法财产。经济适用住房是公民在生前通过法律程序申请取得的合法财产,因此具备遗产的法律特征。其次,经济适用房具有有限产权。既然具有产权,其产权就可以作为遗产来继承,只不过区别于普通商品住房,其受到一定的限制。比如经济适用住房出售价款中的一部分需以土地出让金等形式上缴。

经济适用住房的继承是否与经济适用住房的申请条件的规定相冲突?经济适用住房的申请条件是在申请环节对申请人的要求和限制,而在取得经济适用住房后的上市交易环节,法规并没有对受让人作出要求,因此继承人作为受让人取得经济适用住房时也无须满足什么条件。两者并不冲突。

经济适用住房的继承是否受5年的交易禁止期限的限制?5年的交易禁止期限的限制是针对上市交易,主要是买卖。上市交易行为是权利人的主动行为,法规予以限制,以免权利人借此牟利。但权利人死亡的法律事实并不取决于主观因素,因权利人死亡而导致的继承,应当允许及时得到处理。因此,经济适用住房的所有人死亡的,即使尚未满5年,该经济适用房也得发生继承。当然政府的回购权仍应当被保护。

在继承纠纷案件诉讼中,处理经济适用住房并不比普通商品房困难。首先,法院可以在继承人之间确定各自享有房屋产权的份额,如此处理并不涉及房屋的过户,从而可以化繁为简。其次,对于经济适用住房的价值,考虑其特殊性,可以委托房地产评估公司予以评估,法院根据评估的市场价格来分割遗产。

61. 文物、图书资料

【关键词】

古董　文物　图书资料　代书遗嘱　法定继承　遗嘱继承　放弃继承权

案例一

李甲诉李乙等继承纠纷一审案[①]

★法院观点★

文物属于遗产范围，可以依法继承。

【案情简介】

原告：李甲。

被告：李乙、李丙、李丁。

法院经审理查明：应某与李某系夫妻关系，二人共生育有5个子女，即李丙、李戊、李甲、李乙、李丁。应某与李某婚后曾在北京市昌平区十三陵镇某村修建北房3间、西房3间，登记土地使用者为李某，应某与李

① 案号：(2015)昌民初字第10842号，北京市昌平区人民法院。

某生前自己生活在该宅院内。2000 年 8 月 25 日,李戊去世注销户口,其生前无子女。2010 年 12 月 7 日应某去世注销户口。2014 年 1 月 4 日李某去世。

李某去世前,于 2013 年 12 月 31 日立有《遗嘱》一份,写明上述房屋由儿子李甲一人继承。

本案审理过程中,根据李甲申请,法院委托房地产土地资产评估机构对标的房屋价值进行评估,确定估价对象于价值时点 2016 年 1 月 21 日的区位补偿价和房屋重置成新价为 399,327 元,其中宅基地区位补偿价为 364,920 元,房屋、装修、设备及附属物重置成新价为 34,407 元。李甲为此支付评估费 1597 元。

李甲另要求继承分割李某的 20 万元存款。李乙称存款已经没有了。

李某去世时另遗有古董花瓶 1 套,在李乙处保管,李乙称花瓶共计 4 个,李甲、李丙、李丁称花瓶共计 6 个,其三人各要求分得 1 个。

【各方观点】

原告李甲观点:李某生前立有遗嘱一份,载明上述房产由李甲一人继承。房屋应归原告一人所有;共同继承分割李某存款 20 万元;共同继承分割古董花瓶 1 套。

被告李乙观点:存款没有,花瓶是有的,但是是我父亲留给本人的。

被告李丙观点:在父亲有病的时候说将古董花瓶留给我们。存款是在李乙处保管。花瓶和存款是遗产,同意继承分割,有本人的份额本人都要。房屋是父亲留给李甲的,有我的份额也都给李乙。

被告李丁观点:房屋如果有本人的份额就都同意给李甲;有存款和花瓶,如果有本人的份额本人就要。

【法院裁判理由】

法院经审理认为:继承从被继承人死亡时开始。在对家庭共有财产之中的遗产进行分割时,应当先分出他人的财产。遗产是公民死亡时遗留的个人合法财产。

李甲要求分割李某的20万元存款,但其未提交该笔存款在李某去世之时仍然存在的证据,故本院无法将存款作为遗产进行分割处理。

房屋系应某与李某婚后所建,应属其二人的夫妻共同财产。对于该房屋中属于应某的份额部分,应在应某去世时作为遗产进行法定继承,由李某、李丙、李甲、李乙、李丁继承。李某已立有《遗嘱》,因此对于该房屋中属于李某份额的部分,在李某去世后,应按照遗嘱由李甲继承。李丙、李丁自愿将其应继承该房屋的份额部分赠与李甲。该房屋归李甲所有,由李甲支付李乙折价补偿款为宜。补偿款数额经计算,应由李甲支付李乙39,932.7元。

对于李某去世时遗有的古董花瓶1套,应进行法定继承分割。李甲、李丙、李丁称其仅要求分得1个,未超出法定继承其应分得的部分,本院予以支持。因花瓶在李乙处保管,由李乙给付李甲、李丙、李丁古董花瓶各1个。

【裁判依据】

《继承法》第二条、第三条、第五条、第十条、第十三条、第十七条。

案例二

李甲等诉李丙等继承纠纷二审案[①]

★法院观点★

书籍、字画、工艺品、印章属于遗产范围,可以依法继承。

① 案号:(2016)京02民终3696号,北京市第二中级人民法院。

【案情简介】

上诉人(原审原告):李甲、李乙。

上诉人(原审被告):李丙、陈甲。

被上诉人(原审第三人):陈乙。

一审法院经审理查明:李某与丁某于1952年结婚,婚后育有子女三人,即李甲、李乙、李丙。丁某于1987年10月10日去世。1989年5月19日,李某与陈甲登记结婚,当时陈甲之女陈乙已满18周岁。2007年11月7日李某写有遗嘱,意思在其身后将朝内北小街某房产中其一方份额由陈乙继承,与其前妻子女无涉;其身后所遗诸钱物、书籍、字画、收藏及著作版权等,为其与妻陈甲共同生活时所购置及完成,概由其妻陈甲一人继承,与其前妻所生子女无涉。

诉讼中法院曾到通州区西富河园房屋内进行现场勘验,该房屋内有书籍、字画、工艺品灯具、印章若干。另查明,李某享有《中国古代纺织史稿》《中国灯烛》《中国科技史》总编中纺织部分享有著作权。

【各方观点】

李甲、李乙、李丙观点:李某的遗产应按照法定继承顺序继承;房屋、书籍、字画、古董、灯具、印章等财产应依法分割;应分割《中国纺织史稿》《中国灯史》《中国科技史》的版权。

陈甲观点:李某的遗嘱是其真实意思表示,且遗嘱形式符合我国法律规定,该遗嘱已经发生法律效力,因此房屋应归本人和陈乙所有;李某所有的书籍、字画、古董、灯具等由本人所有;李某享有《中国古代纺织史稿》《中国灯烛》《中国科技史》总编中部分著作权的财产权益由本人享有。

【法院裁判理由】

一审法院观点:李某生前立有遗嘱,该遗嘱从形式和实质内容上均符合法律相关规定,故法院予以确认。李某立遗嘱将房产中其所有的份额表示由陈乙继承,应系遗赠行为。陈乙在法定期限内表示接受遗赠,故该遗赠法律关系有效,法院予以确认。经法院调解,陈甲、陈乙同意放弃李某著作权中的财产权益,法院不持异议,该著作权的财产权益由李甲、李乙、李丙继承。李某的字画、工艺品灯具、印章依照其遗嘱应由陈甲、陈乙平均共有。李某的书籍,依据书籍的形成时间,按照李甲依照法院勘验照片制作的《勘验实际照片目录》中 A、B、C、D 共计 639 册由李甲、李乙、李丙继承。

二审法院观点:李某自行书写了遗嘱一份,且该遗嘱又经案外人确认其在制作遗嘱时完全系在自愿且精神状态饱满情况下制作,故该遗嘱符合法律规定,因此依照该遗嘱的内容,陈甲对李某所遗留个人财产享有合法继承权。另李甲、李乙、李丙与陈甲、陈乙均认可本案诉争书籍、字画均属于一般性财产,但该财产具有纪念意义。现陈甲鉴于上述书籍、字画的纪念意义,表示可以放弃《中国古代纺织史稿》《中国灯烛》李某著作权中的财产权益,同时表示可以放弃部分书籍(以 2013 年东城法院勘验书籍照片目录为准,具体为该目录 A、B、C 部分)。此外也可以放弃李某所遗字画(陆定一赠字及任光椿赠画)。二审法院将财产处理重新调整,602 号房屋一套由陈甲及陈乙按份共有,各占 1/2 产权份额;存款、李某所遗工艺品灯具、印章归陈甲所有;在《2013 年 7 月 26 日东城法院勘验书籍照片目录》中所涉 A、B、C 部分由李甲、李乙、李丙共同所有,各占 1/3 产权份额,其余部分均归陈甲所有;李某享有《中国古代纺织史稿》《中国灯烛》著作权中的财产权益由李甲、李乙、李丙共有,各占 1/3 产权份额。

【裁判依据】

《继承法》第二条、第三条、第十六条。

【律师评析】

《继承法》第三条规定："遗产是公民死亡时遗留的个人合法财产……"该条第(四)项规定遗产包括"公民的文物、图书资料"。可见个人合法所有的文物、图书资料属于遗产的范围,可以依法继承。

文物是人类在社会活动中遗留下来的具有历史、艺术、科学价值的遗物和遗迹。它的基本特征有:第一,必须是由人类创造出来的,或者是与人类活动有关的;第二,必须是已经成为历史的过去,不可能再重新创造的。根据存在形态分类法可以把文物划分为不可移动文物和可移动文物,不可移动文物基本上都是文物史迹,如古建筑、石窟寺、石刻、古遗址、古墓葬、近代现代重要建筑、纪念地等。可移动文物主要是指馆藏文物和流散文物,可移动文物主要有:石器、陶器、铜器、铁器、金银器、玉器、瓷器、漆器、工艺品、书画、古文献,等等。一切文物都具有历史价值。不同类别的文物,从不同的侧面分别反映了当时社会的生产力、生产关系、经济基础、上层建筑以及社会生活和自然环境的状况。各种类别文物的产生、发展和变化的过程,反映了社会的变革、科学技术的进步、人们物质生活和精神生活的发展变化。总体来说,文物是帮助人们认识和恢复历史本来面貌的重要依据,特别是对没有文字记载的人类远古历史,它成了人们了解、认识这一历史阶段人类活动和社会发展的主要依据。文物因具有诸多历史价值从而也具有了高低不等的市场价值、经济价值。有些文物市场价格不高,但有些文物却价值连城。

并非所有的文物都可以成为遗产。《文物保护法》第五条规定:"中华人民共和国境内地下、内水和领海中遗存的一切文物,属于国家所有。古文化遗址、古墓葬、石窟寺属于国家所有。国家指定保护的纪念建筑物、古建筑、石刻、壁画、近代现代代表性建筑等不可移动文物,除国家另有规定的以外,属于国家所有。国有不可移动文物的所有权不因其所依附的土地所有权或者使用权的改变而改变。下列可移动文物,属于国家所有:(一)中国境内出土的文物,国家另有规定的除外;(二)国有文物收藏单位以及其他国家机关、部队和国有企业、事业组织等收藏、保管的文物;(三)国家征集、购买的文物;(四)公民、法人和其他组织捐赠给国家的文物;(五)法律规定属于国家所有的其他文物。属于国家所有的可移动文物的所有权不因其保管、收藏单位的终止或者变更而改变……”可见上述文物,集体和个人不能所有,自然不能成为遗产的客体。《文物保护法》第六条规定:“属于集体所有和私人所有的纪念建筑物、古建筑和祖传文物以及依法取得的其他文物,其所有权受法律保护。文物的所有者必须遵守国家有关文物保护的法律、法规的规定。”第五十条规定:“文物收藏单位以外的公民、法人和其他组织可以收藏通过下列方式取得的文物:(一)依法继承或者接受赠与;(二)从文物商店购买;(三)从经营文物拍卖的拍卖企业购买;(四)公民个人合法所有的文物相互交换或者依法转让;(五)国家规定的其他合法方式。文物收藏单位以外的公民、法人和其他组织收藏的前款文物可以依法流通。”可见,依法取得的文物可以成为遗产的客体。

文物进出境的限制。《文物保护法》第六十条规定:“国有文物、非国有文物中的珍贵文物和国家规定禁止出境的其他文物,不得出境;但是依照本法规定出境展览或者因特殊需要经国务院批准出境的除外。”第六十一条规定:“文物出境,应当经国务院文物行政部门指定的文物进出境审核机构审核。经审核允许出境的文物,由国务院文物行政部门发给文物出境许可证,从国务院文物行政部门指定的口岸出境。任何单位或者个人运送、邮寄、携带文物出境,应当向海关申报;海关凭文物出境许可证放行。”可见文物进出境需要遵守相关的法律规定,办理相关手续,被禁止或受到一定限制。跨境继承案件中需要考虑文物进出境的法律风险。

图书资料系一般的财产,个人合法所有的图书资料是遗产的客体。部分图书资料因年代久远或具有特别的价值而成为文物,应当适用文物的相关法律规定。

在涉文物和图书资料的继承案件中，分割遗产时，分割实物不致影响遗产价值的，可以进行实物分割。案例一中，有多个古董花瓶，多个继承人自愿继承其中一个古董花瓶，使实物分割具备可能性，法院因此做了实物分割。案例二中，图书资料众多，且纪念价值高于经济价值，法院予以实物分割。如实物分割困难，或会影响遗产价值的，可以考虑拍卖、变卖后折现，对所得款项进行分割；或进行价值评估，由取得实物方对其他方进行补偿。

在涉文物和图书资料的继承案件中，举证困难是个实际问题。一旦占有方藏匿该类遗产而拒不承认，另一方可能面临举证困难。实践中，可以采取财产保全、现场勘验等方法，保全财产，固定证据。案例二中，因图书资料众多，一审法院对图书资料进行现场勘验并制作了目录等，为以后实物分割做好了前期工作。

向国家捐赠文物，往往是许多文物收藏者的心愿和处分方式。其一般在生前留有遗嘱，表达去世后向国家捐赠自己生前收藏的文物的意思。被继承人有这样的遗愿的，继承人应当尊重，并妥善办理好捐赠事宜。

最高人民法院公报案例

汪某等6人诉某博物馆返还祖宅的埋藏文物纠纷案①

【案情简介】

原告汪某等6人的祖辈居住位于淮安市某房屋。2007年4月，该地块被列入拆迁范围。拆迁前，原告方向拆迁项目部现场办公室及当地居委会反映，其宅基下有祖父埋藏的古钱币若干。后原告祖宅被相关单位拆除。该拆迁工地人员挖掘出涉案埋藏的钱币，经博物馆挖掘清理，现

① 《中华人民共和国最高人民法院公报》2013年第5期（总第199期）。

被博物馆收藏。经江苏省文物局委托淮安市文物局进行鉴定，上述钱币属一般可移动文物，具有一定的历史和文化价值。涉案钱币为机制铜元，为清代晚期至民国期间钱币。原告要求索还该钱币，被告博物馆认为上述钱币属于文物，文物依法属于国家所有。

【裁判要点】

关于涉案钱币是否为原告祖辈所遗留。根据现有证据可以认为该批古钱币为原告方祖辈所遗留。其理由为：第一，从位置上判断，该批古钱币系从原告方宅基附近挖出，而原告祖辈即居住在该处，排除了其他人居住在此予以埋藏的可能。第二，在房屋拆迁之前，原告曾多次向居委会及有关部门反映其宅基内有古钱币。如果之前原告的祖辈没有向其告知地下埋有古钱币，原告不可能会知道宅基内埋有古钱币。第三，该批出土的古钱币，现只有原告方出面主张权利，附近居民或其他人没有出面主张权利。综上，原告方所举证据处于优势且可以形成证据锁链，故法院认定该古钱币系原告祖上所埋。

涉案古钱币是否应当予以返还。虽然文物属于限制流通物，但我国法律并不禁止公民个人合法拥有。《最高人民法院关于贯彻执行〈中华人民共和国民法通则〉若干问题的意见（试行）》第九十三条规定，公民、法人对于挖掘、发现的埋藏物、隐藏物如果能够证明属其所有，而且根据现行的法律，政策又可以归其所有的，应当予以保护。《文物保护法》第六条规定，属于集体所有和私人所有的纪念建筑物、古建筑和祖传文物，其所有权受法律保护。可见法律允许私人拥有文物。本案中所涉及的占钱币属原告祖父所埋，属有主文物，原告方依法可以继承并合法占用，故应判决被告博物馆予以返还涉案古钱币。

【律师评析】

祖遗物的归属问题，是一个继承问题，争议的所有权主体是因继承祖辈的遗产才能取得祖遗物的所有权,其物权取得原因为继承方式的继受取得。但在祖遗物的纠纷案件中,因代数过多,继承关系无法查明,不能按照继承法的规定来确定继承人和各自继承的份额,只能笼统地确认祖遗物为同祖或同宗亲属的共有财产。这样祖遗物的归属问题,在实践中只能以共有物析产的方式来解决。以共有物析产来解决,则不同于继承,没有证据证明共有份额的情况下,全部共有权人对共有物不论辈分、份额相等。

从法律渊源的角度看,首先文物是物,应当符合物权法的规定。动产文物和不动产文物分别适用动产物权和不动产物权法律的规定。其次,文物是特殊的物,应符合《文物保护法》、《文物保护法实施条例》、国家文物局和海关关于文物的行政规范、部门规章等的规定,文物的管理和进出口都受到特殊规定的调整。文物所有权的权能受到一定的限制。

62. 艺术作品

【关键词】

字画　法定继承　转继承　放弃继承权　捐赠

刘丁与刘C等法定继承纠纷二审案①

★法院观点★

字画可以作为遗产继承;字画系比较特殊的财产,具有一定的个人属性,宜认定为作者的个人财产;字画拍卖成交价格不能查明的,参照拍卖图录的下标价认定拍卖价款。

【案情简介】

上诉人(原审被告):刘丁。

被上诉人(原审原告):刘C、刘甲、张甲、刘D、刘E、刘丙。

一审法院经审理查明:被继承人刘乙生前系画家,于1994年8月10日死亡,刘C、刘甲、刘E、刘丙及刘丁均系被继承人刘乙之子女,刘丁委

① 案号:(2013)沪二中民一(民)终字第420号,上海市第二中级人民法院。

托代理人白某系刘丁之夫。张甲、刘D系刘乙之子刘A的妻子和女儿,刘A于2011年3月11日去世。夏某于2012年4月28日死亡。

1944年(民国33年),刘乙与夏某结婚并居住在上海市复兴中路的房屋中。1994年11月,夏某和上海市文化局签定了有关将913件(幅)字画、文物、奖牌等作为刘乙的遗赠交给上海市文化局的协议书。2003年3月,刘丁夫妇开始整理该房屋内刘乙和夏某留下的字画作品等物品。2004年11月及2005年4月,白某分别委托上海工美拍卖有限公司及上海大众拍卖有限公司拍卖并成交了共计30项字画(其中,属刘乙创作及他人赠送给刘乙的作品为12项)。2005年11月,白某又委托以上两家拍卖公司在秋季艺术品拍卖会中拍卖字画40余幅(其中,属刘乙创作及他人赠送给刘乙的作品为33项)。2008年8月,刘C等以法定继承为由向法院提起诉讼。2010年1月,白某又委托北京匡时国际拍卖有限公司在2010年春季艺术品拍卖会中拍卖刘乙的10幅书画作品,并最终拍卖成交7幅作品,成交总价为7,084,000元。另有3幅字画未能成交,编号及名称为0483号墨牡丹、0484号松树八哥、0485号玉兰孔雀。现拍卖成交所得钱款及未拍卖成交的3幅作品均在白某处。另查明,现在上海市复兴中路的房屋中有刘乙创作的一幅油画名为《但丁之舟》及康有为书写并赠送给刘乙的一幅字《存天阁》。原审审理中,白某确认现在其处另有夏某创作的书画39项。

【各方观点】

刘C、刘甲、刘E、刘丙、张甲、刘D(以下简称刘C等)观点:在上海市复兴中路刘乙故居(以下简称为故居)内保存着刘乙以及夏某的大量书画作品、文物、文献资料以及其他物品。刘乙去世后,夏某捐献了部分书画和藏品给国家,留下的部分未进行分割处理,应属于所有刘乙继承人共同共有。刘丁与刘C等都属于刘乙遗产的合法继承人,有权继承。刘丁未经刘C等同意擅自处分刘乙遗产,此举系侵犯了刘C等的共有权,其出售字画所得也应当归入遗产范畴。遗产范围如下:(1)经上海市第二中级人民法院查封的由上海大众拍卖有限公司保管的47幅字画及上海工美拍卖有限公司保管的1幅字画,其中剔除署名为夏某的作品及他人赠送给夏某的作品,其余均为刘乙遗产;(2)由刘丁丈夫白某委托北京匡时国际拍卖有限公司拍卖的刘乙创作的10幅字画,其中7幅已拍卖成交,成交款共计人民币7,084,000元,所得拍卖款项系刘乙遗产,3幅因流拍已归还给白某的字画(编号为0483号、0484号、0485号)也是刘乙遗产;(3)刘丁已确认目前在刘乙故居中存有康有为所写的一幅字《存天阁》、刘乙创作的一幅油画《但丁之舟》,该两幅作品系刘乙遗产;(4)刘丁丈夫白某委托或交由他人委托上海大众拍卖有限公司2005年拍卖成交的27幅字画及上海工美拍卖有限公司2004年拍卖成交的3幅字画,其中剔除署名为夏某的作品及他人赠送给夏某的作品外,其余均为刘乙遗产,所得拍卖款项系刘乙遗产。

刘丁观点:1994年,夏某将913件物品全部作为刘乙的遗赠,交给了上海市文化局,包含了刘乙的全部遗产及夏某的大部分财产,除此之外,并无刘乙的其他遗产。另外有60件捐赠给南京艺术学院、常州刘乙美术馆的作品,也都是夏某的财产,并非刘乙的遗产。由上海大众拍卖有限公司、上海工美拍卖有限公司及北京匡时国际拍卖有限公司拍卖的所有成交及未成交的作品均为夏某赠送给白某及其女儿的财产,具体如何赠送两人现已无法分清、明确,该些拍卖作品均系由白某本人或白某委托他人交至拍卖公司委托拍卖,拍卖成交所得在白某处,未能成交作品亦在白某处,但与刘丁无关。现刘C等所主张的字画应按照动产占有原则来处理,在谁手里就应该认定是谁的财产。有关刘C等主张的故居内的16箱物品,并非刘乙遗产,且现在常州刘乙美术馆。上诉后提出:遗留的少量书画系夏某所有,原审将夏某遗产作为刘乙遗产分割是错判;系争书画也应该遵照刘乙遗嘱,捐赠政府,而非进行继承分割;原审采取"提款确权法"和推定拍卖所得,缺乏依据,适用法律错误;原审判决实质上剥夺了上诉人对刘乙、夏某遗产的继承权。

【法院裁判理由】

一审法院观点:(1)有关继承人范围。本案中,被继承人刘乙生前未曾立有遗嘱或有遗赠的明确意思表示,故本案应当按照法定继承处理,由被继承人刘乙的第一顺序继承人继承其遗产。刘A妻子张甲、女儿刘D作为刘A的合法继承人,应作为刘乙的第一顺序继承人参与遗产分配。故此,刘C等及刘丁共计7人为本案刘乙遗产的合法继承人。(2)有关本案争议焦点:刘C等主张作为刘乙遗产进行分割处理的字画是否属于刘乙遗产范围。①刘C等提供的信函及协议书等内容均可证明,除捐赠作品外,仍有少量刘乙的作品及藏品因给家属留作纪念及研究所需而未作明确处理。②对于刘C等主张的第一、第二及第四项标的物,通过该些作品上的落款及题字等判断,该些作品可明确为刘乙创作及他人赠送给刘乙本人的,考虑到书法字画系比较特殊的财产,具有一定的个人属性,该些作品宜作为刘乙的个人财产加以处理。刘丁抗辩动产以占有为原则,认为动产在谁处就应当认定为谁的财产。这个观点并不适用于处理家庭遗产纠纷,因为部分亲属家人由于共同生活、居住等便利,可能会暂时占有保管尚未分割的遗产。《继承法》也明确规定,存有遗产的人,应当妥善保管遗产,不得侵吞或者争抢。刘丁及其丈夫白某自2003年起即实际掌握刘乙故居复兴中路的房屋钥匙并着手整理房屋内刘乙及夏某留下的物品,具有占有刘乙及夏某留下的字画等物品的便利条件。白某称该些字画系夏某赠送给白某及其女儿的,但却未能对赠与一节事实提供证据加以证明。刘C等主张的第一项、第二项及第四项标的物,应作为刘乙的遗产加以处理。而刘丁又明确表示如刘C等主张的系争标的物被法院确定属于刘乙遗产,则放弃其本人对刘乙遗产的继承,故刘C等主张的第一、第二及第四项标的物,应认定为刘乙的遗产、判归刘C等共同共有。③同理,双方确认的现在本市复兴中路房屋中由康有为书写并赠送给刘乙的一幅字《存天阁》及刘乙创作的一幅油画《但丁之舟》,亦应作为刘乙的遗产判归刘 C 等共同共有。④有关白某 2005 年在上海大众拍卖有限公司及 2004 年在上海工美拍卖有限公司拍卖的字画所得,现无法查实实际成交价格,刘 C 等在原二中院诉讼中曾以拍卖图录中的下标价主张价款,故法院参考上海大众拍卖有限公司及上海工美拍卖有限公司建议,以图录下标价作为拍卖价款进行处理。⑤刘 C 等主张的第一项标的物中,刘乙的《葡萄图》、郑乃恍的《水仙茶花图》、《金盆红蟹图》、秦忠明的《佛像》,并不属法院裁定诉讼保全的书画范围,故法院仅对裁定范围内的可确定的标的物进行处理。

二审法院观点:本案系争的书画作品均系刘乙先生的作品及藏品,上诉人称上述字画归其所有,但其并未提供充分有效的证据予以证明,本院不予采信。上诉人在原审中的委托代理人白某在原审庭审中当庭表示,若法院确定被上诉人所主张的所有画作及拍卖所得都是刘乙遗产,上诉人将放弃所有份额,将画作和拍卖所得返还给所有被上诉人,此系上诉人对其继承权所作之处分,不得随意反悔。关于拍卖作品的权属及拍卖价款的确认,原审已根据双方当事人的诉辩、提交的证据对相关事实进行了认定,并在此基础上依法做出原审判决,合情合理。另外,本案处理的仅为刘乙遗留的部分书画遗产,至于刘乙、夏某名下的其余财产,双方当事人均可待取得证据后另行解决。

【律师评析】

艺术作品是艺术家通过艺术媒介、经过艺术体验和艺术构思创造出来的艺术产品。艺术作品的内容是指艺术作品的题材、主题、细节、情节、情感等要素的总和。艺术作品的种类有绘画、雕塑、工艺、建筑、音乐、舞蹈、文学、戏剧、电影、游戏作品等。依据艺术形象的存在方式可分为时间艺术、空间艺术和时空艺术;依据艺术形象的审美方式可分为听觉艺术、视觉艺术和视听艺术;依据艺术的物化形式艺术可分为动态艺术和静态艺术；依据艺术分类的美学原则可分为实用艺术、造型艺术、表演艺术、语言艺术和综合艺术。美术是一种造型艺术。依据艺术形象的表现方式可分为表现艺术和再现艺术。美术中既有表现性的，也有再现性的。依据艺术行为的表现方式可分为行为艺术、肢体艺术，语言，表情等。从媒介的角度划分艺术形象大约可分为视象（绘画、雕塑等造型艺术）、听象（音乐艺术）、心象（文学艺术）和视听形象（电影、电视艺术）等。

《继承法》第三条规定："遗产是公民死亡时遗留的个人合法财产，包括：……（六）公民的著作权、专利权中的财产权利；（七）公民的其他合法财产。"《继承法》没有直接规定艺术作品系继承权的客体，但从《继承法》对遗产的概念界定和相关规定可以看出，艺术作品当然属于遗产之一种。

艺术作品作为继承权的客体，主要有两种方式。一种是艺术作品存在于一定的实物载体中，其实物载体作为继承权的客体，比如本案中的字画。字画这一艺术作品的内容承载于纸张上，该字画以纸张形态成为继承权的客体。继承人要求继承该字画即要求继承得到承载了字画的该纸张。另一种是艺术作品因被创作形成而具有了著作权，该著作权的财产性权利成为继承权的客体。比如本案中，刘乙创作完成了字画，刘乙因而取得了该字画的著作权。刘乙去世后，其继承权人有权继承其字画的著作权的财产性权利。不同的艺术作品在作为继承权客体时，表现为不同的侧重点。音乐作品可能更多以著作权的财产性权利成为继承权客体，其存在的载体本身可能价值不大，当然艺术家的原创手稿因具有历史价值而另当别论；建筑作品可能更多以实物成为继承权的客体，其价值主要凝结在实物载体中；美术作品则两者皆有，实物载体和著作权的财产性权利都充分体现了继承权客体的价值。

在继承艺术作品类遗产的案件中，确定艺术作品归属和财产性价值可能是焦点、难点。艺术作品被创作完成后即与创作者相对脱离，有些艺术作品可以在作品上署名，相对来说容易确定作者，比如字画；有些艺术作品虽不一定署名，但从其被创作过程中形成的资料也可以确定其作者，比如通过对文学作品原稿的笔迹鉴定来确定作者；有些艺术作品则相对难以确定作者，比如雕塑作品如果没有署名可能难以确定作者。当然难易并不是绝对的。本案中，刘乙和其妻子夏某都能创作字画，又在一起生活，假如创作风格较近，或者一人刻意模仿另一人的创作风格，可能难以确定真正作者。此外，对艺术作品的欣赏带有强烈的主观性，不同的人对同一艺术作品的评价可以有天壤之别。如果需要将艺术作品判归当事人一方，而由其对他方做出补偿，则势必需要对艺术作品的财产性价值进行评估。不同的评估机构、不同的评估人可能会给出相差悬殊的评估价格，这也是此类案件中的难以控制的风险。

63. 农村集体土地上房屋

【关键词】
农村集体土地上房屋　宅基地使用权

案例一

陈甲诉某村委会法定继承纠纷一审案①

★法院观点★

继承人以外的对被继承人扶养较多的人，可以分配给他们适当的遗产；已拥有宅基地使用权的人继承取得农村集体土地上房屋，不包括宅基地使用权。

【案情简介】

原告：陈甲。

被告：上海市浦东新区某村委会。

法院经审理查明：陈某系本案涉案房屋的宅基地使用权人，其出生

① 案号：(2017)沪0115民初37558号，上海市浦东新区人民法院。

于 1914 年,去世于 1997 年 10 月 8 日,其终身未婚,亦未生育子女,其父母早已去世,其有一个兄弟陈乙,于 1971 年去世。本案原告陈甲系陈乙的女儿,即死者陈某的侄女,其负担了陈某生养死葬的相关事务。另查明,原告陈甲已在他处申请过宅基地建房。

【各方观点】

原告观点:原告负担了陈某的生养死葬,有权继承陈某遗产。

被告观点:认可原告对陈某的生养死葬的付出,对继承没有异议。

【法院裁判理由】

根据《继承法》的规定,无人继承又无人受遗赠的遗产,死者生前是集体所有制组织成员的,归所在集体所有制组织所有。本案中,陈某死亡时没有法定继承人,其名下的涉案房屋依法应归村集体所有。继承人以外的对被继承人扶养较多的人,可以分配给他们适当的遗产;遗产因无人继承收归集体组织所有时,按《继承法》第十四条规定可以分给遗产的人提出取得遗产的要求,人民法院应视情况适当分给遗产。本案中,原告属于对陈某抚养较多的人,其提出取得无人继承的涉案房屋的要求,依法可视情况由其分得。根据《土地管理法》的规定,农村村民一户只能拥有一处宅基地,农村村民出卖住房后,再申请宅基地的,不予批准。本案中,原告已在他处拥有宅基地,故其仅可分得的是涉案房屋,不包括涉案房屋对应的宅基地使用权。

【裁判依据】

《继承法》第十条第一款、第十四条、第三十二条;《土地管理法》第六十二条第一款、第四款;《继承法意见》第五十七条。

案例二

赵甲等诉赵丁法定继承纠纷一审案①

★法院观点★

城镇居民可以继承农村集体土地上房屋，并且取得宅基地使用权。

【案情简介】

原告：赵甲、赵乙、赵丙。

被告：赵丁。

法院经审理查明：原告赵甲、赵乙、赵丙与被告赵丁系兄弟姐妹，父亲为赵某，母亲为赵氏，赵某夫妇共有4女一子，其中长女为赵己。赵某于2000年2月去世，赵氏于2014年2月去世。赵某去世前的患病期间，兄弟姐妹轮流进行陪护。办理赵某夫妇丧葬事宜所产生的费用，均由被告赵丁承担。

1992年，赵某办理了坐落在诸暨市大唐镇某村的两处房屋的集体土地建设用地使用证，其中一处房屋的地号为05-13-56，用地面积为37.71平方米，另一处房屋的地号为05-13-051，用地面积为68.87平方米。

赵某生前一直与赵丁共同生活。赵氏除一年多时间外均与赵丁共同生活。1987年，家庭出资向生产队购买了坐落在本市大唐镇某村的两间仓房。当时赵丁已与妻子蒋某结婚，且生育了女儿赵辛。1987年至1990年，家庭出资将该房屋翻建为二层。1992年9月，赵丁办理了该处房屋的集体土地建设用地使用证。土地使用证上载明该处房屋的地号为05-13-002，用地面积为89.03平方米。登记时的土地登记审批表上载明家庭人口为6人，即赵某夫妇，赵丙、赵丁夫妇和赵辛，宅基地权源关系证明中亦载明户主为赵某，现实使用的户主赵丁系赵某之子。

---

① 案号：(2015)绍诸草民初字第292号，诸暨市人民法院。

1993 年,赵丙出嫁。

审理中,赵己表示放弃应得的继承份额,不参加本案诉讼;蒋某表示可将其在用地面积为 89.03 平方米的房屋中所享有的份额判至赵丁名下,赵辛表示对用地面积为 89.03 平方米的房屋不享有份额,不参加本案诉讼。

【各方观点】

原告赵甲、赵乙、赵丙观点:三处房屋均为父母遗产,原告有权继承。

被告赵丁观点:两处房屋为父母遗产,一处房屋为赵丁财产,非父母遗产;父母立有口头遗嘱,房屋全由赵丁继承;赵丁赡养父母较多,管理房屋较多,可以多分遗产;三原告为城镇居民,不能继承农村房屋。

【法院裁判理由】

赵某夫妇未立遗嘱,遗产应按照法定继承办理。(1)遗产范围。登记在赵某名下的两处房屋,原、被告一致认可系赵某夫妇的夫妻共同财产,按照法定继承办理。登记在赵丁名下的房屋,从该房屋购买和翻建的情况来看,应推定为家庭共有财产,归赵某夫妇、赵丁夫妇和赵丙 5 人共有。赵某夫妇对该处房屋所享有的份额应列入遗产范围,按照法定继承办理。(2)各继承人的应继份额。赵某夫妇长期随赵丁共同生活,丧葬事宜亦由赵丁负担,故赵丁可以适当多分得遗产。现行法律并未明确禁止非本集体经济组织成员继承宅基地使用权,一些地方人民政府发布的文件对此持肯定态度,如中共绍兴市委办公室、绍兴市人民政府办公室于 2014 年 6 月 14 日发布的《关于加快推进集体土地范围内房屋登记发证工作的指导意见》和诸暨市人民政府办公室于同年 7 月 30 日发布的《关于加快农村宅基地确权登记发证工作的意见》均规定:非本农村集体经济组织成员的农民或城镇居民,以依法继承方式取得农村房屋的,准予确权登记宅基地使用权,并在土地证书上注明相关信息。赵丁抗辩非本集体经济组织成员不能继承宅基地使用权的理由,不予采纳。综上所述,地号为05-13-051的房屋归赵甲继承3/10,赵乙继承3/10,赵丙继承4/10;地号为05-13-56和05-13-002的房屋由赵丁继承。

【裁判依据】

《继承法》第二条、第三条、第五条、第八条、第十条、第十三条、第十五条。

【律师评析】

农村集体土地上房屋,是指建设在农村集体所有、权利人拥有宅基地使用权的土地上的房屋。区别于农村集体土地上房屋的是国有土地上房屋。

我国的土地根据所有权人的不同,可以分为国家所有土地和集体所有土地。《土地管理法》第二条规定:"中华人民共和国实行土地的社会主义公有制,即全民所有制和劳动群众集体所有制。全民所有,即国家所有土地的所有权由国务院代表国家行使……"国有土地上房屋的产权人对房屋拥有所有权,对土地拥有土地使用权。国有土地使用权一般通过出让或划拨取得。集体土地上房屋的产权人对房屋拥有所有权,对土地拥有宅基地使用权。宅基地使用权通过申请审批取得。相比于国有土地使用权,宅基地使用权的取得受家庭户的限制。《土地管理法》第六十二条规定:"农村村民一户只能拥有一处宅基地,其宅基地的面积不得超过省、自治区、直辖市规定的标准……农村村民出卖、出租住房后,再申请宅基地的,不予批准。"据此规定,一方面,只有农村村民才有权取得宅基地使用权,城镇居民无权取得宅基地使用权;另一方面,农村村民一户只能拥有一处宅基地,而不能拥有两处或两处以上的宅基地。

我国《继承法》第三条规定:"遗产是公民死亡时遗留的个人合法财产,包括:……(二)公民的房屋、储蓄和生活用品……"《继承法》将房屋列为遗产的范围之内，允许继承，且并未对国有土地上房屋和集体土地上房屋作出区别对待。因此，根据《继承法》的规定，农村集体土地上房屋可以继承。

那么，是否允许城镇居民继承农村集体土地上房屋？是否允许城镇居民在继承农村集体土地上房屋的同时取得该房屋相应的宅基地使用权？同样，非本农村集体成员的继承人和已经拥有一处宅基地的继承人也存在这两个问题。

国家土地管理局 1995 年发布的《确定土地所有权和使用权的若干规定》第四十九条规定："接受转让、购买房屋取得的宅基地，与原有宅基地合计面积超过当地政府规定标准，按照有关规定处理后允许继续使用的，可暂确定其集体土地建设用地使用权。继承房屋取得的宅基地，可确定集体土地建设用地使用权。"

国土资源部 2008 年发布的《关于进一步加快宅基地使用权登记发证工作的通知》规定："严格落实农村村民一户只能拥有一处宅基地的法律规定。除继承外，农村村民一户申请第二宗宅基地使用权登记的，不予受理。"国土资源部、中央农村工作领导小组办公室、财政部、农业部于 2011 年发布的《关于农村集体土地确权登记发证的若干意见》规定："已拥有一处宅基地的本农民集体成员、非本农民集体成员的农村或城镇居民，因继承房屋占用农村宅基地的，可按规定登记发证，在《集体土地使用证》记事栏应注记'该权利人为本农民集体原成员住宅的合法继承人'。"根据上述三个法律文件的规定，不但允许已拥有一处宅基地的本农民集体成员、非本农民集体成员的农村或城镇居民继承农村集体土地上房屋，而且允许上述三类继承人取得被继承房屋相应的宅基地使用权，只是在《集体土地使用证》上需要加以注记。

在案例一中，继承人陈甲是已经拥有一处宅基地的农村集体成员。在案例二中，继承人赵甲、赵乙、赵丙是城镇居民。根据前述的法律文件的规定，陈甲、赵甲、赵乙、赵丙均可继承农村集体土地上房屋，并且取得相应的宅基地使用权。

64. 保险合同利益

【关键词】

保险合同利益　保险受益人　法定继承

李甲与李乙法定继承纠纷一审案[①]

★法院观点★

保险合同利益系遗产，可以依法继承。

【案情简介】

原告：李甲。

被告：李乙。

法院经审理查明，被继承人张某与李某系夫妻关系，二人在婚姻关系存续期间育有一子一女，即李甲、李乙。李某于2000年1月7日死亡，张某于2013年8月21日死亡。二人生前均未留有遗嘱。张某生前与原、被告共同居住生活。

① 案号：(2013)石民初字第04955号，北京市石景山区人民法院。

经原告申请,本院依法调取张某名下的相关银行明细。截至2014年3月31日,张某名下北京银行账户余额合计1,610,423.85元,中国邮政储蓄银行账户余额为3983.85元。张某名下上述银行账户目前均由被告掌控。

张某于2009年7月2日购买首创安泰人寿保险有限公司的万能寿险一份,保险合同编号为×××××,险种名称为BUEB11首创安泰稳健成长两全保险(万能型)B款,缴费生效日期为2009年7月4日,保险止期为2014年7月4日,投保人为张某,保费为50万元,缴费方式为趸缴,该保险合同的受益人一栏为空白。

被告提交《北京市住宅房屋拆迁货币补偿协议》,该协议显示如下内容:2009年6月11日,张某作为被拆迁人,与北京市石景山区重点工程建设中心签订《北京市住宅房屋拆迁货币补偿协议》。根据协议约定,张某可获得被拆迁房屋补偿款、拆迁补助费共计1,058,038.2元。原告对被告提交的上述拆迁协议及内容的真实性予以认可。原、被告均表示认可上述拆迁协议中的1,058,038.2元系被继承人张某个人财产。

【各方观点】

原告观点:张某名下银行账户内存款及保险合同利益应作为张某遗产予以分割。被告在张某生前取走10万元存款以及张某尚有20万元拆迁款,也应作为遗产分割。故要求被告支付存款的一半,即807,203.85元和保险赔付金额的一半。

被告观点:张某银行账户内的存款包括张某的拆迁补偿款和拆迁公司补偿给被告本人的名誉损失款两部分。保险合同因系被告出资,故收益应该归被告,不应作为张某的遗产进行分配。

【法院裁判理由】

遗产是公民死亡时遗留的个人合法财产。继承开始后,有遗嘱的按照遗嘱办理，没有遗嘱的，应按照法定继承办理。同一顺序继承人继承遗产的份额，一般应当均等。本案中，被继承人生前与原、被告共同居住生活，故作为被继承人张某的第一顺序继承人，原、被告对张某之遗产均享有依法予以平均分割的权利。

本案中，被告李乙主张被继承人张某名下银行存款及保险合同利益中包含被告自身的财产，但未能举证予以证实，故不予采信。原告主张在其自身诉讼请求之外尚有被告取走的张某名下存款10万元和20万元拆迁补偿款，但未能举证予以证实，故不予处理。已查实的被继承人张某遗产应当为张某名下北京银行账户内存款共计1,610,423.85元和中国邮政储蓄银行账户存款余额为3,983.85元。考虑到上述银行账户均由被告掌控，故上述银行账户内款项由被告继承所有，并由被告给付原告一半分割款即807,203.85元为宜。关于张某名下首创安泰人寿保险有限公司的合同编号为×××××的保险合同利益，因具体数额需待保险合同利益实现时才能最终确定，故本院认定该保险合同利益由原、被告各自享有一半份额为宜。

【裁判依据】

《继承法》第三条，第五条，第九条，第十条，第十三条，第十六条第一款、第二款，第十七条第二款，第二十条。

【律师评析】

保险，是指投保人根据合同约定，向保险人支付保险费，保险人对于合同约定的可能发生的事故因其发生所造成的财产损失承担赔偿保险金责任，或者被保险人死亡、伤残、疾病或者达到合同约定的年龄、期限等条件时承担给付保险金责任的商业行为。按照保障范围分，保险可以分为财产保险、人身保险、责任保险、信用保险等；按照保险标的分，保险可以分为火灾保险、运输保险、工程保险、农业保险、产品责任保险、雇主责任保险、两全保险等。财产保险是以各种物质财产为保险标的的保险，保险人对物质财产或者物质财产利益的损失负赔偿责任。人身保险是以人的身体或者生命作为保险标的的保险，保险人承担被保险人保险期间遭受到人身伤亡，或者保险期满被保险人伤亡或者生存时，给付保险金的责任。人身保险除了人寿保险外，还有健康保险和人身意外伤害险。责任保险是以被保险人的民事损害赔偿责任作为保险标的的保险。不论单位还是个人，在进行生产业务活动或在日常生活中，由于疏忽、过失等行为造成对他人的损害，根据法律规定或合同约定对受害人应承担的经济赔偿责任，都可以在投保有关责任保险之后，由保险公司负责赔偿。信用保险是以订立合同的一方要求保险人承担合同的对方的信用风险为内容的保险。

保险合同是投保人与保险人约定保险权利义务关系的协议。投保人和保险人是保险合同的主体。投保人是指与保险人订立保险合同，并按照合同约定负有支付保险费义务的人。保险人是指与投保人订立保险合同，并按照合同约定承担赔偿或者给付保险金责任的保险公司。投保人与保险人签订保险合同，投保人支付保险费。

投保人或获益人所享有的保险合同利益，主要有保险金、保单现金价值和保险分红等。当保险事故发生或保险合同约定的条件成就或解除时，被保险人或受益人有权向保险人主张保险金。在保险期间，保险合同因故解除的，投保人亦有权主张保险单的现金价值。计算公式大致为：保险单的现金价值=投保人已缴纳的保费-管理费用分摊金额-推销人员佣金-纯保费+剩余保费产生的利息。不过，投保人无须通过这种方式计算保单的现金价值，因为在保险合同中一般都会列出在不同年限的现金价值明细。投保人只需按合同的现金价值明细对应查找即可。投保人投保分红类保险的，有权取得一定的现金红利或增值红利。诸如此类，在保险合同法律关系中，投保人、被保险人、受益人有多种保险合同利益。保险合同利益具有财产属性，属于《继承法》第三条规定的“公民的其他合法财产”,是遗产,依法可以继承。

本案中,张某生前投保了两全保险。人寿保险包括定期人寿保险、生存保险和两全保险等。投保定期人寿保险,被保险人在保单约定的期间死亡的,保险人支付保险金,否则不予支付。投保生存保险,被保险人在保单约定的保险期满时继续生存的,保险人支付保险金,否则不予支付。投保两全保险,无论被保险人在保单约定的期间内死亡或期满生存,保险人都必须支付一定金额的保险金。本案中,张某在保单约定的期间内死亡,保单未指定受益人,则其法定继承人有权向保险人主张保险金。因在本案诉讼期间,当事人尚未办理保险金的领取手续,保险金的金额尚未明确,故法院判决法定继承人按份享有保险合同利益。

最高人民法院公报案例

韩某等诉某保险公司保险合同纠纷案①

【案情简介】

2009 年 3 月,刘某从保险代理公司业务员处购得保险卡一张,被告保险公司网站系统中显示,刘某购买的保险卡已被激活,其职业为农夫,被保险人为刘某,保险责任期间自 2009 年 3 月 16 日 0 时起至 2010 年 3 月 15 日 24 时止,保单未指定受益人。2009 年 4 月,刘某驾驶货车发生交通事故死亡。原告韩某系刘某妻子,原告刘甲和王某系刘某父母,原告刘乙、刘丙系刘某子女。原告要求理赔,被告保险公司以投保人未如实告知职业为由拒赔。

【裁判要点】

2014 年《保险法》第十七条第一款规定:“订立保险合同,保险人应

① 《中华人民共和国最高人民法院公报》2010 年第 5 期(总第 162 期)。

当向投保人说明保险合同的条款内容，并可以就保险标的或者被保险人的有关情况提出询问，投保人应当如实告知。”保险人或其委托的代理人出售“自助式保险卡”未尽说明义务，又未对相关事项向投保人提出询问，自行代替投保人激活保险卡形成数据电文形式的电子保险单，在保险合同生效后，保险人以电子保险单内容不准确，投保人违反如实告知义务为由主张解除保险合同的，人民法院不予支持。

曹甲等诉某保险公司保险合同纠纷案[①]

【案情简介】

2008 年 2 月，曹某以本人为被保险人向被告保险公司投保两全保险 D 款（分红型），受益人栏为空白，保险期间 5 年，保险金额 11,000 元，意外身故保险金按三倍基本保险金额给付，保险费 10,000 元。保险人责任免除条款规定，被保险人无合法有效驾驶证驾驶或驾驶无有效行驶证的机动车导致身故的，保险人不承担赔偿责任；保险人责任免除条款，以及保险条款的释义中，没有对机动车的认定标准作出规定。投保人于当日全额缴纳了保险费，保险合同于次日生效。曹某在投保单中投保人签名处签字。

2011 年 9 月，曹某驾驶未经登记的轻便二轮摩托车发生交通事故，经抢救无效死亡。曹某的第一顺序法定继承人为父亲曹甲、妻子胡某、儿子曹乙和曹丙。

【裁判要点】

在保险人责任免除条款及保险条款释义中，没有对机动车的认定标准作出规定的情况下，基于轻便摩托车生产厂家产品说明书、产品检验

① 《中华人民共和国最高人民法院公报》2014 年第 10 期（总第 216 期）。

合格证(均显示该车为助力车)的误导,以及被保险人客观上无法取得机动车号牌的事实,作出案涉车辆不属于保险人免责条款中所规定的机动车之解释,符合一个普通车辆购买人及使用人的认知标准,应作出有利于被保险人的解释,案涉车辆应认定为不属于保险人免责条款中所规定的机动车。此时,被保险人在不领取驾驶证的情况下驾驶上述车辆,亦不属于免责条款规定的无证驾驶情形。

【律师评析】

上述两个公报案例的案由都是保险合同纠纷,争议焦点均为保险法律领域的法律问题,前一个案例是投保人的如实告知义务,后一个案例是免责事由。两个案例的争议焦点与继承法无关,但两个案例的原告均系基于被保险人的法定继承人的身份提起诉讼。

人寿保险合同中都有受益人条款,由被保险人或投保人来指定受益人。被保险人可以指定受益人,投保人指定受益人须经被保险人同意。被保险人或投保人也可以指定法定继承人为受益人。如被保险人和投保人均未指定受益人,则保险金为被保险人的遗产,被保险人的法定继承人有权继承该遗产。在上述两个公报案例中,投保人和被保险人系同一人,被保险人未指定受益人,保险利益系被保险人的遗产,被保险人的法定继承人有权继承该保险利益。基于此,两案中,被保险人的法定继承人有权提起诉讼,并最终享有该保险利益。

65. 人身损害赔偿债权

【关键词】
侵权之债　人身损害赔偿债权　法定继承

樊甲等诉樊丙等法定继承纠纷一审案①

★法院观点★

因交通事故产生的赔偿债权属于遗产，可以依法继承。

【案情简介】

原告：樊甲、樊乙。

被告：樊丙、樊丁、樊A、樊B。

法院经审理查明，樊某与被继承人赵某系夫妻关系，婚后生育了樊丙、樊丁、樊A、樊甲、樊B、樊乙6个子女，即本案原、被告。樊某于2006年10月16日死亡，赵某于2012年6月27日死亡。2009年6月5日仇某驾驶他人所有的机动车致赵某受伤。经鉴定，法院宣告赵某为无民事

① 案号：(2013)闸民一(民)初字第5902号，上海市闸北区人民法院。

行为能力人,并指定樊丙为赵某的监护人。

2010 年初赵某第一次起诉,法院以(2010)虹民一(民)初字第 69 号民事判决书判决仇某等赔偿赵某医疗费、护理费若干元。2010 年 6 月赵某第二次起诉,法院以(2010)虹民一(民)初字第 2982 号民事判决书判决保险公司在机动车交强险死亡伤残赔偿限额内赔偿赵某护理费、交通费、残疾赔偿金、残疾辅助器具费、精神损害抚慰金、营养费和住院伙食补助费等若干元;仇某等赔偿赵某护理费、交通费、残疾赔偿金、残疾辅助器具费、营养费、住院伙食补助费、鉴定费、律师费等若干元。2012 年 3 月赵某第三次起诉,法院以(2012)虹民一(民)初字第 2255 号民事判决书判决仇某等赔偿赵某医疗费、住院伙食补助费若干元,该案尚未执行。2013 年樊丙、樊丁、樊 A、樊 B、樊乙、樊甲共同起诉,经(2013)虹民四(民)初字第 291 号民事调解书确定 6 人与仇某等达成调解协议:被告仇某等赔偿原告樊丙、原告樊丁、原告樊 A、原告樊 B、原告樊乙、原告樊甲医疗费、住院伙食补助费合计若干元。原、被告对遗产分割各执己见,致调解不成。

【各方观点】

原告观点:除本案原、被告外,赵某未有其他法定继承人,赵某生前未留有遗嘱,赵某遗留的医疗账户结算款、养老金账户余额、钱款、对仇某等享有的债权属于遗产,依法分割。

被告观点:原告诉称的继承人与被继承人关系属实。同意分割遗产,但对各项遗产金额有异议。

【法院裁判理由】

遗产是公民死亡时遗留的个人合法财产,公民依法享有遗产继承权。同一顺序继承人继承遗产的份额,一般应当均等;被继承人赵某未留有遗嘱,原、被告作为赵某的子女可依法继承赵某的遗产。对于原告方主张(2013)虹民四(民)初字第291号一案中案外人仇某等赔偿属于赵某的医疗费、住院伙食补贴费应作为遗产分割,因上述案件中,原、被告已作为继承人主张权利,赔偿所涉款项不属于本案处理的赵某的遗产范围,故原、被告可待取得上述赔偿款后另行主张。对于原、被告方均称曾垫付赵某生前发生的部分医疗费、药费等费用,可待赵某的遗产继承后,另行主张。对于赵某死亡时还留有或者死亡后取得的在被告樊丙处属于赵某个人医疗账户结算款2962.32元、赵某养老金账户的余额15,036.41元、被告樊A处属于赵某的3615.34元及(2012)虹民一(民)初字第2255号民事判决所涉债权及相关利息,根据审理中查明的事实及双方当事人的陈述意见,可作为赵某的遗产予以继承,由原告樊甲、樊乙、被告樊丙、樊丁、樊A、樊B各继承1/6。

【裁判依据】

《继承法》第二条、第三条、第十条、第十三条。

【律师评析】

侵权行为是指侵害他人合法权益的行为。侵权行为构成要件包括主观过错、客观行为、损害后果和侵害行为与损害后果之间的因果关系。侵权行为按归责原则不同可以分为一般侵权行为和特殊侵权行为;按侵害对象不同可以分为侵害财产权行为和侵害人身权行为;按照致害人数不同可以分为单独侵权行为和共同侵权行为;按照行为性质不同可以分为积极侵权行为和消极侵权行为。日常生活中发生较多的侵权行为有交通事故人身损害侵权行为、故意伤害人身损害侵权行为、医疗损害侵权行为、物件损害侵权行为等。承担侵权责任的方式有停止侵害、排除妨碍、消除危险、返还财产、恢复原状、赔偿损失、赔礼道歉、消除影响、恢复名誉等。

侵权行为导致侵权民事责任,即侵权之债。侵权之债是侵权行为人不法侵害他人的人身权利或财产权利的行为，而使受害人遭受财产上的损失或精神上、身体上的损害而发生的债权债务关系。[①] 在侵权之债法律关系中，受害人有权要求致害人承担包括赔偿损失在内的各种民事责任。如果受害人死亡，致害人的侵权责任并不因此免除，受害人的继承人仍有权向致害人主张侵权之债。实践中最为普遍的侵权之债为人身损害赔偿之债，人身损害赔偿之债中最为普遍的是交通事故损害赔偿之债。

本案中，仇某因驾驶机动车不当造成赵某重伤，侵害了赵某的人身权益，仇某应当对赵某承担侵权责任，承担责任的方式主要是赔偿损失。后赵某死亡，仇某的侵权责任尚未完全履行完毕，赵某的继承人有权向仇某主张剩余的侵权之债，为此法院判决6位继承人分享对仇某的债权。此外，在赵某死亡后，6位继承人以自己的名义起诉仇某主张赔偿款，最后该案调解结案，这也是6位继承人继承赵某侵权之债的体现。调解书确定的赔偿权利未在本案中予以分割，是因法院未将该款在本案中处理。如果继承人另案起诉，法院仍可以对该款进行遗产分割。

值得注意的是，如果受害人因侵权行为死亡，那么该受害人的法定继承人有权以自己的名义起诉致害人，主张死亡赔偿金等损失，这种情况并非继承人继承受害人的遗产，而是继承人以自身固有的身份地位所享有的权利的体现。因为《继承法》第三条规定：遗产是公民死亡时遗留的个人合法财产。死亡赔偿金等赔偿项目并非受害人遗留，而是在其死亡后产生的权利，因此不属于遗产，不发生遗产继承。

---

① 参见刘春茂主编：《中国民法学——财产继承》，人民法院出版社2008年版，第74页。

66. 借贷债权

【关键词】
遗赠扶养协议　合同之债　借贷债权

黄某诉王某遗赠纠纷一审案[①]

★法院观点★

遗赠扶养协议的扶养人有权继承遗赠人生前享有的借贷债权。

【案情简介】

原告:黄某。

被告:王某。

法院经审理查明:2001 年 6 月 6 日,原告黄某与被继承人严某达成《遗赠扶养协议》,并对此进行公证。双方约定:严某自愿居住在黄某家中,由黄某夫妻照顾其生活,严某死后一切财产及钱物赠与黄某所有,黄某自愿扶养;严某对外债权由自己收回。严某于 2014 年 6 月 17 日出借

① 案号:(2015)衢柯商初字第 780 号,衢州市柯城区人民法院。

给被告王某借款 10 万元,由被告出具借条,确认借款本金 10 万元、利息 5000 元,借期一年。严某与黄某共同生活直至 2014 年 11 月 14 日病故。

【各方观点】

原告观点:原告与严某签订有《遗赠扶养协议》,并于 2001 年 6 月 11 日进行了公证。遗赠扶养协议约定,严某死后一切财产及钱物赠给原告。原告履行了遗赠扶养协议的义务,系严某的合法继承人,有权依法取得严某的债权。被告王某应向原告归还借款 10 万元及利息 5000 元,合计 105,000 元。

被告观点:原告不是严某该笔债权的合法继承人,主体不适格。《遗赠扶养协议》已经明确,严某的债权由自己收回,债权不属于遗赠的范围,原告无权继承,故要求驳回原告的诉讼请求。

【法院裁判理由】

本案的争议焦点为:原告是否为严某债权的合法继承人。根据继承法律规定,继承开始后,按照法定继承办理;有遗嘱的,按照遗嘱继承或者遗赠办理;有遗赠扶养协议的,按照协议办理。原告与严某之间签订了合法有效的《遗赠扶养协议》,且原告已经实际履行了遗赠抚养协议的义务,严某死后,其遗留的合法财产应当由原告黄某继承。严某在遗赠抚养协议中明确表示其一切财产归原告所有。虽然协议中约定债权由严某自行收回,但未表示债权的享有者。严某承诺的“一切财产”亦包括自行收回的债权。原告作为受遗赠人享有该笔债权的合法继承权。被告辩称该笔债权不属于遗赠范围,原告无权继承的意见,无依据来源,亦不符合《遗赠扶养协议》的表述。被告王某应归还原告依法继承的债权本息合计 105,000 元。

【裁判依据】

《继承法》第五条、第三十一条;《合同法》第二百零五条、第二百零六条。

【律师评析】

合同是平等主体的自然人、法人、其他组织之间设立、变更、终止民事权利义务关系意思表示一致的协议。合同主体之间订立、变更、解除、终止合同等行为必然带来合同主体权利义务的设立、变更、终止。合同一经合法成立,即具有约束力,合同各方当事人均需遵守。在合同履行期间,合同当事人死亡的,合同权利义务并不当然消灭,合同权利可以由其继承人继承,合同义务可以由其继承人在继承财产范围内履行。合同债权可以作为遗产继承。但合同债权作为遗产标的也是相对的,具有人身专属性的合同债权不是继承的客体。如果合同订立后,双方均未履行,当事人死亡,是合同终止;如果合同一经履行完毕,当事人死亡,是合同消灭。上述两种情况都不发生合同债权的继承。合同所生之债权的继承只发生在合同履行过程中。①

遗赠扶养协议是指遗赠人与扶养人之间所订立的有关遗赠和扶养关系的协议。② 遗赠扶养协议双方当事人,一方为遗赠人,需要他人扶养并自愿将自己所有的全部或部分合法财产遗赠给他人,另一方为扶养人,对遗赠人尽扶养义务并接受遗赠的人。

《继承法》第五条规定:"继承开始后,按照法定继承办理;有遗嘱的,按照遗嘱继承或者遗赠办理;有遗赠扶养协议的,按照协议办理。"第

① 参见刘春茂主编:《中国民法学——财产继承》,人民法院出版社 2008 年版,第 74 页。

② 参见刘春茂主编:《中国民法学——财产继承》,人民法院出版社 2008 年版,第 381 页。

三十一条规定:“公民可以与扶养人签订遗赠扶养协议。按照协议,扶养人承担该公民生养死葬的义务,享有受遗赠的权利。公民可以与集体所有制组织签订遗赠扶养协议。按照协议,集体所有制组织承担该公民生养死葬的义务,享有受遗赠的权利。”第三条规定:“遗产是公民死亡时遗留的个人合法财产,包括:……(七)公民的其他合法财产。”《继承法意见》第三条规定:“公民可继承的其他合法财产包括有价证券和履行标的为财物的债权等。”

本案中,严某生前与原告订立有《遗赠扶养协议》,并经公证机关公证,该遗赠扶养协议合法有效。原告系该协议的扶养人,在严某去世后,依法享有接受严某遗赠的权利。因借贷产生的债权是公民合法的财产权利,依法可以继承。为此,严某去世后,原告有权取得严某的借贷债权,被告应当依法向原告履行归还借款本金、支付利息的义务。

实务中,遗赠人与扶养人应注意签订合法有效的《遗赠扶养协议》,最好能经公证机构公证。不经公证的,最好能有见证人证明。这样在继承诉讼中,更容易证明《遗赠扶养协议》的合法有效,从而确保扶养人的权利实现。遗赠人生前享有借贷债权的,应注意保管好债权凭证,在去世前应做好债权凭证的交接。实务中,有不少遗赠人未做好债权凭证交接,导致扶养人因没有债权凭证而无法实现债权。

67. 有限公司股权

【关键词】

股权　遗嘱继承

金甲诉陈某等遗嘱继承纠纷一审案①

★法院观点★

公司股权可以依法继承;配送的股权系原有股权孳生之利益,在继承之前按照原有股权的分配比例来分配配送的股权。

【案情简介】

原告:金甲。

被告:陈某、金乙。

法院经审理查明,原告金甲及被告金乙系被继承人金某之子,金某生前与其前妻赵某协议离婚,之后与被告陈某多年同居,金某于2010年3月28日去世。金某于2008年6月10日订立书面遗嘱一份,确定其名

① 案号:(2011)浦民一(民)初字第21376号,上海市浦东新区人民法院。

下上海银行股份有限公司股权 31,000 股由原告金甲与被告陈某各继承 50%,凭遗嘱及金某印鉴(玛瑙章)、股权证至上海银行股权科办理过户手续。金某去世后,原告与被告陈某于 2010 年 5 月 1 日签署协议书一份,约定如下:金甲按遗嘱得 15,000 股,陈某按遗嘱得 16,000 股,股权证书由陈某保管,按下列程序分股:第一步由双方去上海银行股权科办理过户手续后,各按遗嘱规定分得其权益;第二步若分户不成,由一方协议收购,收购价格由双方协商决定,收购方支付现金给被收购方,股权转移给收购方,被收购方书面确认股权转让,并移交股权证及金某原印鉴;第三步若收购不成,等上海银行股权上市后抛售,按股权比例分配,抛售要双方一致同意,抛售前股权证及原印鉴仍由陈某保管,陈某出具书面文件给金甲,确认金甲的权益。之后,上海银行股按 10 送 4.6 的比例配送股权,截至 2011 年 6 月 23 日,金某在上海银行股份有限公司(股权证为××××)的股权为 45,260 股。金甲与陈某就上述股权的分割未能达成一致意见。

【各方观点】

原告金甲观点:2011 年 5 月,被告陈某突然搬离原住所,手机一直不接,后原告联系到陈某,要求其提供股权证等材料办理股权过户,但陈某未明确答复。原 31,000 股由原告继承 15,000 股,被告陈某继承 16,000 股,超过部分由原告及被告陈某各继承 50%;被告协助原告办理上述股权的过户等变更手续至履行完毕。

被告陈某观点:对原告所述的原、被告之间的关系予以认可。金甲要求分割股权,本被告当时就表示同意。上海银行股按 10 送 4.6 的比例配送股权。不同意原告的第一项诉讼请求,要求按本被告所得的 16,000 股在 31,000 股中所占的比例来分割现有股权,同意协助原告办理股权过户手续。

被告金乙未作答辩。

【法院裁判理由】

被继承人金某生前所立遗嘱形式合法,内容不违反法律规定,应属合法有效。原告金甲与被告陈某在金某去世后按照遗嘱内容协议确定了各自应得的股权,即金甲得 15,000 股、陈某得 16,000 股。现双方对 31,000 股的分配不持异议,而对 31,000 股按 10 送 4.6 的比例进行配送股后的其余股权分配意见不一。配送的股权系原有股权孳生之利益,上海银行股份有限公司配送股权之时,金甲与陈某已经按 15∶16 的比例确认分割股权,则在对应的双方各自所得的 15,000 股及 16,000 股之股权基础上配送的股权亦应按此比例进行分割,故本院对原告主张超过 31,000 股部分的股权由原告与陈某各继承 50%的意见不予采纳。被告金乙经本院合法传唤未到庭应诉,可视为放弃抗辩的权利。

【裁判依据】

《继承法》第十六条第一款、第二款。

【律师评析】

公司,是指依法设立的,由股东投资形成,有独立的法人财产,以营利为目的的企业法人。根据我国《公司法》的规定,其两种形式为有限责任公司和股份有限公司。有限责任公司,指依据公司法由全体股东共同出资设立的,每个股东以其出资额为限对公司承担责任,公司以其全部资产对公司债务承担责任的企业法人。股份有限公司,是指依法成立的,其全部资本分成等额股份,通过发行股票筹集公司资本,股东以其所持股份为限对公司承担责任,公司以其全部资产对公司债务承担责任的企业法人。公司的投资人即股东。股东因将其所有的财产投资到公司中而享有股权。

股权,指投资人依据公司的规定,直接投资创办公司而享有的一种独立权利。[1] 股权既不是所有权,也不是债权,而是公司法赋予股东的一种独立的权利。股权的特征:(1)股权的主体只能是股东,非股东不能享有股权;(2)股权产生于股东的直接投资行为;(3)股权的内容具有综合性,既有财产权的一面,又有非财产权的一面;(4)股权具有可转让性,具有一定的价格,转让股权能够带来经济利益;(5)股权的凭证具有证券化的特点。

《继承法》第三条规定:"遗产是公民死亡时遗留的个人合法财产,包括:……(七)公民的其他合法财产。"我国继承法没有直接规定公司股权可以依法继承,但也没有明文规定公司股权不能继承。根据遗产的定义,公司股权是公民个人的合法财产,应属遗产范畴,可归入第七项其他合法财产一类。本案中,法院判决在原被告之间分配股权,即承认公司股权可以由继承人继承。

在有限责任公司的股权继承中,其他股东是否有优先购买权?有限责任公司带有强烈的人合性,部分股东对外转让股权时,其他股东有权行使优先购买权,即在同等条件下有权优先购买其他股东拟转让的股权。这一点毋庸置疑。此外,根据《婚姻法解释(二)》第十六条的规定,在分割夫妻共同财产时,非股东的一方要分得另一方在有限责任公司享有的股权时,其他股东也有优先购买权。但在发生股权继承时,其他股东能否行使优先购买权呢?除公司章程对股权继承有此限制性规定外,一般股权继承系自动继承,其他股东不享有优先购买权。当然,继承人成为公司的股东,除应符合公司章程规定外,还应尊重被继承人作为股东与其他股东之间的约定,履行相应的手续,如公司股东会决议通过,办理工商变更登记手续等。

---

① 参见覃有土主编:《商法学》,高等教育出版社 2004 年版,第 131 页。

68. 股票、有价证券、投资基金份额

【关键词】

股份有限公司　上市公司　股票　法定继承

曹某诉葛某甲等法定继承纠纷一审案①

★法院观点★

股票以及股票账户内资金，可以依法继承；由于股票有市场价值的波动，故股票部分按份额予以分割为宜；遗产继承前应先析出被继承人配偶的财产；被继承人单位发放的工资、补贴、业务费等可以依法继承。

【案情简介】

原告：曹某。

被告：葛某甲、沈某某。

法院经审理查明：原告与被继承人葛某乙原系夫妻关系，二人于2005年4月23日结婚，婚后未生育子女。被告葛某甲及沈某某系葛某

① 案号：（2014）徐民一（民）初字第2126号，上海市徐汇区人民法院。

乙的父母。葛某乙于2012年1月4日死亡。双方已决诉讼的案件未涉及本案中的股票及资金余额。

截至2014年6月16日,国泰君安证券葛某乙名下(客户代码133××××,资金账号6882××××)有"50ETF"股票、"浦发银行"股票、"上海机场"股票、"中信证券"股票、"羚锐制药"股票、"国电电力"股票、"东方电气"股票、"杉杉股份"股票、"中国北年"股票、"中国建筑"股票各若干股,股票账户资金余额317,224.15元。因葛某乙上述证券账户开户于婚前,故本院根据原告的申请,委托审计机构对葛某乙名下上述证券婚前和婚后投入的资金和产生的证券份额进行了审计,司法鉴定意见书阐明,"葛某乙婚前财产总计为人民币19,893.34元,婚前婚后财产总计人民币3,337,316.65元(股票市值按2014年7月4日收盘价计算),婚前财产占婚前、后全部财产的比例为0.6%"。"婚后葛某乙证券账户名下净投入的资金金额为人民币3,530,002.8元"。"由于证券投资资金是一个连续运作的整体,所以我们无法单独区分葛某乙婚前资金在婚后的投资去向及投资收益"。

【各方观点】

原告曹某观点:双方已决诉讼的案件未涉及葛某乙名下的证券,请求分割、继承葛某乙名下的国泰君安证券的股票共计860,500股以及证券资金余额人民币317,224.15元,其中一半属于夫妻共同财产中原告的个人财产部分,剩余部分则按法定继承,由原、被告分割。原告认可从葛某乙的单位领取了葛某乙的工资、补贴、业务费等共计49,761.83元,并同意该款的一半作为遗产依法分割。

被告葛某甲和沈某某观点:对葛某乙名下的股票及资金余额均没有异议。但葛某乙名下投资股票的钱款并非完全是葛某乙个人所有,其中有约200余万元的钱款系沈某某自2002年4月到2011年8月陆续借于葛某乙用于合资炒股的,故要求先析出其中的借款部分,余下部分再依法进行继承、分割。曹某曾在2011年11月12日领取葛某乙单位发放的钱款49,000余元,该款项未经处理,要求在本案中一并处理。

【法院裁判理由】

被继承人葛某乙生前没有留下遗嘱,故其名下的遗产应按照法定继承处理。

根据司法鉴定意见书的鉴定,因无法单独区分葛某乙婚前资金在婚后的投资去向及投资收益,故本院从现有的股票份额及资金余额中析出0.6%的比例部分作为葛某乙的婚前财产,其余则作为葛某乙的婚后财产依法分割,其中一半归原告所有,另一半则作为葛某乙的遗产由原、被告三人继承。由于股票有市场价值的波动,故股票部分本院按份额予以分割。

关于葛某乙名下的股票账户中是否存在被告主张的借款200余万元的争议,从原告提供的葛某乙名下的工商银行交易明细看,其婚后收入达730余万元,可以有充分的资金投入股市,故认定葛某乙婚后投入股市中的钱款来源于其婚后收入。被告要求扣除葛某乙名下200余万元债务的主张,未提供充分的证据证明。

关于被告提出的葛某乙单位发放的工资、补贴、业务费等49,761.83元款项,原告同意该款项一半依法继承,并无不妥,本院予以准许。

【裁判依据】

《继承法》第二条、第三条、第五条、第十三条、第二十六条。

【律师评析】

股份有限公司,指其全部资本分为等额股份,股东以其所持股份为限对公司承担责任,公司则以其全部资产对公司的债务承担责任的企业法人。[①] 股份有限公司的特征,包括:(1)信用基础的资合性,以资本的结合作为公司对外经营活动的信用基础;(2)资本结构的股份性,资本必须划分为等额股份;(3)股东责任的有限性,股东以其所持股份为限对公司承担责任;(4)股东及资金来源的广泛性;(5)股份的公开自由性,以发行股份方式公开募集资本,股份具有高度的流通性,能够自由转让,但不能退股;(6)公司的公开性,股份有限公司的经营状况、账目等必须向社会公开。设立股份有限公司有发起设立和募集设立两种方式。设立股份有限公司,必须达到法定的人数,应有 2 人以上 200 人以下的发起人。发起人认缴和向社会公开募集的股本达到法定的最低限额。

上市公司,是指所公开发行的股票经过国务院或者国务院授权的证券管理部门批准在证券交易所上市交易的股份有限公司。[②] 所谓非上市公司是指其股票没有上市和没有在证券交易所交易的股份有限公司。上市公司是股份有限公司的一种,上市公司发行的股票在证券交易所交易。与一般公司相比,上市公司最大的特点在于可利用证券市场进行筹资,广泛地吸收社会上的闲散资金,从而迅速扩大企业规模,增强产品的竞争力和市场占有率。因此,股份有限公司发展到一定规模后,往往将公司股票在交易所公开上市作为企业发展的重要战略步骤。

股票,是股份公司发行的股权凭证,是股份公司为筹集资金而发行给各个股东作为持股凭证并借以取得股息和红利的一种有价证券。[③] 每股股票都代表股东对企业拥有一个基本单位的股权。每只股票的背后都会有一家上市公司。同时,每家上市公司都会发行股票。同一类别的每一份股票所代表的公司股权是相等的。每个股东所拥有的公司股权份额的大小,取决于其持有的股票数量占公司总股本的比例。这种股

① 参见覃有土主编:《商法学》,高等教育出版社 2004 年版,第 163 页。
② 参见“上市公司”,百度百科,引用日期 2017 年 7 月 12 日。
③ 参见“股票”,百度百科,引用日期 2017 年 7 月 12 日。

权为一种综合权利，如参加股东大会、投票表决、参与公司的重大决策、收取股息或分享红利差价等，但也要共同承担公司运作错误所带来的风险。获取经常性收入是投资者购买股票的重要原因之一，分红派息是股票投资者经常性收入的主要来源。股票是股份公司资本的构成部分，可以转让、买卖，是资本市场的主要长期信用工具，但不能要求公司返还其出资。

《继承法意见》第三条规定："公民可继承的其他合法财产包括有价证券和履行标的为财物的债权等。"股票作为有价证券的一种，属于遗产范畴，可以依法继承。自然人要进行股票交易必须开立股票账户和资金账户，通过股票账户和资金账户进行股票交易和资金结算。被继承人生前在从事股票交易的，一般会同时在股票账户中遗留若干股票数额和在资金账户中遗留若干资金余额。为此，继承分割遗产时，需要同时对股票和资金进行分割。

因股票的市场价格时时处于变动之中，为此分割股票的价值就有一定困难。比如以一方继承人分得股票、其他方继承人获得补偿款的方式分割股票时，如何确定股票的市值从而确定补偿款的金额，就非常困难。《婚姻法解释（二）》第十五条规定："夫妻双方分割共同财产中的股票、债券、投资基金份额等有价证券以及未上市股份有限公司股份时，协商不成或者按市价分配有困难的，人民法院可以根据数量按比例分配。"该规定同样可以被借鉴用于股票的继承分割。这时产生一个问题，在继承案件中分得股票后，如何办理股票过户手续，如何将股票过户到自己的股票账户内？上市公司股份的变更登记分为证券交易所集中交易过户登记和非集中交易过户登记。一般的股票交易均须通过交易所的集中竞价系统进行，否则即为不合规，亦无法完成股份的过户登记。针对特定事项，可以办理非集中交易过户登记。《中国证券登记结算有限责任公司证券登记规则》第十九条规定："证券因以下原因发生转让的，可以办理非交易过户登记：……（四）继承、捐赠、依法进行的财产分割。……"

第二十一条规定:“当事人因继承、捐赠、依法进行财产分割(如离婚、分家析产等情形),法人合并、分立,或因解散、破产、被依法责令关闭等原因丧失法人资格的,资产承继人申请办理过户登记时,应当向本公司提供有效的证券归属证明文件及本公司要求的其他材料,本公司对过户登记申请材料审核通过后,办理过户登记手续,并向申请人出具过户登记证明文件。”因此,提交相应材料即可办理股票的过户登记。本案中,法院即对遗产股票按继承人各自份额予以了分割。继承人待判决生效后,应及时办理股票过户登记手续。

69. 合伙企业或个人合伙中的财产份额

【关键词】

合伙企业　合伙企业中的财产份额　个人合伙　个人合伙中的财产份额

杨甲诉杨乙等退伙纠纷一审案①

★法院观点★

合伙人死亡或者被依法宣告死亡的，对该合伙人在合伙企业中的财产份额享有合法继承权的继承人，按照合伙协议的约定或者经全体合伙人一致同意，从继承开始之日起，取得该合伙企业的合伙人资格。

【案情简介】

原告：杨甲。

被告：某汽车租赁公司、杨乙、郎某、杨丙。

法院经审理查明：2010 年 6 月 23 日，被告某汽车租赁公司登记成立，其企业负责人为被告杨乙。2010 年 9 月 6 日，被告杨丙、念某、被告

① 案号：(2015) 盘法民重字第 03 号，昆明市盘龙区人民法院。

杨乙、被告郎某签订的《合作协议书》,约定:四人合伙成立被告某汽车租赁公司,每人出资现金 21.25 万元并于 2010 年 9 月 6 日前交付出资,合伙企业的转让、解散、清算期为三年,三年内不得退伙,但可以内部转让股份,三年期满时由评估公司对公司进行评估后,可统一结算。2010 年 9 月 14 日,被告杨乙、被告郎某收到被告杨丙、念某交付的合伙投资款 425,000 元。被告杨乙、被告郎某以四人合伙之前就用于汽车租赁经营的四辆汽车作为合伙资产,但是这些车辆并没有登记在该公司名下。《合作协议书》签订后,其工商登记情况没有发生变化。该合伙企业自 2010 年 9 月至 2011 年 12 月均向念某支付相应分红款。2013 年 5 月 29 日,鉴定意见确认:由于原、被告双方均确认 2011 年 12 月 6 日前的账双方已结清,并进行了分红,在不涉及 2011 年 12 月 6 日前相关账务的前提下,公司经营利润为 177,961.59 元。另查明,被告杨丙与念某于 1998 年 7 月 21 日解除婚姻关系,双方共同生育一子即原告杨甲。念某于 2011 年 10 月 16 日因病死亡,其于 2011 年 10 月 6 日通过遗嘱公证的方式将其所持有的被告某汽车租赁公司 25%的出资份额留给其子杨甲一人继承。

【各方观点】

原告杨甲观点:原告有权继承母亲念某在合伙企业中的财产份额;被告杨乙、郎某隐瞒公司无汽车租赁资格的事实和另行成立汽车租赁公司的行为,违反了合同目的,要求退伙。

被告某汽车租赁公司和杨乙观点:未经清算,不同意杨甲退伙。

【法院裁判理由】

被告杨丙、念某、被告杨乙、被告郎某四人自愿签订《合作协议书》,且按照该合法有效的《合作协议书》成立了合伙企业被告某汽车租赁公司,被告杨丙、念某已经实际各交纳出资各 212,500 元。合伙人念某死亡,依据其合法有效的公证遗嘱将其在合伙企业中的财产份额交由原告杨甲一人继承,庭审中,各合伙人对于原告杨甲取得合伙企业合伙人资格均表示同意,故合伙企业的合伙人变更为被告杨丙、原告杨甲、被告杨乙、被告郎某四人。

因符合《合作协议书》第十条中对于退伙的三年期约定,对于原告杨甲要求退出 2010 年 9 月 6 日《合作协议书》约定的合伙关系的诉请予以支持。依据鉴定意见及双方当事人陈述可知,被告某汽车租赁公司的经营利润为 177,961.59 元,而且之前合伙人一直进行分红,即该合伙企业处于盈利状态而非亏损,故结合被告杨乙、被告郎某已收悉并实际掌控被继承人念某出资款的事实,对于原告杨甲要求被告杨乙、被告郎某连带退还其出资人民币 212,500 元的诉请予以支持。对于原告要求被告某汽车租赁公司承担连带返还出资款的诉请因无法律依据,不予支持。关于原告杨甲要求分配该合伙企业利润的诉请,因合伙企业的经营利润是在经营收入减去经营费用的基础上得出,司法鉴定意见书是基于全部收回款项的前提下得出的经营利润为 177,961.59 元,现经营收入尚未收回,只能算作公司的应收款,是否能够收回以及收回多少,原告、被告均没有把握,故待今后收回款项后当事人可以另行起诉解决。

【裁判依据】

《合伙企业法》第四条、第十六条、第十七条、第三十三条、第四十五条、第五十条、第五十一条;《民事诉讼法》第一百一十八条、第一百四十四条。

【律师评析】

合伙企业是指由各合伙人订立合伙协议,共同出资,共同经营,共享收益,共担风险,并对企业债务承担无限连带责任的营利性组织。合伙企业分为普通合伙企业和有限合伙企业。

合伙人在合伙企业中的财产权益体现为两方面,一方面是合伙成立时合伙人投入的财产,在经营盈利时,这部分财产可能不变;在经营亏损时,这部分财产可能减少;原始投入的财产也可能自然增值或产生孳息。另一方面是合伙经营过程中积累的财产,在经营盈利时,该部分财产为正,在经营亏损时,该部分财产为负。

《合伙企业法》第五十条规定:“合伙人死亡或者被依法宣告死亡的,对该合伙人在合伙企业中的财产份额享有合法继承权的继承人,按照合伙协议的约定或者经全体合伙人一致同意,从继承开始之日起,取得该合伙企业的合伙人资格。有下列情形之一的,合伙企业应当向合伙人的继承人退还被继承合伙人的财产份额:(一)继承人不愿意成为合伙人;(二)法律规定或者合伙协议约定合伙人必须具有相关资格,而该继承人未取得该资格;(三)合伙协议约定不能成为合伙人的其他情形。合伙人的继承人为无民事行为能力人或者限制民事行为能力人的,经全体合伙人一致同意,可以依法成为有限合伙人,普通合伙企业依法转为有限合伙企业。全体合伙人未能一致同意的,合伙企业应当将被继承合伙人的财产份额退还该继承人。”根据该规定,首先,合伙人在合伙企业中的财产份额系其财产权益,在该合伙人死亡时,其在合伙企业中的财产份额成为遗产,由继承人继承。其次,继承人并不当然取得合伙人的资格。继承人要成为合伙人,必须有合伙协议的约定作为依据,或者在继承开始后得到全体合伙人的一致同意。其他合伙人有一票否决权。再次,继承人不愿或不能成为合伙人的,合伙企业应当向合伙人的继承人退还被继承合伙人的财产份额。最后,继承人为无民事行为能力人或限制民事行为能力人,又将成为合伙人的,其可以作为有限合伙人,合伙企业转为有限合伙企业。

有限合伙人死亡的,其财产份额的继承有特别规定。《合伙企业法》第八十条规定:“作为有限合伙人的自然人死亡、被依法宣告死亡或者作为有限合伙人的法人及其他组织终止时,其继承人或者权利承受人可以依法取得该有限合伙人在有限合伙企业中的资格。”根据该规定，首先，有限合伙人死亡的，其继承人有权继承其在有限合伙企业中的财产份额。其次，有限合伙人死亡的，其继承人当然取得其在有限合伙企业中的资格，区别于普通合伙，不需要有合伙协议的约定作为依据，或全体合伙人的一致同意。

在本案中，念某通过公证遗嘱的形式，将其在合伙企业中的财产份额交由儿子杨甲一人继承；在继承开始后，合伙企业的其他合伙人一致同意杨甲成为合伙人。由此，杨甲成为被告某汽车租赁公司的合伙人。因合伙企业有盈利，为此，杨甲继承的财产份额既包括念某原始投入的财产，也包括合伙企业在经营过程中积累的财产。只是在本案中因利润金额尚不确定，法院才暂不予处理，由各方在利润明确后另案起诉处理。

70. 个人独资企业和个体工商户

【关键词】

个人独资企业　个体工商户　法定继承

张某诉冯某甲等法定继承纠纷一审案[1]

★法院观点★

个人独资企业可依法继承;遗产分割应当有利于生产和生活需要,不损害遗产的效用。

【案情简介】

原告(反诉被告):张某。

被告(反诉原告):冯某甲、冯某丙、冯某乙。

法院经审理,认定如下事实:

一、冯某甲、冯某丙、冯某乙系戴某与前夫所生儿子。戴某于1999年3月3日注册了富阳大桥溶剂厂,企业性质为个人独资企业。戴某与

① 案号:(2015)杭富民初字第604号,富阳市人民法院。

张某再婚后共同经营富阳大桥溶剂厂。2004 年起冯某丙参与溶剂厂经营,2006 年起冯某甲参与溶剂厂经营。冯某乙因长期居住在澳大利亚,未参与溶剂厂经营。2012 年 10 月 11 日,戴某去世。戴某去世时,其与张某的共同财产为富阳大桥溶剂厂资产、房屋一套和银行张某名下存款 50 万元。戴某还遗留了首饰若干,由张某保管。戴某去世前未立遗嘱。

二、2013 年 5 月 8 日,张某为甲方,冯某甲、冯某丙、冯某乙为乙方签订《遗产分割协议书》,对溶剂厂属于戴某的遗产分割进行了约定,截至 2013 年 3 月 1 日,溶剂厂所有资产为 4,112,959.70 元,张某和戴某各占有一半。戴某的一半属于遗产,由张某、冯某甲、冯某丙、冯某乙各继承 1/4;并约定协议在张某、冯某甲、冯某乙、冯某丙签字之日生效。作为乙方之一的冯某乙未签字确认。

三、2014 年 12 月 31 日,张某、冯某甲、冯某丙、冯某乙从富阳大桥溶剂厂提取现金 160 万元,约定在日后遗产分割中抵扣除。2015 年 8 月后,冯某甲、冯某丙继续经营大桥溶剂厂。2015 年 12 月底,张某、冯某甲、冯某丙从富阳大桥溶剂厂提取现金 45 万元用于发放奖金,张某、冯某甲、冯某丙各收到 15 万元。

四、根据张某申请,委托房地产土地评估公司对房屋(包括停车位)一套价值进行评估。时点 2015 年 6 月 15 日的市场价值为住宅 147 万元、停车位 13 万元,合计 160 万元。报告使用期限至 2016 年 7 月 6 日。张某支付评估费 6000 元。

五、委托会计师事务所对溶剂厂 2015 年 3 月 31 日的资产、负债及所有者权益进行会计审计鉴定。2015 年 11 月 13 日,出具鉴定意见为:截至 2015 年 3 月 31 日,资产总额为 4,193,699.65 元,负债总额为 247.23 元,净资产总额为 4,193,452.42 元。张某支付专项审计费 12,500 元。

【各方观点】

原告张某观点:戴某未对遗产立下遗嘱,应当适用法定继承。原、被告对溶剂厂总资产、戴某遗产及原、被告继承份额的约定符合事实,合法有效,应当按《遗产分割协议书》进行分割。三被告实际经营管理占有溶剂厂并阻扰依协议分割,又对住房中的遗产份额拒绝协商分割,其行为意图侵占原告的财产,严重损害了原告的合法权益。要求戴某的遗产由原告和三被告依法定继承分割,溶剂厂资产一半作为戴某的遗产,房屋(包括停车位)一套的一半作为戴某的遗产。

被告冯某甲、冯某丙、冯某乙答辩称:继承份额是明确的,只是继承的数额不明确,要求法院对涉案房屋和溶剂厂(资产)进行评估,然后按照继承份额进行分割。

【法院裁判理由】

《继承法》规定:继承开始后,按照法定继承办理;有遗嘱的,按照遗嘱继承或者遗赠办理;有遗赠扶养协议的,按照协议办理。遗产按照下列顺序继承:第一顺序:配偶、子女、父母。同一顺序继承人继承遗产的份额,一般应当均等。夫妻在婚姻存续期间所得的共同所有的财产,除有约定的以外,如果分割遗产,应当先将共同所有的财产的一半分出为配偶所有,其余的为被继承人的遗产。遗产分割应当有利于生产和生活需要,不损害遗产的效用。不宜分割的遗产,可以采取折价、适当补偿或者共有等方法处理。人民法院在分割遗产中的房屋、生产资料和特种置业所需要的财产时,应依据有利于发挥其使用效益和继承人的实际需要,兼顾各继承人的利益进行处理。本案中,原告系被继承人戴某丈夫,三被告系被继承人戴某的儿子,属第一顺序继承人,依法可继承戴某遗产,且份额均等。本案所涉财产,系原告与戴某夫妻关系存续期间所得的共同所有的财产,应当先将财产的一半分出为原告所有,其余的为戴某的遗产。

本案审理过程中,2015 年年底,原告、被告冯某甲、冯某丙已提取 45 万元作为奖金发放,原、被告均未主张上述 45 万元应当从原告、被告冯某甲、冯某丙遗产继承份额中扣除，因此富阳大桥溶剂厂的资产总额为 4,193,452.42 元-450,000 元=3,743,452.42 元。本案的遗产为：溶剂厂资产总额的一半即 3,743,452.42 元的 50%为 1,871,726.21 元；房屋一套（包括停车位）价值 160 万元的 50%为 80 万元；原告名下存款 50 万元的一半为 25 万元；戴某遗留的首饰。

关于富阳大桥溶剂厂。已从资产总额中扣除应付账款 247.23 元，该款应当由分得富阳大桥溶剂厂的当事人清偿。溶剂厂自 2015 年 8 月开始由被告冯某甲、冯某丙经营，目前经营正常。原告年近 90 岁，无力经营。考虑到溶剂厂的使用效益，为保障原、被告各方利益，本院认为溶剂厂由被告冯某甲、冯某丙继续经营，被告冯某甲、冯某丙对原告张某及被告冯某乙进行折价补偿为宜。关于房屋一套（包括停车位），原告可分得 20 万元，加上原告自有份额 80 万元，原告占 160 万元中的 100 万元。考虑到房屋的使用效益和原告的实际需要，原告要求分得该房屋的主张合理，本院予以支持。关于原告名下的 50 万元存款，该款发生在原告与戴某夫妻关系存续期间，该款的一半 25 万元应当作为戴某的遗产，由原、被告按法定继承均等分割。关于戴某遗留之首饰，原告在戴某去世后，以书信形式表示愿意将首饰交给三被告，本院予以支持，且三被告不需要因原告返还首饰对原告折价补偿。原告已提取的 100 万元和三被告各提取的 20 万元，应当从原、被告应得遗产份额中扣除；评估费、专项审计费由应当由原、被告合理分担。

【裁判依据】

《继承法》第五条、第十条第一款、第十三条第一款、第二十六条第一款、第二十九条。

【律师评析】

个人独资企业，是指依照我国法律规定在中国境内设立，由一个自然人投资,财产为投资人个人所有,投资人以其个人财产对企业债务承担无限责任的经营实体。个人独资企业由个人出资,个人经营和控制,财产归个人所有,个人承担经营风险和享有全部经营收益。个人独资企业的设立条件为:(1)投资人为一个自然人;(2)有合法的企业名称;(3)有投资人申报的出资;(4)有固定的生产经营场所和必要的生产经营条件;(5)有必要的从业人员。个人独资企业因下列事由而解散和清算:(1)投资人决定解散;(2)投资人死亡或者被宣告死亡,无继承人或者继承人决定放弃继承;(3)被依法吊销营业执照;(4)法律规定的其他情形。

我国《继承法》没有明确规定个人独资企业可以继承。但《个人独资企业法》第十七条规定:"个人独资企业投资人对本企业的财产依法享有所有权,其有关权利可以依法进行转让或继承。"该条规定可以作为个人独资企业继承的法律依据。

个人独资企业的财产所有权,从个人独资企业法的角度看,由个人出资,财产所有权归个人。但《个人独资企业法》也规定了家庭共有财产出资的情况,第十八条规定:"个人独资企业投资人在申请企业设立登记时明确以其家庭共有财产作为个人出资的,应当依法以家庭共有财产对企业债务承担无限责任。"从婚姻家事法律的角度看,在判断个人独资企业财产所有权归属之前,应先判断系个人出资,夫妻共同财产出资,还是家庭共同财产出资,以及经营所得归个人所有,夫妻共同所有,还是家庭共同所有。如属于后两者,则在遗产分割前应先析出属于配偶和其他家庭成员的财产。

《婚姻法解释(二)》第十八条规定:"夫妻以一方名义投资设立独资企业的,人民法院分割夫妻在该独资企业中的共同财产时,应当按照以下情形分别处理:(一)一方主张经营该企业的,对企业资产进行评估后,由取得企业一方给予另一方相应的补偿;(二)双方均主张经营该企业的,在双方竞价基础上,由取得企业的一方给予另一方相应的补偿;

（三）双方均不愿意经营该企业的，按照《中华人民共和国个人独资企业法》等有关规定办理。”该条规定的分割方法同样可以参照用于分割个人独资企业形式的遗产，在继承人之间竞价、补偿、转让、清算等方式处理遗产。在一方取得企业，另一方取得补偿款的分割方式下，如各方对企业的价值能够取得一致意见的，可以按照该价值进行折价补偿；否则，势必需要对独资企业的资产进行审计评估，因而也将造成诉讼时间的延长和审计费用的支出。

根据《个人独资企业法》的规定，投资人以其个人财产对企业债务承担无限责任。《继承法》第三十三条规定：“继承遗产应当清偿被继承人依法应当缴纳的税款和债务，缴纳税款和清偿债务以他的遗产实际价值为限。超过遗产实际价值部分，继承人自愿偿还的不在此限。”实践中，继承人继承了个人独资企业并将企业登记至自己名下后，其面临的企业债务可能超过企业资产的价值，甚至超过其继承所得的全部遗产的价值，如果债权人主张债权，那么继承人承担债务的范围为何？是优先适用《个人独资企业法》关于投资人承担无限责任的规定，还是适用《继承法》关于继承人有限承担被继承人债务的规定？笔者认为应当优先适用前者的规定。继承人应当知道个人独资企业的投资人应承担无限责任，其仍愿意继承企业，成为新的企业主、新的投资人，则表明其愿意遵守《个人独资企业法》关于投资人应承担无限责任的规定，这也符合《继承法》“继承人自愿偿还的不在此限”的规定和法律精神。另外，这也有利于维护债权人的利益，维护交易的安全和公平。如果继承人慑于债大于资的恐惧，则应拒绝直接继承个人独资企业，而使该企业进入清算注销程序。

《个体工商户条例》第二条规定：“有经营能力的公民，依照本条例规定经工商行政管理部门登记，从事工商业经营的，为个体工商户。个体工商户可以个人经营，也可以家庭经营……”《民法总则》第五十六条规定：“个体工商户的债务，个人经营的，以个人财产承担；家庭经营的，以家庭财产承担;无法区分的,以家庭财产承担。”以个人名义申请登记的个体工商户,个人经营,其财产权、经营收益归个人所有,对债务负个人责任;以家庭共同财产投资设立的个体工商户,家庭经营,其财产权和收益归家庭成员共有。在夫妻关系存续期间,一方从事个体工商户经营,其收入作为夫妻共有财产者,其债务由夫妻共有财产清偿。由此可见个体工商户的财产所有权归属以及对外承担债务的责任主体,与个人独资企业类似。此外,在继承个体工商户时,也存在对个体工商户资产评估的问题,以及以竞价、补偿、转让、清算等多种方式处理个体工商户形式的遗产问题。个体工商户的债务大于资产时,继承人也面临继承或者放弃继承的选择。

71. 农村股份经济合作社股权及分红

【关键词】

农村股份经济合作社　农村股份经济合作社股权　分红

张某甲诉张某乙等继承纠纷一审案[①]

★法院观点★

被继承人生前享有的农村股份经济合作社股权及分红系遗产，可以依法继承。

【案情简介】

原告：张某甲。

被告：张某乙、张某丙、陈某甲、陈某乙。

法院经审理查明：林某与张某己系夫妻，共育有四个子女，长子张某乙、次子张某甲、三子张某丙、女儿张某丁，张某己于1988年2月26日死亡，张某丁于1995年9月死亡，林某于2005年6月5日死亡。张某

① 案号：(2011)甬东民初字第2023号，宁波市江东区人民法院。

丁育有两个女儿,长女陈某甲,次女陈某乙。2003 年,宁波市江东区东郊街道惊驾股份经济合作社体制改革实行股份制,同年 7 月 31 日,林某在宁波市江东区东郊街道惊驾股份经济合作社有股份 2161 股,其中人口股 363 股、农龄股 1798 股,每股 100 元,截至 2011 年 12 月 27 日,林某在该社股份金共计 216,100 元,2005 年 7 月至 2011 年 12 月林某名下的股份金分红款 123,720.99 元,上述款项由张某丙领取。林某生前与被告张某丙共同生活,被告张某丙曾为张某己、林某的公墓支付过相关费用。

【各方观点】

原告张某甲观点:由于林某未留下遗嘱,要求继承林某名下的宁波市江东区东郊街道惊驾股份经济合作社的股份 2161 股(每股 100 元)的 1/4 份额以及 2005 年至 2011 年的分红 123,720.99 元的 1/4 份额。

被告张某乙答辩称:原告未尽赡养义务,甚至遗弃、虐待父母,因此原告丧失继承权。母亲去世后不久,经家庭会议协商后都一致同意放弃继承,原告亦未反对,被告陈某甲、陈某乙亦明示放弃继承,因此张某丙继承了母亲的股份。现原告反悔要求继承违背了诚信原则,如果原告可以分遗产,那么被告张某乙亦有权比其多分。

被告张某丙答辩称:原告以法定继承人起诉要求继承遗产,已过诉讼时效。被继承人在宁波市江东区惊驾股份经济合作社的股份和分红早在 2003 年 7 月就已经进行公告,被继承人死亡后不久,原告明确表示放弃继承,被告陈某甲、陈某乙亦明示放弃继承,现原告见股份升值又反悔要求继承违背了诚信原则,且事实上被告张某丙花费的丧葬费远远不止历年来分红所得。同时,原告未尽赡养义务,甚至遗弃、虐待父母,因此原告丧失继承权。要求驳回原告的诉讼请求,判令股份及分红由张某丙一人继承。

被告陈某甲、陈某乙观点:其母亲在世时亦在照顾外公外婆,要求代位继承。

【法院裁判理由】

法院经审理后认为：由于林某生前未写有遗嘱，因此其名下的遗产应按法定继承办理。原告张某甲与被告张某乙、张某丙作为林某的儿子，有权继承林某的遗产。被告陈某甲、陈某乙系张某丁的女儿，张某丁系林某的女儿，且张某丁先于林某死亡，因此陈某甲、陈某乙有权代位继承。又因林某的丈夫张某已在1988年2月26日已死亡，因此林某名下的2161股宁波市江东区东郊街道惊驾股份经济合作社股份系其个人财产，原告张某甲以及被告张某乙、张某丙、陈某甲、陈某乙应依照法律规定继承上述股份以及林某死亡后上述股份所得的分红款123,720.99元。由于林某生前与被告张某丙共同生活，被告张某丙尽了主要扶养义务，因此被告张某丙在继承遗产时可以多分。

【裁判依据】

《继承法》第二条、第五条、第十条、第十一条、第十三条第三款。

【律师评析】

遗产是公民死亡时遗留的个人合法财产。遗产的法律特征为：(1)以公民的死亡作为确定遗产范围的时间标准；(2)以财产和财产权利为标的；(3)是已故公民的个人财产；(4)是合法财产；(5)能够依法转移给继承人。

什么是农村股份经济合作社股权？要理解该概念，首先要了解农村经济合作社股份合作制改革。浙江省人民政府于2014年8月印发《浙江省人民政府办公厅关于全面开展村经济合作社股份合作制改革的意见》中指出："以党的十八届三中全会和省委十三届四次、五次全会精神为指导，围绕保护和增进村集体经济组织及其成员合法权益的目标，坚持依法、自愿、民主、公正和集体所有制性质不变、村级集体经济组织功能不变、财务管理体制不变的原则，按照归属清晰、权能完整、管理科学、流转顺畅、运营高效的要求,以确权确股为基础、赋权活权为重点,完善配套制度,创新运行机制,全面推进村经济合作社股份合作制改革。”上海市人民政府于2014年10月印发《关于推进本市农村集体经济组织产权制度改革的若干意见》中指出,“为全面贯彻落实党的十八大和十八届三中全会精神,赋予农民更多的财产权利,实现城乡要素平等交换,激发农村经济社会活力,健全农村治理机制,促进农村社会和谐……现就推进本市农村集体经济组织产权制度改革提出如下若干意见……”上述内容体现了农村经济合作社股份制改革的目的和原则。农村集体经济组织股份合作制改革中,对农村集体经济组织的资产进行量化,对农村集体经济组织成员的权利进行确权,之后成立农村股份经济合作社。

在资产量化上,一般将经营性净资产纳入折股量化,也可将公益性资产、土地(家庭承包地、农村宅基地除外)等资源性资产折股。在股权设置上,以设人口股为主,农龄股等为辅,或将农龄贡献折算到人口股中,在“人口股”中男女享有平等股权。设“农龄股”或折算农龄贡献时,不应设置男女有别的农龄年限。股东分社员和非社员两类,具有人口股的为社员股东,享有选举权、被选举权和股份分红权益;不具有人口股的为非社员股东,仅享有股份分红权益。股权坚持“权跟人(户)走”,生不增、死不减、可继承。股权量化和具体设置方案,由县(市、区)根据当地实际,提出指导性意见,经社员(代表)会议民主讨论决定。以上是改革的一类做法。

农村股份经济合作社的股权,因政策允许、集体决定、依法享有而具有合法性,因股权落实到个人而成为个人财产,因可以参与分红等享受经济利益而具有财产性,系一财产权利,因其系普通财产权利且没有法律明文禁止转移而具有可转移性。综上所述,农村股份经济合作社的股权符合遗产的法律特征,系遗产的一种类型。股权系遗产,则因股权派生的分红的权利也自然属于遗产的一种。

农村股份经济合作社的股权虽然可以继承,但在继承前后,被继承人生前享有和继承人继承后享有的具体内容、具体形式是否有区别，尚待探讨。比如，被继承人生前系集体经济组织成员，因而其享有的系社员股，除分红权外，还有选举权和被选举权等，继承人如非集体经济组织成员，其继承该股权后还能同样享有社员股吗？是否应转为非社员股？该继承人如将继承的股权转让给其他社员，该股权是否又恢复为社员股？非社员股能否转让给集体经济组织成员之外的人？上述等问题尚待理论探讨和实践探索。

本案中，被继承人生前拥有的农村股份经济合作社股权和分红款系遗产，应由继承人继承。

72. 著作权中的财产权

【关键词】

著作权　著作权中的财产权利　过继

赵某1与赵某2法定继承纠纷二审案①

★法院观点★

著作权中的财产权利可以依法继承；形成扶养关系的继父母子女之间互有继承权；公房不是死者个人的遗产。

【案情简介】

上诉人(原审原告)：赵某1。

被上诉人(原审被告)：赵某2。

一审法院查明：赵某1系赵某与蒋某所生之女。赵某与蒋某解除婚姻关系大致发生在1952年，由于年代久远，二人离婚后对赵某1的抚养关系如何确定，已无从查找。赵某与王某系再婚夫妻关系，二人生育一

① 案号：(2017)京02民终4208号，北京市第二中级人民法院。

女赵某2。赵某与王某登记结婚手续现已无法查找。档案出版社于1985年11月1日出版了由赵某等人编著的《社会科学情报工作概论》一书。赵某于1990年4月14日因病去世。1999年,王某购买了东城区安定门外大街某房屋一套,所有权人登记为王某。王某名下北京银行、工商银行、交通银行存款若干元。王某于2012年11月11日因病去世。

【各方观点】

赵某1观点:王某名下银行存款、房屋的一半系赵某的遗产,赵某1对赵某的遗产享有继承权。王某对当时未成年的赵某1尽到了抚养义务,赵某1对王某也履行了赡养义务。王某与赵某1形成了扶养关系,对赵某、王某的遗产享有继承权。因此,赵某、王某的遗产50%由赵某1继承。遗产包括:(1)工商银行、北京银行和交通银行存款若干元;(2)北京市东城区安定门外大街某房屋一套;北京市东城区张自忠路某承租公房一间;(3)著作《社会科学情报工作概论》的著作权。

赵某2观点:赵某1与王某没有形成扶养关系;诉争房产是王某的个人财产不是夫妻共同财产,且存款是王某个人的;赵某的房产是公房,无法处理;赵某1已过继给伯父赵甲,形成了收养关系,与父母的权利义务关系消灭,并提供了“过继字据”作为佐证。

【法院裁判理由】

一审法院观点:赵某1提交的个人履历表、人事档案摘抄件等均可以证明赵某与赵某1的父女关系。虽然,上述证据中赵某1填写的母亲一栏为王某,但是赵某1的履历反映其上学、工作直至退休均发生在石家庄市。由于赵某1未能证明其与王某形成了扶养关系,其仅能与赵某2继承赵某的遗产;王某的遗产应由赵某2一人依法继承。档案出版社于1985年11月1日出版了由赵某等人编著的《社会科学情报工作概论》一书,赵某享有的著作权发生在赵某与王某婚姻关系存续期间,该著作权的财产权益为二人共有，每人各占 1/2 份额，系赵某和王某的遗产。登记在王某名下位于安定门外大街的房屋一套，购买时间为 1999 年，发生在赵某去世后，该房屋应为王某个人遗产。王某名下银行存款现有余额应为其个人遗产。对于张自忠路的承租公房一间，由于公有住房产权人并非被继承人，不是被继承人的遗产，赵某 1 对此一节应另行解决。

二审法院观点：确定继父母和继子女是否形成扶养关系，应从继父母和继子女是否共同生活以及继父母是否对继子女的教育或生活费用给付了一部分或是全部等多方面综合考虑。具体到本案，赵某 1 与爷爷奶奶一起在石家庄生活，虽未与父亲赵某、继母王某生活在一起，但从其档案材料填写的家庭成员来看一直填写王某是其母亲，且王某的档案材料也称赵某 1 系自己的大女儿，再结合证人证言，本院认定赵某 1 未参加工作时的生活来源主要依靠父亲赵某和继母王某，赵某 1 也对王某予以照料，故应认定双方形成了扶养关系。我国《继承法》规定，继子女和继父母之间形成了扶养关系，就相互享有继承遗产的权利。现赵某 1 与继母王某之间形成了扶养关系，故赵某 1 有继承继母王某遗产的权利。"过继"并非我国现行法律所规定的设立或变更当事人身份的法律概念。现代汉语词典对"过继"一词的解释是："把自己的儿子给没有儿子的兄弟、堂兄弟或亲戚做儿子；没有儿子的人以兄弟、堂兄弟或亲戚的儿子为自己的儿子。"将已成年的赵某 1 过继给赵喜瑞不符合我国的传统习俗。故本案中"过继字据"名为过继，实质为遗赠扶养协议。且赵某 2 不能证明赵甲与赵某 1 形成收养关系，亦不能证明赵某 1 与其父母关系消除，故本院亦不予认定。我国继承法规定，同一顺序继承人继承遗产的份额，一般应当均等。赵某 1、赵某 2 均为赵某、王某的第一顺序继承人，本院确定被继承人赵某、王某的遗产由赵某 1、赵某 2 平均继承。18 号承租公房并非遗产，原审法院对此不予处理，并无不当。

【律师评析】

著作权又称版权。著作权的对象是作品,是指文学、艺术和科学领域内具有独创性并能以某种有形形式复制的智力成果,具体形式包括:文字作品;口述作品;音乐、戏剧、曲艺、舞蹈、杂技艺术作品;美术、建筑作品;摄影作品和类似摄制电影的方法创作的作品;工程设计图、产品设计图、地图、示意图等图形作品和模型作品;计算机软件;法律、行政法规规定的其他作品。作为著作权的作品应具备以下特征:(1)作品是思想、情感的表现形式,不是思想、情感本身;(2)作品应当具有独创性;(3)该表现形式属于文学、艺术和科学范畴。著作权的保护期限,作品的作者是公民的,保护期限至作者死亡之后第50年的12月31日;作品的作者是法人、其他组织的,保护期限到作者首次发表后第50年的12月31日。

著作权的内容分为人身权利和财产权利。著作权人身权是指作者通过创作表现个人风格的作品而依法享有获得名誉、声望和维护作品完整性的权利。著作权人身权的特征:不可转让;永久性,作者终身享有;不可剥夺;个别权能的可继承性。作者死后,一般由其继承人或者法定机构予以保护。根据我国《著作权法》的规定,著作人身权包括:发表权,即决定作品是否公布于众的权利;署名权,即表明作者身份,在作品上署名的权利;修改权,即修改或者授权他人修改作品的权利;保护作品完整权,即保护作品不受歪曲、篡改的权利。著作财产权是作者对其作品的自行使用和被他人使用而享有的以物质利益为内容的权利。著作财产权的内容具体包括复制权、发行权、出租权、展览权、表演权、放映权、广播权、信息网络传播权、摄制权、改编权、翻译权、汇编权、追续权以及应当由著作权人享有的其他权利。

邻接权是指作品传播者对在传播作品过程中产生的劳动成果依法享有的专有权利,又称为作品传播者权或与著作权有关的权益。广义的著作权可以包括邻接权。邻接权的主体多为法人或其他组织,著作权的主体多为自然人。出版者的权利包括:(1)版式设计专有权;(2)专有出版权。表演者的权利包括:(1)表明表演者身份;(2)保护表演形象不受歪曲;(3)许可他人从现场直播和公开传送其现场表演,并获得报酬;(4)许可他人录音录像,并获得报酬;(5)许可他人复制、发行录有其表演的录音录像制品,并获得报酬;(6)许可他人通过信息网络向公众传播其表演,并获得报酬。录制者的权利。录制者对其制作的录音录像制品,享有许可他人复制、发行、出租、通过信息网络向公众传播并获得报酬的权利。播放者的权利。播放者有权禁止未经许可的下列行为:将其播放的广播、电视转播;将其播放的广播、电视录制在音像载体上以及复制音像载体。

《继承法》第三条规定:“遗产是公民死亡时遗留的个人合法财产,包括:……(六)公民的著作权、专利权中的财产权利。”根据著作权内容的特性和《继承法》的上述规定,著作权中的财产权利可以依法继承,而著作权中的人身权利不能成为遗产。邻接权作为广义著作权的一部分,当其权利享有主体系自然人时,也应当允许其继承人继受取得其中的财产权利。继承人在继承著作权的财产权利时,应注意著作权有法定的保护期限。作品的作者是自然人的,保护期限至作者死亡之后第 50 年的 12 月 31 日。继承取得的财产权利也应受该期限限制。

最高人民法院公报案例

张某等诉某工艺品公司等侵犯著作权纠纷案①

【案情简介】

原告张某、董甲、董乙、董丙系董某的妻子和儿子。董某于 1953 年创作完成油画《开国大典》,1954 年和 1971 年两次修改该油画。1972 年

① 《中华人民共和国最高人民法院公报》2003 年第 6 期(总第 86 期)。

他人对该油画重新绘制，1979 年他人又对该油画进行修改。此画收藏于被告博物馆。董某于 1973 年去世。

1999 年 7 月 19 日，被告某工艺品公司与被告某博物馆签订合作协议书，约定：被告某博物馆作为监制发行单位负责提供作品《开国大典》原作底片，并授权被告某工艺品公司制作纯金画；被告某工艺品公司负责纯金工艺画的设计、策划和投资制作；金箔画发行的数量和规格为“（大）1000 幅、（中）5000 幅、（小）5000 幅”。被告某工艺品公司制作的《开国大典》金箔画中都附有收藏证书，并印有落款为被告某博物馆的监制证书，上面有“某博物馆和某工艺品公司联合发行《开国大典》缩版纯金箔画；极品限量发行 5000 幅、珍藏版限量发行 5000 幅、纪念版限量发行 5000 幅；发行、监制：某博物馆；设计、制作：某工艺品公司”等字样。被告某集团公司曾于 1999 年参与销售《开国大典》金箔画，现已停止销售。

原告认为董某对油画有著作权，四原告继承了董某的著作权，被告侵犯了该著作权，要求停止侵权、赔偿损失等。被告认为董某对该油画没有著作权，被告没有侵犯著作权等。

【裁判要点】

因诉争侵权行为发生在 2001 年《著作权法》修改前，故本案应适用 1990 年《著作权法》。著作权属于作者。享有著作权的公民死亡后，其作品的使用权和获得报酬权在法定保护期内依照继承法的规定转移。董某创作油画后，虽经自己多次修改，又经他人重新绘制和修改，但其对油画作品享有著作权应始于作品创作完成时，他人的修改不影响对原作品著作权的保护。

被告某工艺品公司在与被告某博物馆就制作发行《开国大典》金箔画一事签订的合作协议中，明确约定了双方承担的责任、制作产品的数量及规格、利益分配等具体事宜，在公开销售的金箔画所附“收藏证书”

中亦标明是联合发行。上述事实表明,被告某工艺品公司与被告某博物馆是基于共同的商业目的,实施了制作、发行《开国大典》金箔画的行为。两被告构成共同侵权,应承担连带责任。

【律师评析】

本案的争议焦点是董某对油画作品有无著作权,被告对董某的著作权有无侵权行为。争议焦点集中在著作权法领域。但本案也适用了继承法的规定。

董某系油画作品的著作权人,其死亡后,其妻子张某和儿子董甲、董乙、董丙作为第一顺序继承人,对其遗产享有继承权。油画著作权中的财产权也属于董某遗产,故4原告有权继承讼争油画的著作权中的财产权。

艺术品的追续权,是指作品的作者及其继承人在作品初次出售后,在该作品后续的交易中,有权从作品的成交价款中提取一定比例的金额的权利。追续权旨在保护著作权人的利益,使在初次出售中被低估、而后价格较大幅上涨的作品的利益在著作权人和作品的物权所有人之间得到平衡。我国《著作权法》暂无追续权制度的规定。但追续权制度有利于鼓励著作权人创作,对于文化和艺术发展有着积极作用。

73. 专利权中的财产权

【关键词】

专利权　专利权中的财产权　遗嘱继承

朱某甲与朱某乙等遗嘱继承纠纷一审案①

★法院观点★

专利权中的财产权利，依法可以继承；公民可以立遗嘱将个人财产指定由法定继承人的一人或数人继承。

【案情简介】

原告：朱某甲。

被告：朱某乙、朱某丙、朱某丁。

法院经审理查明：杨某与朱某戊系夫妻关系，二人均已离世。朱某戊先于杨某去世。双方共生育4个子女，分别为本案的被告朱某乙、朱某丙、朱某丁及原告朱某甲。2012年2月21日，杨某委托律师事务所办

① 案号：(2015)杭下民初字第310号，杭州市下城区人民法院。

理律师见证遗嘱，并代书遗嘱。遗嘱载明：浙江大学西溪校区启真名苑×-×-×××室（经济适用房）或者朝晖四区××幢×××室的房产（房改房）系本人和丈夫朱某戊的共有房产，我百年之后按照法律规定属于本人的部分（包括本人作为配偶共有人享有和从丈夫所继承所有）由女儿朱某甲继承；本人过世后留下的其他属于本人的所有财产，均由女儿朱某甲继承。杨某就朱某戊的遗产分别于2013年1月16日、2014年5月向本院提起诉讼，本院作出（2013）杭下民初字第137号民事判决书、（2014）杭下民初字第1027号民事判决书，判决朱某戊名下杭州市下城区朝晖四区××幢×××室的房屋中朱某戊享有的50%产权份额由原告杨某继承；××病人的全营养素液体食品的制造方法的发明专利（专利号：zl0315××××. x）、固态化全营养素液体食品及其制造方法的发明专利（专利号：zl0314××××. x）、黑米花色素苷的提取方法的发明专利（专利号：zl20051004××××. x）、“寿民”注册商标（商标注册证号：第55××07号）等财产权利由原告杨某继承。判决生效后，杨某办理了相应的产权登记变更手续。2014年10月，杭州某医用食品有限公司经股东会决议确定，杨某在该公司的出资额为32万股，占注册资本的64%。2015年3月，杭州某医用食品有限公司及股东向本院作出情况说明，同意杨某拥有公司64%的股份由朱某甲继承。

【各方观点】

原告朱某甲诉称：杨某生前立有遗嘱，房产中属于其的部分（包括作为配偶共有人享有和从丈夫所继承所有）由朱某甲继承；其他所有财产，均由女儿朱某甲继承。上述遗嘱经律师事务所律师见证，并出具了《律师遗嘱见证书》。原告依法对上述杨某的财产具有遗嘱继承权。房产、“杭州某医用食品有限公司”64%股权及股东资格、“寿民”注册商标专用权、专利权的财产权利均应由原告继承。

被告朱某乙未到庭应诉。

被告朱某丙辩称：对杨某的遗嘱有异议，杨某在遗嘱中陈述其患有尿毒症，在遗嘱中第三点陈述原告必须承担为杨某治疗请保姆的责任，被告对原告是否已完成为杨某请保姆的责任有异议。杨某去世那天是星期一，死亡时间按理说是其在浙一医院做血透的时间，被告对原告是否完成杨某遗嘱中的义务有异议。遗嘱中只有杨某的签名，没有原告的承诺。

被告朱某丁辩称：对母亲所立遗嘱的合法性有异议，我们兄弟姐妹四人，父母不可能都将遗产留给原告。杨某立的遗嘱经律师事务所律师见证，这不是母亲的本意，母亲本意是想把一半财产用来看病，另一半捐献给寿民基金会。原告早就想独吞母亲的遗产，原告将被告和母亲隔离开来，不让被告尽孝。三被告的尽孝都超过原告。

【法院裁判理由】

法院认为，遗产是公民死亡时遗留的个人合法财产，公民可以立遗嘱将个人财产指定由法定继承人的一人或数人继承。被继承人杨某在律师事务所办理律师见证遗嘱，并代书遗嘱将其个人财产指定由原告朱某甲继承，内容合法，该遗嘱有效。杨某的遗产，按遗嘱由朱某甲继承。本案所涉财产，均系杨某生前取得，被告朱某丙、朱某丁认为 2012 年 2 月 21 日后杨某获得的所有财产不应该包括在遗嘱财产范围内及杨某的一半遗产应捐献给基金会的抗辩，缺乏依据。

【裁判依据】

《继承法》第三条、第十六条、第十七条第三款。

【律师评析】

专利权，简称“专利”，是发明创造人或其权利受让人对特定的发明创造在一定期限内依法享有的独占实施权，是知识产权的一种。专利权的特征主要体现在三个方面:(1)排他性,专利权人对其拥有的专利权享有独占或排他的权利,未经其许可或者出现法律规定的特殊情况,任何人不得使用,否则即构成侵权;(2)时间性,指法律对专利权所有人的保护有一定期限限制,超过这一期限限制则不再予以保护,专利权随即成为人类共同财富,任何人都可以利用;(3)地域性,指任何一项专利权,只有依一定地域内的法律才得以产生并在该地域内受到法律保护。专利权的客体包括发明、实用新型和外观设计三种。发明,是指对产品、方法或者其改进所提出的新的技术方案。实用新型是指对产品的形状、构造或者其结合所提出的适于实用的新的技术方案。发明和实用新型要取得专利权,必须满足:(1)新颖性;(2)创造性;(3)实用性等。外观设计又称为工业产品外观设计,是指对产品的形状、图案或者其结合以及色彩与形状、图案相结合所做出的富有美感并适于工业上应用的新设计。外观设计要取得专利权,必须满足:(1)新颖性;(2)实用性;(3)富有美感;(4)不得与他人在先取得的合法权利相冲突等。发明专利权的期限为20年,实用新型专利权和外观设计专利权的期限为10年,均自申请日起计算。专利权期限届满后,专利权终止。

专利权的内容包括专利人身权和财产权。专利人身权,又称专利人格权,主要包括:署名权,指专利发明人、设计人有权在专利文件中写明自己是该专利的发明或设计人;发表权,即专利文件是否公之于众的权利;修改权,即修改或者授权他人修改专利文件作品的权利;保护作品完整权,即保护作品不受歪曲、篡改的权利。专利人身权是专利权人所特有的,不因专利财产权的转让而消失。专利财产权的内容包括:(1)实施许可权,指专利权人可以许可他人实施其专利技术并收取专利使用费;(2)转让权,专利可以依法转让;(3)标示权,指专利权人享有在其专利产品或者该产品的包装上标明专利标记和专利号的权利。

《继承法》第三条规定:“遗产是公民死亡时遗留的个人合法财产,包括:……(六)公民的著作权、专利权中的财产权利……”根据专利权内容的特性和《继承法》的上述规定，专利权中的财产权利可以依法继承，而专利权中的人身权利不能成为遗产。继承人在继承专利权的财产权利时，应注意专利权有法定的保护期限。发明专利权的期限为 20 年，实用新型专利权和外观设计专利权的期限为 10 年，均自申请日起计算。继承取得的财产权利也应受该期限限制。

本案中，相关专利权系被继承人生前合法取得，属于其遗产，继承人有权依法继承。杨某继承专利权后，办理了权利变更登记手续，依法取得专利权。杨某死亡后，该专利权继续发生继承，由朱某甲继承。朱某甲在判决生效后，也应办理相关权利变更登记手续。

74. 商标权中的财产权

【关键词】

商标权　商标权中的财产权　遗嘱继承

朱某甲与朱某乙等遗嘱继承纠纷一审案①

★法院观点★

商标权中的财产权利,依法可以继承;公民可以立遗嘱将个人财产指定由法定继承人的一人或数人继承。

【案情简介】

案例详见“专利权中的财产权”。

【律师评析】

商标是用以区别商品和服务不同来源的商业性标志,由文字、图形、字母、数字、三维标志、颜色组合、声音或者上述要素的组合构成。商标

① 案号:(2015)杭下民初字第310号,杭州市下城区人民法院。

权是商标专用权的简称,是指商标主管机关依法授予商标所有人对其注册商标受国家法律保护的专有权。商标权的特征包括:(1)独占性,是指商标注册人对其注册商标享有独占使用权;(2)时间性,指商标专用权的有效期限,我国商标有效期为10年,期满可申请续展;(3)地域性,指商标专用权的保护受地域范围的限制;(4)财产性,商标专用权是一种无形财产权;(5)类别性,注册商标的保护范围仅限于所核准的类别和项目。

商标注册人拥有依法支配其注册商标并禁止他人侵害的权利,包括:(1)专有使用权,商标权人可在核定的商品上独占性地使用核准的商标,并通过使用获得其他合法权益;(2)禁止权,指注册商标所有人有权禁止他人未经其许可,在同一种或者类似商品或服务项目上使用与其注册商标相同或近似的商标;(3)许可权,指注册商标所有人通过签订许可使用合同,许可他人使用其注册商标的权利;(4)转让权,是指注册商标所有人按照一定的条件,依法将其商标权转让给他人所有的权利。

我国继承法并没有直接规定商标权是遗产的一种,但也没有明文规定商标权不能继承。《商标法实施条例》第三十二条第一款规定:"注册商标专用权因转让以外的继承等其他事由发生移转的,接受该注册商标专用权的当事人应当凭有关证明文件或者法律文书到商标局办理注册商标专用权移转手续。"按照上述规定,商标权可以继承。而从商标权本身的财产性和商标申请的主体无限制而言,其可以继承是应有之义。商标权带有财产性,享有商标权并专有使用之,能为享有者带来财产利益;转让商标权,能为享有者换取财产对价。财产权利属于遗产的范围。申请商标注册的主体,根据《商标法》的规定,从事生产、制造、加工、拣选、经销商品或者提供服务的自然人,需要取得商标专用权的,应当向商标局申请商标注册。个体工商户可以以其《个体工商户营业执照》登记的字号作为申请人名义提出商标注册申请,也可以以执照上登记的负责人名义提出商标注册申请。可见自然人可以成为商标权的主体。

继承人在继承商标权时,应注意商标权有法定的保护期限。根据《商标法》规定,商标权有效期10年,自核准注册之日起计算,期满前12个月内申请续展,在此期间内未能申请的,可再给予6个月的宽展期。续展可无限重复进行,每次续展注册的有效期为10年。自该商标上一届有效期满次日起计算。期满未办理续展手续的,注销其注册商标。因此,继承人在继承开始时即应关注商标权的期限,在期满前应当申请展期,以免丧失权利。

本案中,相关商标权系被继承人生前合法取得,属于其遗产,继承人有权依法继承。杨某继承商标权后,办理了权利变更登记手续,依法取得商标权。杨某死亡后,该商标权继续发生继承,由朱某甲继承。朱某甲在判决生效后,也应办理相关权利变更登记手续。

75. 养老保险金、企业年金、住房公积金、住房补贴

【关键词】
养老保险金　企业年金　住房公积金　住房补贴

毛某与庞某法定继承纠纷一审案①

★法院观点★

企业年金个人账户余额、住房公积金个人账户余额、养老保险金个人账户余额,可以依法继承。

【案情简介】

原告:毛某。

被告:庞某。

法院经审理认定:被继承人周某(男,于2015年1月26日去世)系原告之子,其父周甲于1994年去世。周某与案外人庞乙原系夫妻关系,双方于2001年4月经本院判决离婚,双方婚生子庞某(本案被告)由庞

① 案号:(2016)浙0102民初299号,杭州市上城区人民法院。

乙抚养。后周某未再婚,亦未生育子女。周某原系上海铁路局杭州机务段员工,其名下的企业年金个人账户遗留有金额 60,697.8 元(截至 2016 年 1 月 31 日),住房公积金账户遗留有金额 85,556.47 元(截至 2015 年 12 月 31 日),基本养老保险个人账户遗留有累计金额 53,480.64 元(截至 2015 年 1 月)。在诉讼过程中,被告出具放弃遗产声明书一份,确认放弃对周某遗产的继承权。庞乙亦出具声明一份,确认放弃周某名下的企业年金个人账户、住房公积金账户、基本养老保险个人账户中属于庞乙的金额,即就上述三项财产不再主张进行夫妻共同财产分割。

【各方观点】

原告毛某观点:原告和被告系祖孙关系,被继承人周某为原告之子、被告之父。现原告为继承被继承人周某的遗产,特诉至法院,要求继承周某名下企业年金 60,697.8 元(截至 2016 年 1 月 31 日的金额,实际金额以提取时为准)、住房公积金 85,556.47 元(截至 2015 年 12 月 31 日的金额,实际金额以提取时为准)、养老金共计 53,480.64 元(截至 2015 年 1 月的金额,实际金额以提取时为准)。

被告庞某观点:对原告的诉讼请求没有意见。

【法院裁判理由】

法院认为,继承开始后,按照法定继承办理,有遗嘱的,按照遗嘱继承办理。本案中,原、被告双方均未提供被继承人留有遗嘱的证据,故本案应当按照法定继承办理。被继承人周某死亡时,其法定继承人为原告和被告,现被告放弃继承权,故原告享有对周某遗产的继承权。庞乙自愿放弃对周某名下的企业年金个人账户、住房公积金账户、基本养老保险个人账户中属于庞乙的财产。因此,上述三个账户中遗留的财产均可视为周某的遗产,故原告要求继承上述三个账户中的财产的诉讼请求,于法有据。

【裁判依据】

《继承法》第二条、第三条、第五条、第十条、第二十五条。

【律师评析】

养老保险，是国家依据相关法律法规规定，为解决劳动者在达到国家规定的解除劳动义务的劳动年龄界限或因年老丧失劳动能力退出劳动岗位后而建立的一种保障其基本生活的社会保险制度。目的是以社会保险为手段来保障老年人的基本生活需求，为其提供稳定可靠的生活来源。基本养老保险费由企业和被保险人共同缴纳。企业按本企业职工上年度月平均工资总额的一定比例缴纳，职工个人按本人上年度月平均工资收入的一定比例缴纳。所缴纳的保险费，一部分被划入统筹账户内，另一部分被划入个人账户内。被保险人领取养老保险金必须满足两个条件：(1)达到国家规定的退休条件已办理相关手续；(2)按规定缴纳基本养老保险费累计缴费年限满15年的。参加职工基本养老保险的个人，在达到法定退休年龄前离境定居的，其个人账户予以保留，达到法定退休年龄的，按照国家规定享受相应的养老保险待遇。参加职工基本养老保险的个人死亡的，个人账户中的余额可以全部继承。可见，养老保险个人账户内的资金属于遗产，可以依法继承。

企业年金，是指企业及其职工在依法参加基本养老保险的基础上，依据国家政策和本企业经济状况，经过必要的民主决策程序建立的享受国家税优支持的养老保障计划。企业年金所需费用由企业和职工个人共同缴纳。企业缴费的列支渠道按国家有关规定执行；职工个人缴费可以由企业从职工个人工资中代扣。企业年金基金由下列各项组成：(1)企业缴费；(2)职工个人缴费；(3)企业年金基金投资运营收益。企业缴费应当按照企业年金方案规定比例计算的数额计入职工企业年金个人账户;职工个人缴费额计入本人企业年金个人账户。企业年金基金投资运营收益,按净收益率计入企业年金个人账户。职工在达到国家规定的退休年龄时,可以从本人企业年金个人账户中一次或定期领取企业年金。职工未达到国家规定的退休年龄的,不得从个人账户中提前提取资金。企业年金个人账户内的资金属于个人合法所有的财产,所有人死亡时,可以作为遗产由继承人继承。

住房公积金,是指国家机关、国有企业、城镇集体企业、外商投资企业、城镇私营企业及其他城镇企业、事业单位、民办非企业单位、社会团体及其在职职工缴存的长期住房储金。住房公积金由职工和所在单位缴存,属于职工工资性质,系职工个人合法财产,可以依法继承。职工死亡或者被宣告死亡的,职工的继承人或者受遗赠人,可以提取该职工住房公积金账户中的储存余额。

住房补贴是国家为职工解决住房问题而给予的补贴资助,住房补贴的资金来源主要有三大块:一是国家下拨的建房资金;二是单位售房资金;三是单位多种渠道筹集的资金。发放住房补贴的基本形式有:一次性住房补贴、基本补贴加一次性补贴和按月补贴三种形式。住房补贴属于劳动报酬性质,是职工个人合法财产,职工死亡时可以依法继承。

本案涉及养老保险金、企业年金、住房公积金,被继承人个人账户中上述三金属于其遗产,可以依法由继承人继承。

76. 继承既得权

【关键词】

继承既得权　转继承

吴甲等诉吴乙等法定继承纠纷一审案①

★法院观点★

继承开始后，继承人于遗产分割前死亡的，其继承权利转移给他的继承人继承。

【案情简介】

原告：吴甲、姜某。

被告：吴乙、吴丙、吴丁、宋某、吴戊、吴庚。

法院经审理查明：被继承人吴某于1986年2月4日报死亡，被继承人史某于2002年9月28日报死亡。该两被继承人系夫妻关系。上海市杨浦区杨树浦路房屋系私房，土地使用者登记为被继承人史某。原、

① 案号：(2010)杨民一(民)初字第3603号，上海市杨浦区人民法院。

被告双方一致认可该房系两被继承人于解放前所建，两被继承人的父母均先于两被继承人去世。

被继承人吴某、史某育有7个子女，分别为原告吴甲、原告姜某丈夫吴A、被告吴乙、被告吴丙、被告吴戊、被告宋某丈夫吴B、被告吴庚。吴A于2008年9月7日报死亡，其配偶为原告姜某。原告姜某与前夫于1987年2月经法院调解离婚，其与前夫育有一女汪某，与原告姜某共同生活。原告姜某与吴A于1987年登记结婚。案外人汪某到法院表示，不参加本案系争房屋的继承案件的诉讼，如有属于自己的份额，由母亲姜某继承。吴B于2007年6月21日死亡，其配偶为被告宋某。吴B、宋某夫妇育有一子，即本案被告吴丁。目前，上海市杨浦区杨树浦路房屋由被告吴戊一家三口及被告吴丁、宋某居住。原、被告均同意系争房屋按照法定继承后，居住维持原状。

【各方观点】

原告观点：要求房屋按照法定继承。

被告观点：要求房屋按照法定继承，但居住维持现状。

【法院裁判理由】

因两被继承人生前未立遗嘱，故两被继承人的子女作为第一顺序法定继承依法继承。由于两被继承人死亡后，继承人吴A、吴B先后死亡，其两人应继承的份额由其妻子、子女转继承，鉴于吴A的继女汪某表示其应得份额由母亲姜某继承，故吴A的继承份额由姜某转继承，吴B应继承的份额由其妻子宋某、吴丁依法转继承。故吴甲、姜某、吴乙、吴丙、吴戊、戊庚各享有遗产房屋的七分之一，吴丁、宋某享有遗产房屋的十四分之一。

【裁判依据】

《继承法》第二条、第三条、第五条、第十条、第十三条第二款、第二十七条、第二十九条第二款。

【律师评析】

继承权是指继承人所享有的继承被继承人遗产的权利。[①] 继承权又分为继承期待权和继承既得权。继承人的继承期待权是在继承还没开始以前,即财产所有人还没有死亡之前,对于继承人在法律上的地位的一种推定,即推定某人在将来有继承某被继承人财产的希望。这种希望并不是一种现实的继承权。[②] 继承既得权是一种现实的权利,是从继承开始时起,即被继承人死亡时起,继承人已经开始取得了被继承人在遗产上的权利。因此,继承期待权不是一种财产权益,不属于遗产;继承既得权是一种财产权益,属于遗产的范围。只不过区别于一般的遗产,对继承既得权的继承,不是在被继承人的遗产处理中来继承,而是在被继承人的被继承人的遗产处理中来继承。此即为转继承。

转继承,又称再继承或连续继承。转继承是指继承人在被继承人死后不久也相继去世,尚未实际分得的遗产且未放弃或丧失继承权,其应继份额转归他自己的继承人继承。《继承法意见》第五十二条规定:"继承开始后,继承人没有表示放弃继承,并于遗产分割前死亡的,其继承遗产的权利转移给他的合法继承人。"

转继承必须符合4个条件:(1)继承人死亡发生继承开始后、遗产分割前;(2)继承人没有丧失或放弃继承权;(3)继承人尚未取得遗产;(4)

---

① 参见刘春茂主编:《中国民法学——财产继承》,人民法院出版社2008年版,第89页。

② 参见刘春茂主编:《中国民法学——财产继承》,人民法院出版社2008年版,第89页。

由继承人的继承人来继承继承人可以继承他的被继承人的遗产份额。继承人在被继承人之前死亡的，不发生转继承，可能发生的是代位继承。继承人在遗产分割、取得遗产后死亡的，不发生转继承，继承人的继承人可以继承其该遗产。继承人丧失或放弃继承权的，则转继承也不可能发生。

本案中，吴A在被继承人死亡后、遗产分割前死亡，吴A对被继承人吴某的遗产有继承既得权，吴A生前尚未取得遗产，则吴A的继承人配偶姜某和继女汪某有权继承其继承既得权，即继承吴某的遗产。

77. 俱乐部会员资格和相应的财产权

【关键词】
俱乐部会员资格

案例一

吕甲诉吕乙等法定继承纠纷一审案①

★法院观点★

俱乐部入会费不属于遗产。

【案情简介】

原告:吕甲。

被告:吕乙、吕丙、吕丁、魏某。

法院经审理查明:被继承人林某与原告吕甲系夫妻关系,双方婚后育有三个子女,即被告吕丁、吕乙、吕丙。被告魏某系被继承人林某母亲。被继承人林某于 2014 年 9 月 7 日在上海死亡,林某的父亲林甲于

① 案号:(2016)沪 0105 民初 530 号,上海市长宁区人民法院。

2009 年 7 月死亡。

某 10 号房屋与某 36 号房屋均登记在被继承人林某与原告吕甲名下,为二人共同共有。原告吕甲与被告魏某均认可被继承人林某与原告吕甲在上述房屋中的产权份额比例各占 50%,并认可 10 号房屋价值 760 万元,36 号房屋价值 715 万元。丰田轿车登记在原告吕甲名下。原告吕甲与被告魏某确认该车辆价格(含牌照使用费)10 万元。吕甲名下存款余额 109,001.70 元。2004 年 9 月 15 日,原告吕甲与上海某俱乐部签订会员认购书,会员种类为个人会员,会员证入会费为 4.5 万美元。

【各方观点】

原告吕甲观点:要求林某遗产按照法定继承;俱乐部入会费已经消费,不同意分割。

被告魏某观点:要求按照法定继承林某遗产;房屋、汽车、存款按照法定继承;原告名下上海某俱乐部高尔夫会员入会费 24 万元,应当分割并继承。

【法院裁判理由】

本案被继承人林某生前未留有遗嘱,故被继承人的遗产应按照法定继承办理。根据我国法律规定夫妻在婚姻存续期间所得的共同所有的财产,除有约定的以外,如果分割遗产,应当先将共同所有的财产的一半分出为配偶所有,其余的为被继承人的遗产。本案中,10 号房屋、36 号房屋、丰田汽车和银行存款的产权份额的 1/2 为林某遗产,由原告吕甲所有及继承所有 7/10,被告吕丁、吕乙、吕丙各继承 1/10,原告吕甲应支付被告魏某房屋、汽车折价款和存款分割款。原告支付的俱乐部入会费系原告在与被继承人生前婚姻关系存续期间的个人消费支出,不属于法律规定的遗产范围,故对被告魏某此项主张不予支持。

【裁判依据】

《继承法》第二条、第三条、第五条、第十条、第十三条、第二十六条;《物权法》第九十九条。

案例二

某电梯公司诉某俱乐部服务合同纠纷一审案[①]

★法院观点★

因俱乐部原因合同解除,入会费应当退还。

【案情简介】

原告:某电梯公司。

被告:某俱乐部。

法院经审理查明:原告现为被告会员。2013 年 7 月 12 日,原、被告以及案外人签订《会籍转让协议书》,协议书约定:案外人将其拥有的被告俱乐部会员卡转让于原告;案外人入会时交付金额计 46,000 美元;案外人向被告缴纳转让价 10%的转让手续费计 4600 美元;一旦转让完成,案外人的购卡合约即告失效,案外人的权利义务将随之终止;原告受转让的同时,应签署新的入会协议书,不再享有创始会员权利,只享有转让会员权利与义务。同日,原、被告签订《转让会员合约书》,合约书约定:被告保证俱乐部土地使用权独立拥有,绝对清楚,保证俱乐部开发计划,所经营项目均按中国法令合法登记取得营业执照;原告经确认并同意遵守被告于 2004 年 1 月 1 日经修改后颁行之会员规章,并视同合约之一

① 案号:(2016)沪 0118 民初 3793 号,上海市青浦区人民法院。

部分;原告之权利与义务包含转让、继承、退会、中止、丧失、解散及会员福利等,依据此会员规章之规定办理;本合约需缴纳年费每年人民币6000元,本合约仅限享受会员权益。2013年7月9日,原告支付转让费人民币34万元。另查明,2004年1月1日起生效的高尔夫俱乐部《会员规章》规定:申请入会者,必须依规定办理入会手续并经公司审查同意后,缴纳入会费,即成为本俱乐部会员;会员入会费,为会员入会应缴之款项,作为俱乐部之经营费用,除可归责于本公司之情况下,不予退还;会员享有使用本公司所经营国际俱乐部之一切设施等权益。规章另对会籍转让、继承、中止、丧失、年费缴纳等做了规定。又查明:上海市青浦区人民政府于2015年4月14日出具责令拆除决定书,责令被告于2015年5月31日前对高尔夫球场项目予以拆除。被告于2015年6月向上海市第二中级人民法院提起行政诉讼。2016年3月下旬起被告高尔夫球场全面停止营业,相关高尔夫球场已拆除。

【各方观点】

原告观点:双方签订有会员合约书,原告已经支付会费,对入会费退还条件和回买金额的计算方式等均做了明确约定,被告高尔夫球场因故关停,原告无法继续行使会员权益,要求解除合同,退还费用,赔偿损失。

被告观点:被告已经提起行政诉讼,如果决定书撤销,被告可在短期内恢复提供会员服务;会员卡存在使用年限,入会费应当根据会员已经接受服务的年限,扣除相应价值。

【法院裁判理由】

(1)原、被告签订的《转让会员合约书》系双方当事人的真实意思表示,不违反法律法规的强制性规定,应为合法有效,对原、被告均有约束力。原告缴纳相应的费用后成为被告会员,被告应按约向原告提供服务。被告高尔夫球场已于2016年3月下旬起全面停止营业,相关球场已经拆除,故被告事实上已无法按合同约定向原告提供服务,对此被告作为合同相对方应承担相应的违约责任。因被告的违约行为致使合同目的无法实现,原告要求解除合同,于法有据,本院予以支持。(2)原、被告签订的《转让会员合约书》解除后,原告丧失会员资格,被告应返还作为会员资格对价的入会费。被告主张,其提供会员服务的期限截至被告营业期限届满的 2043 年,入会费的价值应当随已享受过的服务期限而逐步减少,故若需退还入会费应按已使用年限予以折算。本院认为,企业营业期限到期后仍可延续,故不能按营业期限确定会员资格年限,双方对于会员资格的年限并无约定,且会员资格可以继承,被告也未举证证明其告知原告会员资格存在年限,故会员资格年限应可视为永久年限。原告作为会员还需每年缴纳年费,其接受服务时仍需支付相应的服务费用,故入会费并非接受服务的对价。此外,被告的《会员规章》中对于会员费退还的规定也未提及需按使用年限折算。原告受让会员资格时所支付的转让费也并未随会员年限而逐年减少。综上所述,被告提出的应按使用年限进行折算的抗辩,本院不予采纳。(3)入会费系会员取得会员资格的对价,原告通过受让取得会员资格,继受原会员因缴纳入会费产生的相关权利。本案所涉入会费应按原会员入会时缴纳的入会费金额全额退还,而不应按原告从案外人处受让会员资格所支付的对价。

【裁判依据】

《合同法》第八条、第七十九条、第九十四条第(四)项、第九十七条、第一百零七条。

【律师评析】

随着高尔夫球运动的推广,越来越多的人加入高尔夫球运动中。但参与高尔夫球运动往往需要加入某家高尔夫俱乐部,而动辄几十万元的入会费确是一笔金额不小的支出。高昂的入会费换来的是高尔夫俱乐部的会员资格,拥有会员资格,会员在消费高尔夫运动服务时能够享受较大的折扣。可以说高尔夫俱乐部会员资格包含了很大的经济利益。那么,高尔夫俱乐部会员死亡,其俱乐部会员资格及相应财产权利能否继承?

《继承法》第三条规定:“遗产是公民死亡时遗留的个人合法财产……”可见,遗产概念的外延是财产权而非人身权。根据我国现有继承法律的规定,继承人能够继承被继承人的财产权,而非人身权。而会员资格系基于特定的会员人身主体而具有,应属于人身权的范畴。因此,俱乐部会员资格不属于遗产,不发生继承。会员死亡的,会员资格随之消灭。

实践中,有些俱乐部的会员规章规定了会员资格的继承,有些则未做出此规定。笔者认为,即便俱乐部的会员规章做出了会员资格继承的规定,也不意味着会员资格发生继承法意义上的继承。根据合同的约定和会员规章的规定,会员资格可以继承,一方面,这是双方的真实意思,法无明文禁止皆可为,该约定或规定有效;另一方面,会员资格的这种继承应理解为身份的继承,如爵位的继承等,并非我国继承法意义上的继承。可以说,这类约定或规定名为继承,实非继承。

会员资格虽然不能继承,但相应的财产权利则另当别论。会员与俱乐部签订有合同,根据该合同会员享有的某些财产权利是可以作为遗产,成为继承的标的,比如退还会费的权利,获得赔偿的权利等。

在案例一中,魏某主张分割入会费,笔者认为这样的诉讼请求,提法不对。入会费是支出的费用,已经支付的费用不是财产,因而不属于遗产,魏某的请求当然不能得到法院的支持。如果魏某主张分割吕甲名下会员资格的权益,笔者认为,也不能得到支持。该会员权益是属于会员的,具有人身性,吕甲尚生存,会员资格以及相应权益,都应由吕甲行使,该会员合同也未出现解除和赔偿等情形,因而不能作为林某的遗产分割。

在案例二中,会员规章明确规定了会员资格的转让和继承。这表明,实践中有些俱乐部的会员资格是允许转让和继承的。但此继承非彼继承,值得注意。此外,受让或继承会员资格的人,应当与俱乐部签订新的合同,据此成为会员。在此种情况下,继承会员资格的人实际上以新签订的合同与俱乐部发生法律关系。在发生纠纷后,以签订的合同而无须以继承法律规定作为依据主张权利。

78. 抚恤金、丧葬费、助丧款不属于遗产

【关键词】

抚恤金　助丧款　丧葬费

吴甲诉吴乙等继承纠纷二审案①

★法院观点★

抚恤金、助丧款、丧葬费不属于遗产；抚恤金可以参照遗产处理。

【案情简介】

上诉人（原审原告）：吴甲。

被上诉人（原审被告）：吴乙、吴丙、吴丁、吴戊。

法院经审理查明：被继承人吴某与刘某系夫妻关系，两人共生育两子三女，即本案原、被告。被继承人刘某于2013年11月18日死亡，被继承人吴某于2014年12月17日死亡。两被继承人拥有夫妻共同财产如下：松阳县西屏镇北直街某房产的2/3份额。被继承人吴某死亡后，

① 案号：（2015）浙丽民终字第366号，丽水市中级人民法院。

其单位发放了丧葬费 4000 元,一次性抚恤金 104,750 元。被告方在处理被继承人吴某丧葬事宜后,助丧款结余 7617.33 元,其余已在处理丧葬事宜时消耗。抚恤金现由被告吴乙保管。另外,原告吴甲在两被继承人需要赡养期间,未尽赡养义务。

【各方观点】

上诉人(原审原告)吴甲观点:抚恤金 108,750 元、存款 7617.33 元、房屋都是遗产,要求按照法定继承;父母亲是雇用保姆照料,四被告也没有扶养父母。

被上诉人(原审被告)吴乙、吴丙、吴丁、吴戊观点:遗产有房屋、宅基地;7617.33 元不是存款,是助丧款,应扣除母亲丧失费用 1145 元,剩余的要回礼,不能作为遗产;抚恤金、丧葬费不是遗产;原告没有扶养父母,不应分得遗产。

【法院裁判理由】

一审法院观点:有扶养能力和有扶养条件的继承人,不尽扶养义务的,分配遗产时,应当不分或者少分。四被告提供的证据可以证明原告对两被继承人未尽扶养义务,故对于遗产房屋份额,原告吴甲应当少分。被继承人吴某单位发放的一次性抚恤金虽不属于遗产,但可以参照遗产分配,为减少诉累,可以在本案中与遗产一并处理,应由该款保管人吴乙支付给原告。被继承人吴某单位发放的丧葬费不属于遗产,本应作为处理其丧葬事宜的费用,鉴于部分助丧款已在处理其丧葬事宜时替代该款被消耗,且结余的助丧款亦不属于遗产,又涉及原、被告与各自亲友人情往来支出,故该丧葬款及结余助丧款应另案处理。关于四被告主张的宅基地使用权,因其未提供宅基地使用权的相关证明,且宅基地使用权的取得需拥有农村集体组织成员资格,单纯的宅基地使用权本身也无法继承,故对被告主张分割宅基地使用权的请求,不予支持。关于四被告主张应扣除被继承人生前的医疗费及保姆费等费用再进行遗产分配的主张,因该费用并非被继承人生前所负债务,且在分配遗产和抚恤金时,已考虑该因素,故对该抗辩不予采纳。

二审法院观点:同一顺序继承人继承遗产的份额,一般应当均等,但有扶养能力和有扶养条件的继承人,不尽扶养义务的,分配遗产时,应当不分或者少分。根据四被上诉人提供的证据及双方当事人的庭审陈述,可以认定上诉人未尽抚养义务,原审在分配遗产时,对上诉人予以少分,处理得当。遗产是公民死亡时遗留的个人合法财产,根据助丧款及被继承人吴某单位发放丧葬费的款项性质,该两笔款项明显不属于遗产的范围,上诉人要求在本案中予以分割,缺乏依据,本院不予支持。

【裁判依据】

《继承法》第十三条第四款。

【律师评析】

总体而言,抚恤金是发给伤残人员或死者家属的费用。抚恤金的种类较多,情况较为复杂。按照对象不同,抚恤金可以分为军人抚恤金、国家机关工作人员及离退休人员抚恤金、事业单位工作人员及离退休人员抚恤金、职工抚恤金等。按照权利主体不同,抚恤金可以分为支付给本人的抚恤金和支付给家属的抚恤金。

《军人抚恤优待条例》第二条规定:“中国人民解放军现役军人(以下简称现役军人)、服现役或者退出现役的残疾军人以及复员军人、退伍军人、烈士遗属、因公牺牲军人遗属、病故军人遗属、现役军人家属,是本条例规定的抚恤优待对象,依照本条例的规定享受抚恤优待。”第七条规定:“现役军人死亡被批准为烈士、被确认为因公牺牲或者病故的,其遗属依照本条例的规定享受抚恤。”第十五条规定:“一次性抚恤金发给烈士、因公牺牲军人、病故军人的父母(抚养人)、配偶、子女;没有父母(抚养人)、配偶、子女的,发给未满 18 周岁的兄弟姐妹和已满 18 周岁但无生活费来源且由该军人生前供养的兄弟姐妹。”第二十条规定:“现役军人残疾被认定为因战致残、因公致残或者因病致残的,依照本条例的规定享受抚恤……”根据上述规定,抚恤金分为死亡抚恤金和残疾抚恤金。死亡抚恤金的权利主体是死亡军人的遗属。对遗属的范围,在第十五条中做出了特别规定。残疾抚恤金的权利主体是军人本人。关于抚恤金的种类,在第十四条、第十五条、第十六条分别规定了一次性抚恤金、一次性特别抚恤金和定期抚恤金。

《工伤保险条例》第三十九条规定:“职工因工死亡,其近亲属按照下列规定从工伤保险基金领取丧葬补助金、供养亲属抚恤金和一次性工亡补助金……”根据该规定,职工工伤死亡的,其近亲属有权领取供养亲属抚恤金。对国家机关工作人员和事业单位工作人员的抚恤金规定,一般以民政部的通知等部门规章方式做出,如《伤残抚恤管理办法》《民政部关于国家机关工作人员伤亡抚恤工作有关问题的通知》等。

根据上述规定,抚恤金的权利主体是被继承人本人,一般在被继承人死亡后,停止领取抚恤金,已经领取的抚恤金因已经转化为个人合法财产,故可以作为其遗产按照继承法规定继承;抚恤金的权利主体是被继承人遗属的,在被继承人死亡后由其遗属领取并所有,虽为继承人但不在抚恤金领取范围之内的人,无权参与分配该抚恤金。

丧葬费是用人单位或国家支付的用于死亡者丧事支出的费用。丧葬费顾名思义,其用途为丧事支出。丧葬费在被继承人死亡后支付,因此并非被继承人的遗产。但如果丧葬费在办理丧事后仍有剩余,剩余款项可以参照遗产处理。

助丧款往往是基于个人人情来往而支付的,礼尚往来,接受助丧款后往往在事后需要在对方有红白事时予以回礼。因此,助丧款不能简单作为被继承人的遗产继承。笔者认为,对助丧款应该区别对待。他人基于被继承人的人情而给予的助丧款,应该认定为对被继承人的赠与,该款可以优先用于丧事支出，剩余款项可以参照遗产处理。他人基于被继承人的某个亲属而给予的助丧款，该款应属该亲属个人所有，因为在事后他需要回礼。

本案所涉的抚恤金系支付给死者遗属的抚恤金，因而不属于遗产。原、被告均系被继承人的儿女，对该抚恤金都有权利，为此可以参照遗产继承处理。本案所涉的丧葬费和助丧款，不宜简单作为遗产处理。

79. 农村宅基地使用权不属于遗产

【关键词】

农村宅基地使用权

吴甲诉吴乙等继承纠纷一审案①

★法院观点★

单独的农村宅基地使用权不属于遗产。

【案情简介】

原告:吴甲。

被告:吴乙、吴丙、吴丁、吴戊。

法院经审理查明:被继承人吴某与刘某系夫妻关系,两人共生育两子三女,即本案原、被告。被继承人刘某于2013年11月18日死亡,被继承人吴某于2014年12月17日死亡。两被继承人拥有夫妻共同财产如下:松阳县西屏镇北直街某房产的2/3份额。被继承人吴某死亡后,

① 案号:(2015)丽松民初字第411号,丽水市松阳县人民法院。

其单位发放了丧葬费4000元,一次性抚恤金104,750元。被告方在处理被继承人吴某丧葬事宜后,助丧款结余7617.33元,其余已在处理丧葬事宜时消耗。抚恤金现由被告吴乙保管。另外,原告吴甲在两被继承人需要赡养期间,未尽赡养义务。

【各方观点】

原告吴甲观点:抚恤金108,750元、存款7617.33元、北直街房屋都是遗产,要求按照法定继承。

被告吴乙、吴丙、吴丁、吴戊观点:遗产有北直街房屋的2/3;松阳县樟溪乡高岸村泉塘口自然村的宅基地两块,面积241.4平方米;7617.33元不是存款,是助丧款,应扣除母亲丧失费用1145元,剩余的要回礼,不能作为遗产;抚恤金、丧葬费不是遗产;父亲生前治疗费、保姆费由我方支付,应扣除;原告没有扶养父母,不应分的遗产。

【法院裁判理由】

一审法院观点:有扶养能力和有扶养条件的继承人,不尽扶养义务的,分配遗产时,应当不分或者少分。四被告提供的证据可以证明原告对两被继承人未尽扶养义务,故对于遗产房屋份额,原告吴甲应当少分。被继承人吴某单位发放的一次性抚恤金虽不属于遗产,但可以参照遗产分配,为减少诉累,可以在本案中与遗产一并处理,应由该款保管人吴乙支付给原告。被继承人吴某单位发放的丧葬费不属于遗产,本应作为处理其丧葬事宜的费用,鉴于部分助丧款已在处理其丧葬事宜时替代该款被消耗,且结余的助丧款亦不属于遗产,又涉及原、被告与各自亲友人情往来支出,故该丧葬款及结余助丧款应另案处理。关于四被告主张的宅基地使用权,因其未提供宅基地使用权的相关证明,且宅基地使用权的取得需拥有农村集体组织成员资格,单纯的宅基地使用权本身也无法继承,故对被告主张分割宅基地使用权的请求,不予支持。关于四被告主张应扣除被继承人生前的医疗费及保姆费等费用再进行遗产分配的主张,因该费用并非被继承人生前所负债务,且在分配遗产和抚恤金时,已考量该因素,故对该抗辩不予采纳。

【裁判依据】

《继承法》第十三条第四款。

【律师评析】

农村宅基地是农村的农户或个人用作住宅基地而占有、利用本集体所有的土地。我国《宪法》第十条规定"宅基地和自留地、自留山,也属于集体所有"。《土地管理法》第八条规定"宅基地和自留地、自留山,属于农民集体所有"。上述两个规定明确了农村宅基地的所有人为农民集体,而非农村家庭户或农民个人。农户或农民个人虽不享有宅基地所有权,但享有宅基地使用权。《物权法》第十三章专门对宅基地使用权作出了规定。《物权法》第一百五十二条规定:"……宅基地使用权人依法对集体所有的土地享有占有和使用的权利,有权依法利用该土地建造住宅及其附属设施。"可见,宅基地的用途为建造住宅及其附属设施。《土地管理法》第六十二条第一款规定:"农村村民一户只能拥有一处宅基地,其宅基地的面积不得超过省、自治区、直辖市规定的标准。"

关于农村集体土地上房屋的继承,在相应案例篇中笔者已经详细解析。农村集体土地上房屋可以继承,其相应的宅基地使用权也随之转移给房屋继承人。即便是非农民集体成员(其他农民集体成员或城镇居民),其继承农村集体土地上房屋后对其宅基地使用权有关部门也可以予以登记发证。

但单独的宅基地使用权能否继承?司法实践的观点是不能继承。理由如下:(1)宅基地使用权是本集体的农民享有的一种福利,该农民集体成员生存,则给予其宅基地使用权,该农民集体成员死亡,则无须再给予其宅基地使用权，至于其继承人，系以其自身的农民集体成员的身份享有自己的宅基地使用权；反过来讲，继承人自己已经享有相应的宅基地使用权了，根据一户一宅基地的原则，其也不能再享有超出法律规定的宅基地。(2)农民集体成员获得宅基地使用权审批后，应当在法律法规规定的一定的期间内建设房屋，如超期未建，农民集体组织可以收回该宅基地。

本案中，被继承人生前获得审批的两块宅基地，未建设房屋，该宅基地使用权不属于遗产，不能按照遗产处理。继承人就单独的宅基地要求继承，不能准许。如果属于超期未建的情形，所在的农民集体组织可以收回该宅基地。

80. 农村土地承包经营权不属于遗产

【关键词】

农村土地承包经营权　林地承包经营权　家庭承包　其他方式承包

最高人民法院公报案例

李甲诉李乙法定继承纠纷一审案①

★法院观点★

家庭土地承包经营权的承包主体是农户家庭，不是个人，家庭土地承包经营权不属于遗产，不发生继承问题。

【案情简介】

原告：李甲。

被告：李乙。

法院经审理查明：原、被告系姐弟关系。农村土地实行第一轮家庭承包经营时，原、被告及其父李某、母周某共同生活。当时，李某家庭取

① 《中华人民共和国最高人民法院公报》2009年第12期，南京市江宁区人民法院。

得了 6.68 亩土地的承包经营权。此后李乙、李甲相继结婚并各自组建家庭。至 1995 年农村土地实行第二轮家庭承包经营时,当地农村集体经济组织对李某家庭原有 6.68 亩土地的承包经营权进行了重新划分,李甲家庭取得了 1.8 亩土地的承包经营权,李乙家庭取得了 3.34 亩土地的承包经营权,李某家庭取得了 1.54 亩土地的承包经营权,三个家庭均取得了相应的承包经营权证书。1998 年 2 月,李某将其承包的 1.54 亩土地流转给本村村民芮某经营,流转协议由李乙代签。2004 年 11 月 3 日和 2005 年 4 月 4 日,李某、周某夫妇相继去世。此后,李某家庭原承包的 1.54 亩土地的流转收益被李乙占有。

【各方观点】

原告观点:土地是父亲遗产,原、被告有权继承父亲遗产,应当一人一半。

被告观点:原告系非农业户口,不应享有农村土地的承包经营权;父母去世的时间均已超过两年,原告的起诉已过诉讼时效;被告家庭人口比原告多,父母因此将讼争土地交给被告耕种;原告对父母所尽赡养义务较少,而被告对父母所尽赡养义务较多,应该多享有诉争土地承包权的继承份额。

【法院裁判理由】

家庭承包的土地,系以农户家庭为单位承包,不是公民个人财产,不属于遗产范围,不发生继承问题。农户家庭的一人或数人死亡的,承包地仍由该农户的其他家庭成员继续承包经营;在承包经营农户家庭的成员全部死亡后,该土地承包经营权归于消灭,农地应收归农村集体经济组织另行分配,不能由该农户家庭成员的继承人继续承包经营。李甲、李乙均已在婚后组成了各自的家庭。农村土地实行第二轮家庭承包经营时,李某家庭、李甲家庭、李乙家庭均各自取得了土地承包经营权及相应的土地承包经营权证书，至此，李甲、李乙已不属于李某土地承包户的成员，而是各自独立的三个土地承包户。综上所述，讼争土地应收归当地农村集体经济组织另行分配，不能由李某夫妇的继承人继续承包。

【裁判依据】

《民事诉讼法》第六十四条第一款；《农村土地承包法》第九条、第十五条、第三十一条、第五十条。

案例二

黄甲等诉黄戊法定继承纠纷一审案①

★法院观点★

林地承包的承包人死亡的，其继承人可以在承包期内继续承包，但不能作为遗产予以继承分割。

【案情简介】

原告：黄甲、黄乙、黄丙、黄丁。

被告：黄戊。

法院经审理查明：2016 年 12 月 31 日，黄某因病死亡。黄某生前无配偶、子女，也未立有遗嘱。黄某与黄甲、黄乙、黄丙、黄丁、黄戊、黄庚、黄辛系兄弟姐妹，其父、母亲于 2005 年之前死亡，祖父母、外祖父母、黄庚、黄辛先于黄某死亡。黄某生前持有位于杭州市余杭区承包总面积为 1.22 亩的林地承包权证，并在杭州市余杭区申请建有三间平房。截至 2017 年 2 月 23 日、2017 年 2 月 24 日及 2017 年 3 月 6 日，黄某存款共计

① 案号：(2017)浙 0110 民初 3992 号，杭州市余杭区人民法院。

171,024.72 元。另查明,黄某生前一直独自居住与生活,生活能够自理;黄某死亡后,其丧葬事宜均由黄戊一人操办,已产生必要的费用支出。

【各方观点】

原告黄甲、黄乙、黄丙、黄丁观点:原、被告系黄某兄弟姐妹,第二顺序继承人,没有第一顺序继承人,遗产有现金、存款、房屋、林地,原、被告各得遗产 1/5。

被告黄戊观点:现金和存款没有原告所称那么多,黄乙、黄丙、黄丁未照顾黄某,无权继承;黄戊支出了丧葬费用,应扣除。

【法院裁判理由】

无证据证明黄某有现金遗产。银行存款 171,024.72 元系黄某的个人合法财产,可以作为遗产由各继承人平均继承。位于杭州市余杭区亩林地使用权的继承问题,根据《农村土地承包法》的规定,黄某死亡时遗留的林地承包经营权,作为继承人黄甲、黄乙、黄丙、黄丁、黄戊可以在承包期内继续承包,但不能作为遗产予以继承分割。位于杭州市余杭区的三间平房,原、被告各享有 1/5 的份额。黄某的丧葬支出,酌情确定为 25,000 元,应由五人分担。

【裁判依据】

《继承法》第三条、第五条、第十条、第十三条第一款、第二十九条;《物权法》第九十九条;《农村土地承包法》第三十一条、第五十条。

【律师评析】

农村土地承包经营权是农村一种重要的财产权益形式,一方面它是农民赖以维持生计的重要生产资料，另一方面当土地被征收时所形成的征收补偿款金额不小。而农村土地承包经营权涉及的面是如此之广，农村土地承包经营权能否继承，该财产权益能否传承，值得相当关注。

《农村土地承包法》第三条规定："国家实行农村土地承包经营制度。农村土地承包采取农村集体经济组织内部的家庭承包方式，不宜采取家庭承包方式的荒山、荒沟、荒丘、荒滩等农村土地，可以采取招标、拍卖、公开协商等方式承包。"据此规定，我国的农村土地承包经营权分为家庭承包和以其他方式承包两种类型。

以家庭承包方式实行农村土地承包经营，主要目的在于为农村集体经济组织的每一位成员提供基本的生活保障，带有明显的农村社会福利性质。其本质特征是以本集体经济组织内部的农户家庭为单位实行农村土地承包经营。《农村土地承包法》第十五条规定："家庭承包的承包方是本集体经济组织的农户。"这种形式的农村土地承包经营权属于农户家庭，而不属于某一个家庭成员。而根据《继承法》第三条规定："遗产是公民死亡时遗留的个人合法财产……"因此，从权利主体的角度看，农村土地承包经营权的权利主体是农户家庭，不是个人，因而农村土地承包经营权不属于个人财产，也就不属于遗产，故不发生继承问题。

既然不发生继承，那么农民死亡时，承包的土地该如何处理？《农村土地承包法》第二十六条第一款规定："承包期内，发包方不得收回承包地。"第二十七条第一款规定："承包期内，发包方不得调整承包地。"在承包农地的农户家庭中的一人或几人死亡后，承包经营权的主体仍然是农户家庭，发包方不得收回承包地，也不得调整承包地，承包地仍由该农户的其他家庭成员继续承包经营。当承包经营农户家庭的成员全部死亡，则该土地承包经营权归于消灭，也无须再为该农户家庭继续提供土地生产资料和福利，承包地应收归农村集体经济组织另行分配，不能由该农户家庭成员的继承人继承或继续承包经营。

对林地，则有特殊规定。《农村土地承包法》第三十一条第二款规定："林地承包的承包人死亡，其继承人可以在承包期内继续承包。"之所以规定继续承包，是因为林地承包周期长，见效慢，允许继续承包有利于调动农户积极性。笔者认为，林地承包应分为两种情形，一种是家庭承包林地，另一种是个人承包林地。对于家庭承包林地，因承包权主体是家庭，则个别家庭成员死亡，并不影响家庭整体的林地承包权，其他家庭成员当然有权继续承包经营该林地。而个人承包林地的，承包人死亡的，应按照前述规定，由继承人在承包期内继续承包，区别于只有一人的农民家庭户而该人死亡时承包地收归集体的规定。

以其他方式承包的农村土地，也有不同规定。《农村土地承包法》第五十条规定："土地承包经营权通过招标、拍卖、公开协商等方式取得的，该承包人死亡，其应得的承包收益，依照继承法的规定继承；在承包期内，其继承人可以继续承包。"允许继续承包，有利于维护承包合同的长期稳定性，保护承包方的利益。

但应注意《农村土地承包法》第三十一条、第五十条规定的是继续承包，而不是继承。继续承包不等同于继承法所规定的继承。《继承法》第四条规定："个人承包应得的个人收益，依照本法规定继承。个人承包，依照法律允许由继承人继续承包的，按照承包合同办理。"可见《继承法》也将继续承包和继承区别开来。鉴于此，继承人不能主张继承林地承包经营权和以其他方式承包的农村土地承包经营权，而应主张继续承包权。

笔者认为，允许继承人继续承包的规定，有一定弊端。在有多个继承人，且继承人之间对继续承包经营不能达成一致意见时，容易在继续承包时产生新的矛盾，影响承包权的效益。建议对继续承包作出更具体的规定，例如，在继承人之间不能取得一致意见时，对原承包标的进行分割，各继承人在分割所得的范围内与发包方产生权利义务关系。这样有利于厘清权利义务，避免新的纠纷，发挥承包权的效益。

虽然土地承包经营权不能继承，但承包收益可以继承。《农村土地承包法》第三十一条第一款规定："承包人应得的承包收益，依照继承法的规定继承。"第五十条规定："土地承包经营权通过招标、拍卖、公开协商等方式取得的，该承包人死亡，其应得的承包收益，依照继承法的规定继承；在承包期内，其继承人可以继续承包。"《继承法》第四条规定："个人承包应得的个人收益，依照本法规定继承。个人承包，依照法律允许由继承人继续承包的，按照承包合同办理。"继承人不仅主张承包收益，在尚未取得承包收益时，还可对被继承人生前投入等要求折价、补偿。《继承法意见》第四条规定："承包人死亡时尚未取得承包收益的，可把死者生前对承包所投入的资金和所付出的劳动及其增值和孳息，由发包单位或者接续承包合同的人合理折价、补偿。其价额作为遗产。"

在公报案例中，讼争土地的承包经营权属于李某家庭，系家庭承包方式的承包，且讼争土地并非林地，因此，在李某家庭成员全部死亡后，讼争土地应收归当地农村集体经济组织另行分配，不能由李某夫妇的继承人继承，也不能继续承包。

在案例二中，讼争的林地承包权系被继承人生前合法取得，允许其继承人在承包期内继续承包，但该林地承包权不发生继承。为此，原告继承林地承包权的主张不能得到法院支持。原告可以向发包方主张继续承包权，如权利被妨碍，则可以提起相应诉讼。

下　篇

六、诉讼程序问题

81. 继承纠纷的诉讼时效

【关键词】

普通诉讼时效　最长诉讼时效

李某1等诉李某4等法定继承纠纷二审案[①]

★法院观点★

继承权纠纷的普通诉讼时效为2年,最长诉讼时效为20年,超过的人民法院不予保护。

【案情简介】

上诉人(原审原告):李某1、李某2、李某3、安某1、安某2。

① 案号:(2014)三中民终字第12353号,北京市第三中级人民法院。

被上诉人(原审被告):李某4、李某5、李某9、李某8、史某、李某6、李某7。

法院经审理查明:李某与李沈氏夫妇后辈法定继承人有:李某1、李某2、李某3、安某1、安某2,李某4、李某5、李某9、李某8、史某、李某6、李某7(为案例简洁,略去身份关系)。李某原有老房6间,即北京市平谷区夏各庄镇某房屋。1958年李某去世,1966年李沈氏去世。1968年前述房屋被翻建。1978年12月30日,李某12(系李某夫妇的儿子,他的法定继承人有:李某4、李某5、李某9、李某8、史某、李某6、李某7)经审批取得上述房屋宅基地,并于1979年前后在此建房。后该房屋由李某12分配给后辈法定继承人,并在他们之间辗转所有。2009年,因夏各庄新城建设,上述房屋被拆迁。

【各方观点】

上诉人(原审原告)观点:房屋原系李某夫妇夫妻共同财产。诉争房屋由李某12单独翻建不符合客观情况,且1968年共同翻建诉争房屋后,该房屋作为共同财产存在各方并无争议,在2009年房屋拆迁后争议才产生。上诉人与李某4、李某5、李某9、李某8、史某、李某6、李某7作为法定继承人,是涉诉房屋的共有人,房屋的拆迁补偿款和安置补偿房应属于全体法定继承人共有,要求依法分割涉诉房屋的拆迁补偿款和回迁安置房。

被上诉人(原审被告)观点:本案不存在继承的事实,上诉人所称的遗留房屋已经过两次翻建,该房屋早已灭失;李某于1958年去世,其妻子于1960年去世,二人去世后,李某1、李某2、李某3、安某2、安某1从未对诉争房屋提出主张,李某1、李某2、李某3、安某2、安某1的起诉已经超过诉讼时效。

【法院裁判理由】

一审法院观点:当事人应当及时行使民事权利,对怠于行使权利超过诉讼时效期间的,人民法院不予保护。诉争房屋系李某12主持翻建,翻建后一直由李某12一家居住并分家。李某夫妇去世后,李某13(生育李某2、李某3、)、李某1等依法享有对李某遗产的继承权,应当及时行使权利,却长期未主张权利;李某1等在1980年前后即知道李某12将诉争房屋分给其子,然而并未主张权利。现李某1、李某2、李某3、安某2、安某1的起诉已经超过诉讼时效,李某4、李某5、李某9、李某8、史某、李某6、李某7亦提出诉讼时效抗辩,故对李某1、李某2、李某3、安某2、安某1的诉讼请求,不予支持。

二审法院观点:涉诉老房6间系李某夫妻遗留财产,上诉人等第一顺序继承人均依法享有对李某夫妻遗产的继承权。当事人应当及时行使民事权利,对怠于行使权利超过诉讼时效期间的,人民法院不予保护。本案中,遗产房屋一直由李某12一家管理使用并进行了翻建,特别是李某1等人在1980年前后即已经知悉李某12通过分家将诉争房屋分配给其子,即对上述房屋权属进行处分的事实,上述分家行为对李某1等人的基于继承而取得的房屋财产权利已经构成侵害,但李某1等人长期未主张权利,至李某1等人就本案诉争房屋的拆迁权益提起继承之诉,期间已时隔30年,早已超出法律规定的诉讼时效。加之,原审中李某4等亦提出了相应诉讼时效的抗辩。故原审法院认定李某1等的起诉超过诉讼时效,并无不当。

【律师评析】

诉讼时效是指民事权利受到侵害的权利人在法定的时效期间内不行使权利,当时效期间届满时,债务人获得诉讼时效抗辩权。诉讼时效分为普通诉讼时效、特殊诉讼时效和最长诉讼时效。《民法总则》第一百八十八条规定:“向人民法院请求保护民事权利的诉讼时效期间为三年。法律另有规定的,依照其规定。诉讼时效期间自权利人知道或者应当知道权利受到损害以及义务人之日起计算。法律另有规定的,依照其规定。但是自权利受到损害之日起超过二十年的,人民法院不予保护;有特殊情况的,人民法院可以根据权利人的申请决定延长。”据此,民法总则规定的普通诉讼时效是 3 年,最长诉讼时效是 20 年。

我国《继承法》第八条规定:“继承权纠纷提起诉讼的期限为二年,自继承人知道或者应当知道其权利被侵犯之日起计算。但是,自继承开始之日超过二十年的,不得再提起诉讼。”可见,继承法规定的普通诉讼时效是 2 年,最长诉讼时效是 20 年。

我国原《民法通则》规定的普通诉讼时效也是 2 年,《继承法》的 2 年的规定与《民法通则》的规定保持一致。《民法总则》生效后,将普通诉讼时效改为 3 年。预计日后继承法修改时,很有可能也将普通诉讼时效改为 3 年。但至少目前《继承法》规定的普通诉讼时效仍为 2 年。根据《民法总则》“法律另有规定的,依照其规定”的规定,继承案件的普通诉讼时效仍为 2 年。

最长诉讼时效的规定没有改变,仍为 20 年。最长诉讼时效的起诉点为“继承开始之日”。普通诉讼时效的起算点为“知道或应当知道权利被侵犯之日”。两者的区别应加注意。在继承案件中,往往涉及不动产等遗产的,诉讼时效往往被耽搁。

笔者认为,涉及分家析产的案件,不能简单适用诉讼时效的规定。诉讼时效规定的主旨在于敦促权利尽早提起诉讼保护权利,而不是在民事主体之间制造诉讼。财产的家庭共有、夫妻共有状况,是家庭整体或夫妻双方的选择,应予尊重,法律没有必要催促共有人分家析产。为此,在分家析产案件中,只要没有权利被侵害的情况,诉讼时效就不应起算。

82.继承案件怎么确定管辖法院

【关键词】

地域管辖　级别管辖

案例一

陈某诉秦某遗嘱继承纠纷一审案[①]

★法院观点★

因继承遗产纠纷提起的诉讼,由被继承人死亡时住所地或者主要遗产所在地人民法院管辖

【案情简介】

原告:陈某。

被告:秦某。

法院经审理查明:原告系被继承人秦甲的配偶,被告系秦甲与前妻所生的女儿。被继承人秦甲于2015年1月于美国立有公证遗嘱,明确其名下位于上海市浦东新区的某房屋的份额由原告一人继承。

① 案号:(2016)沪0115民初61435号,上海市浦东新区人民法院。

【各方观点】

原告观点：按照被继承人遗嘱的要求，秦甲享有的房屋的份额由原告继承，故原告有权继承。

被告观点：对管辖权提出异议。民事诉讼应由被告住所地人民法院管辖，被告住所地与经常居住地不一致的，由经常居住地人民法院管辖。原、被告一直居住在美国，被继承人生前也居住在美国并去世，要求案件移送美国法院审理。

【法院裁判理由】

因继承遗产纠纷提起的诉讼，由被继承人死亡时住所地或者主要遗产所在地人民法院管辖。本案中被继承人秦甲死亡时的住所地虽为美国，但本案诉争的主要遗产所在地在上海市浦东新区，即被继承人秦某在上海市浦东新区某房屋的份额在上海市浦东新区，故浦东新区法院对本案具有管辖权。

【裁判依据】

《民事诉讼法》第三十三条第（三）项、第一百二十七条第一款。

案例二

曹某等继承纠纷二审案①

★法院观点★

在全省辖区内有重大影响的继承案件，可以由高级人民法院一审。

① 案号：(2017)最高法民终 532 号，最高人民法院。

【上诉人观点】

上诉人(原审原告)曹某等6人要求撤销山西省高级人民法院民事裁定,指令其立案受理本案。(1)本案涉及多家大型企业股权的继承,在山西省内具有重大影响,案情重大、疑难、复杂,相关企业所欠18家金融机构的债务73亿元已经到期,相关债权人均已起诉,且有多起案件在山西省高级人民法院审理,相关企业因股权继承问题未能解决,一直处于停工停产状态,甚至已界破产边缘。这些企业的股权变更,关系到复工复产、债务重组等问题。并非一般的继承纠纷。(2)《最高人民法院关于调整高级人民法院和中级人民法院管辖第一审民商事案件标准的通知》第四条是最高人民法院关于级别管辖的一般性规定,且该条本身也明确规定继承纠纷“一般由基层人民法院管辖”。(3)根据《民事诉讼法》第十九条规定:“高级人民法院管辖在本辖区有重大影响的第一审民事案件。”同时《最高人民法院关于调整高级人民法院和中级人民法院管辖第一审民商事案件标准的通知》第五条规定,对重大疑难、新类型和在适用法律上有普遍意义的案件,可以依照《民事诉讼法》第三十八条的规定,由上级人民法院自行决定由其审理,或者根据下级人民法院报请决定由其审理。故本案应由山西省高级人民法院管辖。

【法院裁判理由】

曹某等人起诉请求继承阎某在山西某集团有限公司等6家公司的股权,阎某在6家公司的出资额达39,330万元人民币。虽然《最高人民法院关于调整高级人民法院和中级人民法院管辖第一审民商事案件标准的通知》第四条规定继承纠纷“一般由基层人民法院管辖”,但是由于本案所涉的继承股权价值较大,且牵涉6家公司的股权继承,属于重大、复杂案件。且根据《最高人民法院关于调整高级人民法院和中级人民法院管辖第一审民商事案件标准的通知》第一条的规定,山西省高级人民法院管辖当事人住所地均在受理法院所处省级行政辖区,诉讼标的为3

亿元以上的一审民事案件。曹某等人的诉讼标的也达到了山西省高级人民法院管辖一审民商事案件的标准，因此本案由山西省高级人民法院审理更为妥当。

【律师评析】

民事诉讼案件的管辖一般分为地域管辖和级别管辖。地域管辖是指同级人民法院之间受理第一审民事案件的分工和权限。级别管辖是划分上下级法院之间受理第一审民事案件的分工和权限。

关于继承案件的地域管辖。我国《民事诉讼法》第二十一条第一款规定："对公民提起的民事诉讼，由被告住所地人民法院管辖；被告住所地与经常居住地不一致的，由经常居住地人民法院管辖。"这是一般地域管辖。自然人的住所地即其户籍所在地。经常居住地是指公民离开住所地最后连续居住一年以上的地方。根据民事诉讼法的规定和住所地、经常居住地概念的区别，住所地不同于经常居住地。《民事诉讼法》第三十三条规定："下列案件，由本条规定的人民法院专属管辖：……（三）因继承遗产纠纷提起的诉讼，由被继承人死亡时住所地或者主要遗产所在地人民法院管辖。"继承案件的管辖是专属管辖。在该规定中，只规定了住所地，没有规定经常居住地，为此，笔者认为继承案件不能依经常居住地确定地域管辖。确定被继承人住所地的时间点是其死亡时。此外，也可以依主要遗产所在地确定管辖法院。被继承人死亡时住所地法院与主要遗产所在地法院，有可能是同一法院，也可能是两个以上不同的法院。《民事诉讼法》第三十五条规定："两个以上人民法院都有管辖权的诉讼，原告可以向其中一个人民法院起诉；原告向两个以上有管辖权的人民法院起诉的，由最先立案的人民法院管辖。"案例一即以主要遗产所在地确定上海市浦东新区人民法院有管辖权。案例二中，被继承人死亡时住所地和主要遗产所在地均为山西，故山西法院有管辖权。

关于继承案件的级别管辖。根据《民事诉讼法》第十七条至第二十条的规定，基层人民法院审理一审民事案件，中级人民法院、高级人民法院、审理在本辖区有重大影响的一审案件，最高人民法院审理在全国有重大影响的案件。据此，一般的继承案件均由基层人民法院一审，符合一定条件的重大影响案件，可以由中级人民法院或高级人民法院一审。案例一属于一般继承案件，由基层人民法院管辖。值得注意的是。案例二属于在山西省有重大影响案件，最终确定由山西省高级人民法院一审。

涉外继承案件也是依据上述法律规定，确定地域管辖和级别管辖。值得注意的是，涉外继承案件有些是由中级人民法院一审管辖，有些是由基层人民法院管辖。具体应视最高人民法院指定管辖权的相关批复而定。

83. 部分继承人既不参加诉讼，又不放弃继承权利的，该如何处理

【关键词】

共同原告

朱甲诉朱乙等继承纠纷二审案[①]

★法院观点★

不愿意参加诉讼又未明确表示放弃实体权利的继承人，人民法院应将其列为共同原告。

【案情简介】

上诉人（原审原告）：朱甲。

被上诉人（原审被告）：朱乙、朱丙、朱丁。

一审法院经审理查明：朱丙、朱甲、朱丁与朱乙系兄弟关系。其父母朱某、王某于1980年在延庆区永宁镇某村购买三间半平房，即本案诉争

① 案号：（2017）京01民终5575号，北京市第一中级人民法院。

的原房屋。朱某夫妇将该房屋分给朱丁。朱某与朱甲、朱丁共同出资出力建起该院落的院墙及东配房。1998 年 11 月朱某去世。2009 年朱乙照顾其母生活,并与母亲王某共同居住在该房屋。后朱乙在该院落建起西配房,并在三间半北房东侧接北房一间,朱甲均参与出力。2015 年 2 月,王某去世。2016 年 3 月朱乙将该院房屋拆除翻建。

审理中,朱甲提交一份写有其父母名字,落款时间为 1999 年的文字遗嘱,用于证明其父母将该处房产遗留给了自己;对此朱丙、朱丁及朱乙均否认其真实性,并均提出其父亲死亡时间为 1998 年 11 月。

【各方观点】

上诉人朱甲观点:双方父、母早年购买了房屋,后分给了朱丁。1993 年下雨,该院落北院墙和东院墙坍塌,朱甲购买材料并找人将院墙重新砌好并建起两间东配房,后父亲出具遗嘱将该处房子明确由朱甲继承,朱丁亦表示同意。2016 年 3 月朱乙擅自将该院北房拆除并强行翻建。房屋系共同财产,上诉人有份额。朱甲对父母尽了赡养义务,有权继承遗产。朱甲在一审只起诉了朱乙,没起诉朱丁、朱丙,是一审法院将他们加进来的。

被上诉人朱乙在一审观点:朱乙照顾了父母多年,且翻建某号院的房子朱丁也是同意的,由于该处房产与朱甲无关,因此其主张分割朱乙所翻建的房子没有道理。

被上诉人朱丙、朱丁在一审观点:父母早年即将某号院的房子分给了朱丁,朱乙将房子翻建朱丁也没意见,朱甲确实曾参与过垒院墙和建东配房,但其不能因此享有该房屋的居住使用权;朱丁并未将该房子让与朱甲,朱甲不应享有该房产的份额。

【法院裁判理由】

一审法院观点:对于朱甲提交的遗嘱,遗嘱落款时间为 1999 年,而朱丙、朱丁及朱乙均称其父亲死亡时间为 1998 年 11 月，对此朱甲不能给出合理解释，且其提供的遗嘱不能明确为父母亲自书写并签名和盖章，亦未有见证人见证。对此，其所提交的书面遗嘱不符合法律规定的形式要件，不予认定。鉴于双方均承认该处房产曾分给朱丁，且朱丙、朱甲亦均有自己住所，因此对于该处房产其父母已经分给朱丁的事实法院予以确认。而朱丁同意由朱乙翻建并表示不主张分割，因此其实际属于将自己的房产让与给了朱乙。朱甲虽曾参与出力建围墙和帮助建房，但其均属兄弟之间的亲情帮助行为，其请求房屋居住使用权和继承权，于法无据。

二审法院观点：朱丙、朱丁、朱乙及朱甲均认可该处房产系父母在世时分给朱丁，且朱丙、朱甲亦均有自己住所，朱乙对该院落内房屋进行翻建，朱丁表示同意，朱甲虽然在建房过程中有所贡献，但并不能作为其取得诉争房屋所有权的依据。在继承遗产的诉讼中，部分继承人起诉的，人民法院应通知其他继承人作为共同原告参加诉讼；被通知的继承人不愿意参加诉讼又未明确表示放弃实体权利的，人民法院仍应将其列为共同原告。朱甲虽然在一审中只起诉朱乙，但是朱丁、朱丙作为继承人应当参加诉讼，故一审法院将其列为当事人并无不当。

【裁判依据】

《最高人民法院关于适用〈中华人民共和国民事诉讼法〉的解释》（以下简称《民事诉讼法解释》）第七十条。

【律师评析】

《民事诉讼法解释》第七十条规定："在继承遗产的诉讼中，部分继承人起诉的，人民法院应通知其他继承人作为共同原告参加诉讼；被通知的继承人不愿意参加诉讼又未明确表示放弃实体权利的，人民法院仍应将其列为共同原告。"

在继承纠纷案件中,原告基于自己所享有的继承权起诉,主张自己有权继承的遗产份额。起诉的继承人应将自己列为原告,将其他继承人列为被告。但实践中,原告所列的诉讼主体,并不一定包含了所有的继承人、受遗赠人等有权取得遗产的人。原告有可能因为情感原因,不愿意列某些继承人为被告。但与该继承人相约起诉又遭到拒绝。也有可能,原告不认为某些继承人有权取得遗产,或原告不知道有该继承人,为此未将其列为被告。在上述情况下,原告未列该继承人为被告时,需要法院通知该继承人参加诉讼。经法院通知,该继承人放弃继承的,可以不再追加;其不放弃实体权利且愿意参加的,列为共同原告;其不放弃实体权利又不愿意参加诉讼的,仍应列为共同原告。继承人在得知自己所涉的遗产案件已经起诉,而自己未被列为原告或被告的,法院又未通知其参加诉讼的,继承人也可主动向法院提出在该案中主张自己的继承权利,也可另行起诉继承纠纷案件,与前案合并审理。这时,法院也应追加该继承人或受理其起诉,在同一案件中一并处理。

84. 遗产已经通过生效判决分割完毕，未参加诉讼的继承人如何实现自己的权利

【关键词】

一事不再理　再审

郝甲诉郝乙等继承纠纷二审案[①]

★法院观点★

遗产已经通过生效判决分割完毕，未参加诉讼的继承人应申请撤销原判，而不应就同一案件再起诉。

【案情简介】

上诉人（原审原告）：郝甲。

被上诉人（原审被告）：郝乙、郝丙、郝丁。

法院经审理查明：被继承人郝某、刘某系夫妻，先后于2005年3月

① 参见蒋月主编：《继承法：案例评析与问题研究》，中国法制出版社2009年版，第179页。

和2007年3月死亡。两人生前未生育子女。郝某与前妻生育有儿子郝乙、郝戊。原告系郝乙的儿子,自幼与祖父母共同生活。郝丙、郝丁系郝戊的子女。坐落于某市某区环南六村某房屋,系被继承人郝某、刘某遗产。2007年8月16日,某区法院(2007)某民初字第1009号民事判决书,已经遗产房屋判归郝丙、郝丁所有,郝丙、郝丁支付房屋价值(作价45万元)的一半款22.5万元给郝乙。本案中,郝甲以自己对祖父母尽了较多扶养义务为由,要求取得遗产,并对遗产房屋重新分割。在二审中,郝甲又提出对未经分割的丧葬费等补助进行分割。

【各方观点】

上诉人(原审原告)观点:上诉人对被继承人尽了较多扶养义务,丧葬费均是上诉人出的,有权取得大部分遗产或全部遗产;上诉人不知道郝乙、郝丙、郝丁之间分割遗产的诉讼案件,故未能参加1009号案件的审理,未能提出主张,现得知遗产分割,有权提出请求。被继承人享有的丧葬费等补助未经分割,要求分割。

被上诉人(原审被告)观点:上诉人远离二老居住,未尽主要赡养义务;一审判决认定上诉人有权取得遗产是错误的,二老是离休干部,离休收入完全够养活自己,无须上诉人经济供养。上诉人提出的丧葬费补助的分割,在一审中未提出,超出上诉审理范围。

【法院裁判理由】

一审法院观点:郝甲不知晓1009号案件对遗产进行了分割,现提出主张,于法有据。郝甲系被继承人的孙子,系法定继承人以外的人。郝甲长期与被继承人共同生活,对被继承人在劳务和精神上尽了较多扶养义务,符合《继承法》第十四条规定,有权分得适当遗产,酌情确定为10万元,由郝乙支付郝甲5万元,郝丙和郝丁支付5万元。

二审法院观点:1009号民事判决书已经对遗产房屋进行了分割处

理，并已经发生法律效力。现上诉人又以酌情分得遗产的权利对遗产提出分割，根据“一事不再理”的诉讼原则，其主张应当在前案中一并处理。由于上诉人并不知晓1009号案件，也未参加诉讼，上诉人可以通过申诉途径解决，而不应就同一事实重新起诉。原审判决违反法定程序，应予撤销。

【律师评析】

民事诉讼一事不再理原则是指当事人对于同一诉权，已经由生效裁判文书作出裁判的，当事人不得再提起二次诉讼。一事不再理原则主要有主客观两方面特征，主观方面为当事人相同，客观方面为诉讼对象相同。

我国《民事诉讼法》第一百二十四条规定：“人民法院对下列起诉，分别情形，予以处理：……（五）对判决、裁定、调解书已经发生法律效力的案件，当事人又起诉的，告知原告申请再审，但人民法院准许撤诉的裁定除外……”

在本案中，1009号案件与郝甲起诉的案件是同一诉权的案件。首先，两案都是继承纠纷案件。其次，两案本应参与的当事人均为郝甲、郝乙、郝丙、郝丁，只是在1009号案件的实际审理中，遗漏了郝甲这个有权取得遗产的人。最后，两案的诉讼对象都是郝某、刘某的遗产。基于这些共同的特征，两案应该是同一个案件。为此，郝甲的起诉根据一事不再理的原则应当予以驳回。郝甲可以通过申请再审，要求撤销1009号案件的判决，对该遗产继承案重新审理，重新作出判决。

笔者认为，一审法院的做法未必没有道理。理由在于：首先，一审判决并未造成两个判决相互矛盾的情况。一审判决内容是在1009号判决的前提下成立的，是对1009号判决的补充。两份判决同时生效，同样需要被执行，内容也并不冲突。其次，以起诉方式保护未参加前案的继承权人权利，比申请再审更便捷、更容易立案。当事人提起诉讼，只需符合基本的诉条件，而提起再审，则面临更多、更苛刻的要求。申请再审如果不予受理，则未参加前案的继承人的继承，权利难以得到保护。

85. 继承案件的诉讼费用如何负担

【关键词】

诉讼费用　案件受理费　财产保全费　评估费

案例一

冯甲等诉卢乙等继承纠纷一审案[1]

★法院观点★

继承案件的案件受理费由继承人按照取得遗产的比例负担。

【案情简介】

原告:冯甲、卢甲。

被告:卢乙、冯乙、卢丙。

法院经审理查明:原告冯甲与被继承人卢某系夫妻,婚生子卢甲。被告卢乙、冯乙系被继承人卢某的父母,卢丙系被继承人卢某与其前妻余某生育的女儿。2013 年 3 月 13 日卢某死亡。原被告及案外人于本院达

① 案号:(2014)杭江民初字第 58 号,杭州市江干区人民法院。

成调解协议,一致确认卢某在万达期货有限公司账户中的907,787.26元属于卢某的遗产。卢某生前留有三份遗书。最后一份为2012年9月30日写的遗书,载明:“本人卢某,若离开人世,我的不动产60m^2房子留给儿子卢甲,其他财产一分为二,一半给儿子卢甲,一半给妻子冯甲,其他财产指期货600106789合伙投资账户。其他任何人无权分割任何财产,并确定儿子卢甲的一切都由我父母监护保管。这份遗书在我清醒状态下所立,是我意愿的真实表达。”三被告提出遗书字迹鉴定。鉴定意见书认为无法作出检验意见。

【各方观点】

原告冯甲、卢甲观点:卢某此前立过遗嘱,遗产归冯甲一人所有,要求继承全部遗产。

被告卢乙、冯乙观点:不清楚遗嘱,不同意遗产归冯甲一人继承。

被告卢丙观点:要求继承卢某遗产。

【法院裁判理由】

被继承人卢某先后自书了三份遗嘱,应以其最后自书于2012年9月30日的遗嘱为准。根据该遗嘱记载,卢某生前将其期货账户的财产指定由其子卢甲与妻子冯甲各半继承。同时鉴于卢某指定“卢甲的一切由我父母监护保管”,遗嘱人有权对未成年人继承的遗产指定相应的遗产保管人直至其成年,上述指定并不影响法定监护人的监护权。被告卢乙、冯乙有固定的生活来源且还有其他子女;被告卢丙亦有其母余某抚养,其状况不符合《继承法意见》第三十七条的规定,无须为其保留必要的遗产。故判决:冯甲、卢甲各继承453,893.63元,卢甲继承的遗产由卢乙、冯乙保管至卢甲18周岁。减半收取案件受理费6450元,由冯甲、卢甲各负担3225元。鉴定费9280元由卢乙、冯乙负担。

【裁判依据】

《继承法》第五条、第十六条;《继承法意见》第三十七条、第四十二条。

案例二

王甲诉宗甲等继承纠纷一审案①

★法院观点★

继承案件的案件受理费和遗产价值评估费由继承人按照取得遗产的比例负担。

【案情简介】

原告:王甲。

被告:宗甲、宗乙。

法院经审理查明:被继承人宗某与刘某系夫妻,二人育有四子,即宗丙、被告宗甲、被告宗乙和宗丁。宗丙与王某曾是夫妻关系,二人育有一子即原告王甲。宗丁 1981 年 10 月去世,去世时无配偶、无子女。宗丙 1992 年 8 月 20 日去世注销户口。被继承人宗某 2007 年 11 月 18 日去世,被继承人刘某 2012 年 1 月 28 日去世。被继承人宗某与刘某在夫妻关系存续期间取得北京市东城区某房屋所有权,登记在被继承人宗某名下。经北京国土房地产土地评估有限公司对该房屋市场价值进行评估,并出具评估报告,估价结果:房地产总价 369. 11 万元。

① 案号:(2015)东民初字第 10661 号,北京市东城区人民法院。

【各方观点】

原告王甲观点:两位被继承人去世时均无遗嘱,原告王甲和二被告为继承人,故要求继承上述房屋的1/3份额的房屋折价款,但如果取得房屋的一方不能支付房屋折价款,要求分得1/3的产权份额。不认可宗乙承担了全部赡养义务。

被告宗甲观点:同意王甲的诉请,要求继承1/3。不认可宗乙承担了全部赡养义务。

被告宗乙观点:购买诉争房屋一套的房款是被告宗乙出资,后两位被继承人将购房款还给了被告宗乙。被继承人宗某、刘某生前多次口头提及他们过世后诉争房屋由被告宗乙一人继承。两位被继承人生前一直与被告宗乙共同生活。被告宗乙尽了全部的赡养义务,故要求诉争房屋归被告宗乙个人所有。无力支付折价款。

【法院裁判理由】

两被继承人未留遗嘱,遗产诉争房屋按照法定继承。被告宗甲、宗乙系两位被继承人的儿子,是第一顺序法定继承人。原告王甲之父宗丙系两位被继承人之子,宗丙先于两位被继承人死亡,王甲有权代位继承。从原、被告的陈述中可知被继承人最后是与被告宗乙共同生活,考虑到当时被继承人年事已高,生活中更需照顾,可以认定被告宗乙尽了较多的扶养义务,在分配本案遗产时,可以多分。因原告王甲、被告宗甲表示如果取得房屋的一方不能支付房屋折价款,要求分得1/3的产权份额;被告宗乙明确表示无力支付房屋折价款,诉争遗产按份额继承为宜。原告王甲、被告宗甲各诉争房屋32.5%的份额,被告宗乙继承诉争房屋35%的份额。案件受理费472元,评估费11,728元,由王甲负担案件受理费157元和评估费3909元,宗甲负担案件受理费157元和评估费3909元,宗乙负担案件受理费158元和评估费3910元。

【裁判依据】

《继承法》第三条、第五条、第十条、第十一条、第十三条。

【律师评析】

民事诉讼的诉讼费用包括案件受理费、申请费、证人等人员的费用、鉴定费、评估费、勘验费等、我国民事诉讼中的诉讼费用交纳和负担，主要由《诉讼费用交纳办法》规定。

继承纠纷案件的诉讼费用该如何交纳？案件审理完毕后，诉讼费用该如何负担？我国《诉讼费用交纳办法》并没有直接的规定。

根据《诉讼费用交纳办法》的规定，财产案件的案件受理费、申请费根据诉讼请求的金额或者价额，按照比例分段累计交纳。其中对继承案件并没有特殊规定。因此，继承案件的案件受理费和申请费也应按照规定的比例分段累计交纳。但值得注意的是，一般民事案件按照诉讼请求计算案件受理费和申请费，但继承案件按照遗产总价值计算，并不仅仅按照原告方诉请的部分，很多案件中原告方诉请继承的并非全部遗产。这是继承案件的特殊之处。

对于诉讼费用的负担，《诉讼费用交纳办法》也没有针对继承案件的特殊规定。第二十九条规定："诉讼费用由败诉方负担，胜诉方自愿承担的除外。部分胜诉、部分败诉的，人民法院根据案件的具体情况决定当事人各自负担的诉讼费用数额。共同诉讼当事人败诉的，人民法院根据其对诉讼标的的利害关系，决定当事人各自负担的诉讼费用数额。"继承案件与一般民事案件又有不同。原告主张继承遗产或分割遗产，当事人通过调解确定或法院最终判定遗产在继承人之间的分配，很难说原告是胜诉了，还是败诉了。通过上述两个案例可以看到，无论是案件受理费，还是评估费，法院的做法是根据继承人最终继承遗产的多寡，按比例负担诉讼费用。这种做法与一般民事案件诉讼费用负担的精神有区别，一般的原则是败诉多少，负担多少；而继承案件是赢得多少，负担多少。

笔者认为，一般的负担原则是惩罚性的，败诉的部分要求当事人负担，具有惩罚性；继承案件的负担原则是分摊性的，遗产在众继承人之间进行分配，由此产生的诉讼费用由众继承人按比例分摊。这样确定诉讼费用的负担是较为合理的。

但是，诉讼费用负担的一般原则，在继承案件也应遵循。比如，在案例一中，鉴定费由卢乙、冯乙一方负担。这是因为，卢乙、冯乙提出了对遗嘱签字真实性的质疑，并提出了鉴定申请。最终由于无法鉴定或鉴定结论对其不利，鉴定费用由其负担。笔者认为这是合理的。因为鉴定费用并非必须产生，鉴定结论对其不利的一方，理应自行负担该部分费用。

《诉讼费用交纳办法》对离婚案件的诉讼费用交纳和负担，有特殊规定，分别为该办法的第十三条第(二)项第1点和第三十三条。笔者认为，继承案件，类似于离婚案件，也可以参照离婚案件确定诉讼费用的收取和负担。或者因继承案件的特殊性，对其也作出特殊规定。这样应该更为妥当。

86. 遗产现实分割不能充分体现遗产价值的,可先诉请确认遗产份额

【关键词】

法定继承　家庭共同财产　继承份额

高某甲等诉芦某等法定继承纠纷二审案[①]

★法院观点★

家庭共同居住使用的房屋由家庭成员共同所有;继承人对被继承人尽到了相同的扶养义务,应继承等额遗产。

【案情简介】

上诉人(原审原告):高某甲、袁某、高某乙、高某丙。

被上诉人(原审被告):芦某、高某丁、高某戊、高 F、高某己、高某庚、高某辛、高某壬、高某癸、高某子、高 E。

---

① 案号:(2015)绍虞民初字第 1099 号,上虞市人民法院;(2015)浙绍民终字第 1491 号,绍兴市中级人民法院。

一审法院经审理查明：高某与孙某系夫妻，育有三子二女，分别为长子高A、次子高B、幼子高C、长女高D、幼女原告高某甲。高某于1938年去世，孙某于1980年去世，生前未留有遗嘱。高A与杜某系夫妻，育有一子四女，分别为长女被告高某辛、次女被告高某壬、三女被告高某癸、幼女高某子、儿子被告高E。高A于1998年去世，杜某于2002年去世。高B与被告芦某系夫妻，育有一子四女，分别为长女被告高某丁、次女被告高某庚、三女被告高某己、幼女被告高某戊、儿子被告高F。高B在1998年先于高A去世。高C与原告袁某系夫妻，育有二子，分别为长子原告高某乙、幼子原告高某丙。高C于2009年左右去世。高D于1960年亡故，生前未有子女。1951年国家土改时确定，位于原上虞县百官区某村的三间平房为高A户所有，并由家庭成员共同居住使用。当时家庭成员共计7人，分别为孙某、高A、杜某、高B、高C、原告高某甲、被告高某辛。高A、高B、高C、高某甲共同照顾母亲孙某，尽到了相同的赡养义务，各方从未就此发生过纠纷。另查明，讼争房屋自土改确定后，一直维持原状，现已被列入拆迁范围。因原、被告之间就房屋分割存在纠纷，故无法签订拆迁补偿协议，也未实际拆迁。

【各方观点】

上诉人(原审原告)观点：原告有继承权；高某壬年幼无力扶养孙某，杜某未实际扶养；房屋拆迁评估187万元，要求继承1/2。

被上诉人(原审被告)观点：房屋所有权人为7人，原告要求分得一半，不符合法律规定；房屋已经评估，尚未拆迁；原告诉讼缺乏法律依据。

【法院裁判理由】

一审法院观点：涉诉的三间平房经土改确权为高A户所有，由高A家庭共同居住使用，故该房屋应为高A家庭共同共有。房屋自土改确定后，一直维持原状，故本院确定各家庭成员享有均等份额。孙某于

1980年去世，生前又未留有遗嘱，其在上述共有房产中享有的份额，属于孙某的遗产，依法可由其法定继承人继承，即高A、高B、高C、高某甲继承。高A、高B、高C、高某甲对母亲孙某尽到了相同的赡养义务，故孙某的遗产由高A、高B、高C、高某甲等额继承。高C于2009年去世，其继承母亲孙某遗产的权利转移给原告袁某、高某乙、高某丙。高C在上述共有房产中享有的份额系其遗产，依法可由其法定继承人原告袁某、高某乙、高某丙继承。

二审法院观点：1951年国家土改时确定，讼争三间平房为高A户所有，并由家庭成员共同居住使用。当时家庭成员共计7人，分别为孙某、高A、杜某、高B、高C、高某甲、高某壬。因此，讼争房屋应确定各家庭成员享有均等份额。高A、高B、高C、高某甲对母亲孙某尽到了相同的赡养义务，故孙某的遗产由高A、高B、高C、高某甲等额继承，并无不当。

【裁判依据】

《物权法》第九十三条、第九十五条、第九十九条、第一百零三条；《继承法》第二条、第十条、第十三条第一款；《继承法意见》第五十二条。

【律师评析】

本案中，原告诉请要求分割房屋拆迁的补偿款。这个诉讼请求有一定问题。本案中家庭共有财产析产标的物，或者遗产继承的标的物，房屋，虽经评估暂定一个评估价值，但拆迁协议未签订，尚未完成拆迁，补偿款并未最终形成，金额也未确定。因此，拆迁补偿款并非本案的讼争标的物，原告不能诉请分割拆迁补偿款。原告应当以共有财产析产和继承遗产为由，诉请要求分割房屋，确定各自在房屋中的财产份额。法院也按照这种思路作出了判决。

另外，本案中判决确定原告享有的房屋份额，但对于房屋的归属和取得所有权一方的补偿款金额并未判定，这也有利于化解当事人之间的矛盾，解决因房屋价值前后相差过于悬殊带来新的矛盾。确定了原告享有的房屋份额，则各当事人的经济利益已经可以在拆迁补偿中予以明确计算，房屋不必再归属任何一方当事人，可以交付拆迁，当事人之间直接按照房屋份额取得相应补偿款或其他拆迁利益，纠纷自然解决。如果法院按照一般的思路，先评估，然后分份额，再按照份额由取得房屋所有权一方支付补偿价款，因直接对被拆迁房屋进行评估所得的价值与房屋被拆迁后被拆迁方实际取得的拆迁利益之间客观上会有较大差异，则导致利益分配不公平，必然会导致新的矛盾。法院该判决可谓因势利导，定分止争。

87. 自书遗嘱原件遗失，律师见证书作为遗嘱内容主要证据

【关键词】

自书遗嘱　律师见证书

柴甲诉柴乙等遗赠纠纷一审案①

★法院观点★

真实合法的律师见证书，证明了立遗嘱人的真实遗嘱意思。

【案情简介】

原告：柴甲。

被告：柴乙、柴丙、柴丁。

法院经审理查明：遗赠人朱某与柴某系夫妻关系，两人生育有长子柴戊，次子柴乙，女儿柴丙。长子柴戊先于朱某、柴某死亡，被告柴丁系柴戊女儿。原告柴甲系被告柴乙女儿。朱某于 2011 年 9 月 3 日死亡。

① 案号：(2014)杭西民初字第 2428 号，杭州市西湖区人民法院。

柴某于 2015 年 1 月 11 日死亡。位于杭州市西湖区某房产，属于朱某和柴某夫妻共同财产。

2011 年 8 月 19 日，在柴乙夫妇的陪同下，朱某在医院病房内，由某律师事务所律师杨某、段某见证下的遗嘱写明：我在立遗嘱时精神清醒；由某律师事务所杨某、段某律师进行见证；杭州市西湖区某房屋系我与丈夫柴某共同共有；我自愿将房产中我个人的份额由孙女柴甲继承。朱某在立遗嘱人处签名。8 月 21 日，律师事务所出具了遗嘱律师见证书，并由见证律师杨某及段某签名。8 月 28 日，柴某出具情况说明，表明其同意诉争房产中朱某享有的份额由原告继承及原告要求将名字加到房产证上的事实。

原告提交了律师事务所见证书等证据。法院调取了以下证据：(1)律师事务所出具的情况说明，证明遗嘱见证过程；(2)向段某所作的调查笔录，证明遗嘱见证过程；(3)向柴某所作的笔录，证明柴某同意朱某的遗嘱。

【各方观点】

原告柴甲观点：遗赠人朱某将房产份额遗赠给原告，柴某也同意，原告接受遗赠，原告有权主张讼争房产 1/2 份额。

被告柴乙观点：同意原告诉讼请求。

被告柴丙、柴丁观点：朱某临近死亡，神志不清，原告未提交遗嘱原件，律师见证书没有朱某亲笔签名，律师未核实房产产权状况，遗嘱无效；原告未在法律规定的知道受遗赠后两个月内作出接受或放弃遗赠的表示，依法视为放弃受遗赠；原告主张权利超过了法律规定的两年诉讼时效。

【法院裁判理由】

公民可以立遗嘱将个人财产赠给国家、集体或者法定继承人以外的人。本案所涉房产属遗赠人朱某与柴某夫妻共同财产,朱某依法享有1/2的产权份额,朱某立遗嘱将其享有的份额遗赠给原告,遗赠优先于法定继承。虽然律师见证书中立遗嘱人处朱某的签名系复印件,但结合律师事务所出具的情况说明、段某笔录、柴某情况说明及笔录等证据,证明了遗嘱系朱某的真实意思表示,故本院依法认定遗嘱见证书具有真实合法性。原告在知道受遗赠后,及时向柴某要求将其名字加到房产证上,应视为其接受遗赠的意思表示。关于朱某立遗嘱时的精神状况,结合病历材料、见证书及立遗嘱照片、段某笔录等证据能证明朱某立遗嘱时具有立遗嘱能力。

【裁判依据】

《继承法》第二条、第三条、第五条、第十六条、第十七条、第十八条、第二十五条第二款、第二十六条第一款。

【律师评析】

律师见证是指律师接受当事人的委托,依法对自己亲身经历的法律事实和法律行为的真实性和合法性予以证明的一种业务行为。我国律师法中尚未将律师见证作为一项业务加以规定,但实践中,律师开展见证业务已不少见,尤其在遗嘱继承领域。

我国《继承法》规定的五种遗嘱形式中,代书遗嘱、录音遗嘱、口头遗嘱均提到见证人。自书遗嘱虽未提到见证人,但若有见证人的话,自书遗嘱的证明力无疑会更强。而公证遗嘱本身就需要见证人,只不过在公证遗嘱中见证人由公证员来担任。《继承法》的规定中并未提到律师见证人,但也未排除律师担任见证人的合法性。因此,律师可以作为遗嘱的见证人。

律师开展遗嘱见证业务,首先应与当事人签订委托见证合同。在合同中应明确约定委托人的身份信息、见证的内容、收费、双方的权利义务、必要的提示保留申明等。其次,接受委托后,律师应当审查当事人的主体资格、民事行为能力、财产真实性和合法性等。再次,具体见证活动。在具体实施见证过程中,律师应当监督法律文书的制作,客观、全面、充分经历当事人立遗嘱的过程,并随时提出法律风险建议,同时制作律师见证笔录。最后,根据见证活动和见证笔录制作并出具律师见证书。律师见证书应由律师事务所盖章。同时将见证过程中用到的和产生的法律文书等材料归档。

在见证过程中,发现有以下情形的,应当拒绝接受委托;已经委托的应当解除委托、终止见证业务;已经出具律师见证书的,应当撤销见证书:(1)委托人民事行为能力有瑕疵;(2)委托人无权处分财产;(3)因被欺诈、胁迫等导致委托人意思表示不真实;(4)违背公序良俗或法律强制性规定;(5)委托人提供虚假材料,作虚假陈述等。

本案中,原告未能提交遗嘱的原件。幸好,遗赠人立遗嘱时请律师作了见证。在见证中,律师制作了见证笔录,出具了见证书。在此后的诉讼中,虽没有遗嘱的原件,但律师见证书结合律师事务所的情况说明、见证律师的证言,足以证明立遗嘱人的遗嘱意思。法院据此认定遗嘱的内容,保护了原告作为受遗赠人的合法权利。

88. 遗产无人继承又无人受遗赠，被继承人的债权人如何起诉

【关键词】

无人继承又无人受遗赠的遗产　被继承人的债权人

案例一

梅某诉范甲等被继承人债务清偿纠纷一审案①

★法院观点★

继承人放弃继承的，在被继承人债务清偿纠纷中列为被告，主体不适格。

【案情简介】

原告：梅某。

被告：范甲、范乙、范丙。

原告诉称：范某向原告先后借款合计41.5万元，归还17万元，尚欠

① 案号：(2015)湖德新民初字第221号，湖州市德清县人民法院。

24.5万元。2015年1月，范某因故死亡。三被告系范某法定继承人，应在继承遗产范围内清偿债务；如无人继承范某遗产，应直接以范某遗产清偿债务。

被告观点：放弃继承范某遗产的权利，不承担债务。

【法院裁判理由】

三被告在遗产处理前，作出了放弃继承的意思表示，故三被告作为本案被告，其主体并不适格。本案虽经本院立案庭审查后立案，根据民事诉讼法解释的规定，立案后发现起诉不符合受理条件的，裁定驳回起诉。

【裁判依据】

《民事诉讼法解释》第二百零八条。

案例二

王某诉浩翔公司、马某等民间借贷纠纷一审案①

★法院观点★

遗产无人继承又无人受遗赠，在被继承人债务清偿纠纷中，债权人可以列法定继承人为被告。

【案情简介】

原告：王某。

被告：浩翔公司、马某、吕甲。

---

① 案号：(2015)泰海民初字第2551号，江苏省泰州市海陵区人民法院。

法院经审理查明：吕某向原告借款若干元，2014 年 5 月吕某出具借条，浩翔公司盖章并承诺归还。马某系吕某妻子，吕甲系吕某儿子。2015 年 8 月吕某死亡。

原告观点：浩翔公司承诺归还，应承担清偿责任；马某系吕某妻子，系夫妻共同债务；马某、吕甲系吕某法定继承人，应在继承遗产范围内清偿债务。

被告马某、吕某观点：放弃继承遗产，以吕某遗产清偿债务。

【法院裁判理由】

继承人均表示放弃继承遗产。无人继承又无人受遗赠德遗产归国家所有；死者生前是集体组织成员的，归所在集体所有制组织所有。吕某的遗产应首先用于清偿债务，清偿完毕后仍有积极财产的，该部分财产方归国家或集体所有，如此处理，方符合法律的基本原则和精神。为减少诉累，指定被告马某、吕甲作为吕某遗产的代管人，管理遗产并将其用于清偿吕某所欠债务。

案例三

周某诉易甲等被继承人债务清偿纠纷一审案①

★法院观点★

遗产无人继承又无人受遗赠，在被继承人债务清偿纠纷中，债权人可以列法定继承人和集体所有制组织为被告。

---

① 案号：(2016)湘 0124 民初 6979 号，湖南省长沙市宁乡县人民法院。

【案情简介】

原告：周某。

被告：易甲、易乙、易丙、某村跃进组。

法院经审理查明：2015 年 1 月，易某向原告借款 5 万元，并出具借条一份。2015 年 10 月易某意外死亡。易甲、易乙系易某子女，易丙系易某父亲。易某无其他法定继承人。易某户籍地为某村跃进组。

原告观点：被告易甲、易乙、易丙系易某继承人，应当清偿易某生前债务。

被告易甲、易乙、易丙观点：对债务不知情，放弃继承遗产。

被告某村跃进组未答辩。

【法院裁判理由】

原告与易某的债权债务关系明确。易某死亡，其债务应由其继承遗产的继承人在继承遗产的实际价值范围内负责偿还。现其第一顺位继承人易甲、易乙、易丙均放弃继承遗产，遗产为无人继承又无人受遗赠的遗产，归国家所有；死者生前是集体所有制组织成员的，归所在集体所有制组织所有。故本案易某遗产归被告某村跃进组所有，并在遗产实际价值范围内清偿易某债务。被告易甲、易乙、易丙不承担偿还责任。

【律师评析】

对于无人继承又无人受遗赠的案件，被继承人的债权人怎么起诉，法院怎么处理，本篇三个案例提供了三个处理方法。案例一，债权人起诉了法定继承人，法院判定被告主体不适格，裁定驳回起诉；案例二，债权人起诉了法定继承人，法院指定法定继承人代管遗产，并在遗产实际价值范围内清偿债务；案例三，债权人起诉了法定继承人和集体所有制组织，法院判定集体所有制组织在遗产实际价值范围内清偿债务。

被继承人生前有债务尚未清偿的，如被继承人无遗产，那么债务人死亡,又没有财产可供清偿债务,则债务归于消灭。如被继承人有遗产,那么按照我国《继承法》第三十三条之规定,继承人或受遗赠人应当在遗产实际价值范围内清偿债务。这时,债权人可以继承人或受遗赠人为被告,提起被继承人债务清偿之诉。但是如果无继承人又无受遗赠人,或者继承人放弃继承或丧失继承权,受遗赠人未在法定期间内接受遗赠,造成遗产无人继承又无人受遗赠,则遗产归国家所有或归生前所在的集体所有制组织所有。这时能否将法定继承人列为被告,能否将国家或集体所有制组织列为被告?案例一中法院的处理,可取之处在于:在经过实体审理查明继承人放弃继承的事实后,认定了继承人被告主体不适格。不足之处在于:被继承人有遗产可供清偿债务,不处理的做法过于消极。案例二中法院的处理,可取之处在于:指定了遗产代管人,也使遗产用于清偿债务。不足之处在于:继承人放弃继承后,与被继承人的债权人并没有民事法律关系,对债权人也没有任何义务,但法院判决加给继承人代管遗产和配合清偿债务的义务,这是没有法律依据的。案例三中法院的处理,较为妥当。放弃继承的继承人,对被继承人的债权人没有任何义务,因此不对继承人作出判决,实质上也是认定其被告主体不适格,集体所有制组织作为最后接受遗产的主体,应当在遗产实际价值范围内清偿被继承人的生前债务,为此判决集体所有制组织承担该责任是于法有据的。但这种处理方法也不能放之四海皆准,如果被继承人生前不属于集体所有制组织,其遗产应归国家所有,这时谁来代表国家清偿被继承人生前债务?有案例以被继承人生前或退休前所在单位为民事诉讼主体(参见本书案例第90篇),或有参考意义。此外,继承开始时,保管遗产的主体也可以考虑作为民事诉讼主体。

89. 无人继承、一人受遗赠的遗产,受遗赠人如何起诉

【关键词】

受遗赠人

叶某诉某村村委会等遗嘱继承纠纷一审案①

★法院观点★

无人继承、一人受遗赠的遗产,死者生前是集体所有制组织成员的,受遗赠人可以该集体所有制组织为被告。

【案情简介】

原告:叶某。

被告:某村经济合作社。

被告:某村村民委员会。

法院经审理查明:原告叶某系被告村村民,叶甲亦是被告村村民,原告系叶甲的侄子。叶甲于2003年2月9日在被告及另外见证人蔡某、

① 案号:(2014)温瑞民初字第1620号,瑞安市人民法院。

叶乙的见证下,订立遗嘱,指定由原告叶某继承其全部财产。现叶甲于2014年3月11日去世,其去世之前父母已经离世,且无兄弟姐妹,无子女配偶。另查明,坐落于瑞安市某房屋现登记于叶甲名下。

【各方观点】

原告观点:被继承人叶甲系原告的叔叔,无法定继承人。叶甲立遗嘱,房屋由原告继承,应按照其遗嘱办理,遗产房屋归原告所有。

被告观点:认可原告的诉请及事实与理由。

【法院裁判理由】

叶甲所立的遗嘱内容真实,形式合法,系当事人的真实意思表示,且未违反法律规定,该遗嘱合法有效。本案诉争房屋系叶甲生前个人所有的合法财产,其有权处置,原告作为遗嘱的继承人,本案诉争房屋应归原告所有,原告有权取得该房屋。

【裁判依据】

《继承法》第二条、第十六条第一款、第十七条第三款。

【律师评析】

根据我国《民事诉讼法》的规定,在民事诉讼中,当事人有原告、被告、第三人之分。在继承纠纷案件中,起诉要求分割遗产的当事人为原告,其起诉时可以列其他继承人或受遗赠人等为被告。未被列为原告或被告的继承人或受遗赠人,根据《民事诉讼法解释》第七十条之规定,人民法院应通知其作为共同原告参加诉讼。被通知的继承人或受遗赠人不愿参加诉讼,又不明确表示放弃实体权利的,人民法院仍将其列为共同原告。

按照上述规定，有权取得的遗产的人数为不少于二人，才能既有原告，又有被告。但实际生活中，还存在无继承人又无受遗赠人的情形，以及只有一个继承人，或只有一个受遗赠人的情形。这时该怎样起诉，列谁为被告？

如本案例，无法定继承人，只有一个受遗赠人。起诉时，该受遗赠人为原告，被告应该列谁？本案例中，原告将被继承人生前所在集体所有制组织列为被告，法院亦准许其如此起诉。理由是，我国《继承法》第三十二条规定："无人继承又无人受遗赠的遗产，归国家所有；死者生前是集体所有制组织成员的，归所在集体所有制组织所有。"根据该规定，本案所涉遗产应归生前所在集体所有制组织所有。该集体所有制组织是潜在的遗产取得主体，是遗产利益的潜在诉争对手，为此，将其列为被告。对此笔者有不同意见。首先，在本案的情形下，遗产有受遗赠人，并非无人继承又无人受遗赠的情形。只要受遗赠人主张遗产，集体所有制组织并无取得遗产的可能，其无法与受遗赠人有实质的对抗。正如本案的诉讼过程，被告集体所有制组织没有提出任何主张，只是"配合"诉讼了。这样列集体所有制组织为被告没有任何意义。其次，继承纠纷诉讼并不是非得有被告。如果确实只有一个民事主体有权取得遗产，法院可以通过民事诉讼程序确定遗产归其所有。这个过程中，虽然没有对方当事人形成抗辩，但法院同样可以依职权全面审查之后作出裁判。虽然目前，民事诉讼法特别程序中没有这类规定，但今后是否也可以考虑将这类案件以特别程序解决。

90. 无人继承又无人受遗赠的遗产，酌情分得遗产权人如何起诉

【关键词】

无人继承又无人受遗赠的遗产　酌情分得遗产权人

案例一

陈某诉团西村村委会继承纠纷一审案①

★法院观点★

无人继承又无人受遗赠的遗产，死者生前是集体所有制组织成员的，酌情分得遗产权人以该集体所有制组织为被告。

【案情简介】

原告：陈某。

被告：上海市浦东新区大团镇团西村村民委员会。

法院经审理查明：陈甲系本案涉案房屋的宅基地使用权人，其出生

① 案号：(2017)沪0155民初37558号，上海市浦东新区人民法院。

于1914年，去世于1997年，终身未婚，亦未生育子女，父母早已去世，其有一个兄弟陈乙已于1971年去世。原告陈某系陈乙的女儿，即被继承人陈甲的侄女，负担了陈甲生养死葬的相关事务。另查明，原告陈某已在他处申请过宅基地建房。

【各方观点】

原告观点：被继承人陈甲系原告的叔叔，无法定继承人，日常生活长期由原告照料，病重时的相关事务及身后事亦由原告操办。陈甲遗产涉案房屋，由原告居住在内。原告有权取得涉案房屋，要求确认陈甲遗产房屋归原告所有。

被告观点：认可原告的诉请及事实与理由。

【法院裁判理由】

无人继承又无人受遗赠的遗产，死者生前是集体所有制组织成员的，归所在集体所有制组织所有。本案中，陈甲没有法定继承人，其名下的遗产房屋依法应归村集体所有。对继承人以外的对被继承人扶养较多的人，可以分配给他们适当的遗产；遗产因无人继承收归集体组织所有时，按《继承法》第十四条规定可以分给遗产的人提出取得遗产的要求，人民法院应视情况适当分给遗产。原告属于对陈江林抚养较多的人，其提出取得无人继承的涉案房屋的要求，依法可视情况由其分得。根据《土地管理法》的规定，农村村民一户只能拥有一处宅基地，农村村民出卖住房后，再申请宅基地的，不予批准。本案中，原告已在他处拥有宅基地，故其仅可分得的是遗产房屋，不包括房屋对应的宅基地使用权。

【裁判依据】

《继承法》第十条第一款、第十四条、第三十二条；《土地管理法》第六十二条第一款、第四款；《继承法意见》第五十七条。

案例二

郑某诉上海市中国中学法定继承纠纷一审案[①]

★法院观点★

无人继承又无人受遗赠的遗产，被继承人生前有单位的，酌情分得遗产权人可以被继承人单位为被告。

【案情简介】

详见本书第45篇。

【律师评析】

我国《继承法》第三十二条规定："无人继承又无人受遗赠的遗产，归国家所有；死者生前是集体所有制组织成员的，归所在集体所有制组织所有。"《继承法意见》第五十七条规定："遗产因无人继承收归国家或集体组织所有时，按继承法第十四条规定可以分给遗产的人提出取得遗产的要求，人民法院应视情况适当分给遗产。"《继承法》第十四条规定："对继承人以外的依靠被继承人扶养的缺乏劳动能力又没有生活来源的人，或者继承人以外的对被继承人扶养较多的人，可以分配给他们适当的遗产。"根据上述规定，无人继承又无人受遗赠的遗产，酌情分得遗产权人有权主张分得适当遗产。那么酌情分得遗产权人起诉时如何确定诉讼主体？

首先，酌情分得遗产权人为原告。酌情分得遗产权人有权提出独立的诉讼请求，为此，其在起诉时应列为原告。其次，被继承人生前系集体

① 案号：(2014)闵民一(民)初字第10247号，上海市闵行区人民法院。

所有制组织成员的，无人继承又无人受遗赠的遗产应归集体所有制组织所有，酌情分得遗产权人系与集体所有制组织诉争财产权益，为此，应列集体所有制组织为被告。如上述案例一。最后，被继承人生前并非集体所有制组织成员的，无人继承又无人受遗赠的遗产，应归国家所有，酌情分得遗产权人系与国家诉争财产权益，那么酌情分得遗产权人起诉时是否可以列国家为被告？如可以，应由谁来代表国家应诉？如不可以，应列谁为被告？目前，我国继承法尚无此相关规定。笔者认为，不可以列国家为被告。从我国继承法的规定来看，只承认公民有继承权利能力，而不承认法人、组织和国家有继承权利能力。《继承法》第一章和第二章的规定中，只规定了公民的继承权，而没有规定法人、组织和国家有继承权。《继承法》第三十二条的规定，只是对于无人继承又无人受遗赠遗产的处理作出规定，并不据此承认集体所有制组织和国家取得遗产系基于继承权。国家也不是民事诉讼的主体，不能列为民事诉讼的任何一方。此外也没有什么机构能够代表国家参加民事诉讼。因此，就我国目前的法律规定而言，国家不能在这类诉讼中被列为被告。案例二中，被继承人生前所在的单位被列为被告，在民事诉讼中提出应收归国家所有的抗辩意见，维护国家的利益。这种做法也有值得商榷之处。被继承人生前所在单位是否有权代表国家应诉？因为没有法律规定授权，也没有国家个别授权。生前所在单位是否有足够的动力去维护国家的利益？因为该遗产无论怎样都不归生前所在单位所有。生前所在单位对于在此类诉讼中应诉的权与责为何？生前所在单位有无可能与酌情分得遗产权人虚假诉讼？此外，如果被继承人生前没有单位，该列谁为被告？在此类诉讼中可否不列被告？笔者认为：这类诉讼可以不列被告，只列原告，由法院经审理后判决遗产归酌情分得遗产权人或收归国家所有。也可以考虑将该类案件编入民事特别程序的规定中，通过民事特别程序确定遗产归属。

91. 涉外法定继承如何确定准据法

【关键词】

涉外继承　先决问题

周甲等诉吴某等法定继承纠纷一审案①

★法院观点★

法定继承，适用被继承人死亡时经常居所地法律；不动产法定继承，适用不动产所在地法律。

【案情简介】

原告：周甲、周乙。

被告：吴某。

第三人：杜某。

法院经审理查明：被继承人周某与前妻董某婚生一子一女，即两原告。1971 年 8 月 1 日董某死亡并注销户口。被告吴某于 1982 年 10 月

① 案号：（2011）徐民一（民）初字第 3305 号，上海市徐汇区人民法院。

与前夫登记离婚，双方约定所生之子即第三人杜某由被告抚养。1985年2月，被告与被继承人结婚，再婚后未生育子女。2011年3月6日，周某死亡，生前无遗嘱，被继承人的父母已先于其死亡。

原告周甲于1979年2月申请赴×国，一直居住在申请收养人董甲家中。周甲的母亲去世前曾留下遗言，如她死亡，希望她的哥哥董甲能够收养她的儿子。×国×××高等法院1981年9月16日下达《单纯收养判决书》：认可董甲对周甲作单纯收养及与此收养所带来的一切法律后果；被收养人将使用姓为周-董(ZHOU-×××)，名为××(×××)……

1982年9月周乙申请到×国探望姨夫蒲某、姨母董乙，于1983年12月24日被注销户口。1986年12月2日周乙申请获得×国国籍……被董乙女士通过单纯收养形式收养，×××高等法院2005年2月16日下达判决批准其今后使用姓氏为ZHUO-××××。

被继承人2001年11月12日写的声明：本人同意周乙过继给蒲某太太。

被告吴某与周某再婚时，第三人尚未成年。第三人自母亲再婚后，随母亲和被继承人共同生活。

涉诉房产购买于2002年7月，产权人登记为周某，现由被告居住。

【各方观点】

原告观点：两原告系被继承人子女，有法定继承权；在×国被×国籍公民收养，该收养关系不受我国收养法的调整，应适用×国的法律为单纯收养，不影响两原告对生父遗产的继承权。对于原告收养关系的认定属于该涉外法定继承纠纷的先决问题，不应适用涉外继承的准据法，应适用涉外收养的准据法。

被告观点：我国法律规定，不动产继承适用不动产所在地的法律；原告与境外亲戚的收养关系已成立，已分别继承了养父母的遗产，即与生父的权利义务关系消除，无权继承被继承人的遗产；×国的收养法与我国的收养法相冲突的,应适用我国的法律规定;长期以来,原告从未照顾、赡养被继承人,在被继承人生前,已将周某与被告夫妻共有的一套别墅赠与原告周甲,故要求与第三人共同平均继承被继承人在上述房产中的产权份额。

第三人观点:同意被告意见,未成年时即与周某共同生活,周某晚年生病期间,尽到了照顾的义务,有权继承周某遗产。

【法院裁判理由】

两原告为继承被继承人的遗产而在我国进行的诉讼,应当适用我国的有关法律规定。我国法律规定,自收养关系成立之日起,养父母与养子女间的权利义务关系,适用法律关于父母子女关系的规定。养子女与生父母及其他近亲属间的权利义务关系,因收养关系的成立而消除。因此,两原告与其生父间的权利、义务关系已消除,同时两原告也不存在有符合我国继承法规定的可以分得适当遗产的情形,故两原告对被继承人主张以单纯收养的规定要求继承被继承人的房产,缺乏法律依据,不予支持。

第三人在被告与被继承人再婚时,尚未成年,第三人未成年阶段随母亲长期与被继承人共同生活,与被继承人形成了抚养关系,双方互有继承遗产的权利。

争议的房产购买于被告与被继承人再婚后,按照继承法的规定,其中的一半为被告所有,另一半为被继承人的遗产;现被告与第三人要求平均继承被继承人的产权份额,予以准许。

【裁判依据】

《收养法》第二十二条;《继承法》第二条、第五条、第十条、第二十六条;《婚姻法》第二十七条;《涉外民事关系法律适用法》第三十一条。

【律师评析】

所谓涉外继承,是指含有涉外因素的财产继承。在被继承人、继承人、遗产或与继承遗产有关的法律事实(包括死亡、遗嘱)等多种因素中,只要有一个或一个以上的因素涉及外国,就是涉外继承。[①] 据此,一是主体涉外,即被继承人或继承人中至少有一人系外国人或无国籍人;二是客体涉外,即作为继承客体的遗产位于外国;三是法律事实涉外,即引起遗产继承关系产生、变更或消灭的法律事实发生在国外。

我国《继承法》第三十六条规定:"中国公民继承在中华人民共和国境外的遗产或者继承在中华人民共和国境内的外国人的遗产,动产适用被继承人住所地法律,不动产适用不动产所在地法律。外国人继承在中华人民共和国境内的遗产或者继承在中华人民共和国境外的中国公民的遗产,动产适用被继承人住所地法律,不动产适用不动产所在地法律。中华人民共和国与外国订有条约、协定的,按照条约、协定办理。"《继承法意见》第六十三条规定:"涉外继承,遗产为动产的,适用被继承人住所地法律,即适用被继承人生前最后住所地国家的法律。"《民法通则》第一百四十九条规定:"遗产的法定继承,动产适用被继承人死亡时住所地法律,不动产适用不动产所在地法律。"《涉外民事关系法律适用法》第四章专门对涉外继承的法律适用作出了规定。第三十一条规定:"法定继承,适用被继承人死亡时经常居所地法律,但不动产法定继承,适用不动产所在地法律。"第三十二条规定:"遗嘱方式,符合遗嘱人立遗嘱时或者死亡时经常居所地法律、国籍国法律或者遗嘱行为地法律的,遗嘱均为成立。"第三十三条规定:"遗嘱效力,适用遗嘱人立遗嘱时或者死亡时经常居所地法律或者国籍国法律。"第三十四条规定:"遗产管理等事项,适用遗产所在地法律。"第三十五条规定:"无人继承遗产的归

---

① 参见刘春茂主编:《中国民法学——财产继承》,人民法院出版社 2008 年版,第 474 页。

属,适用被继承人死亡时遗产所在地法律。”

对比上述法律和司法解释的规定,《继承法》的规定对遗产继承的法律适用区分了动产和不动产,动产将属人法确定为准据法,不动产将物之所在地法确定为准据法。《继承法意见》进一步明确了动产继承的准据法为被继承人生前最后住所地国家的法律,解决了被继承人生前有多个住所的情况下准据法的确定问题。《民法通则》明确将动产继承的准据法规定为被继承人死亡时住所地法律。《涉外民事关系法律适用法》一方面进一步对遗嘱方式和遗嘱效力等问题的准据法作出了明确规定,另一方面改变了“住所地”的概念,采用了“经常居所地”概念。根据后法优于前法的原则,目前在涉外继承案件中应按照《涉外民事关系法律适用法》的规定确定准据法。

本案中,被继承人生前未立遗嘱,应按照法定继承处理。诉争的遗产为房屋,属于不动产,根据《涉外民事关系法律适用法》第三十一条的规定,应适用不动产所在地法律,即中国法律。为此,本案法定继承应按照我国《继承法》处理。

先决问题是指涉外民事关系中主要问题的解决是以另一个问题的解决为条件的,这个必须先解决的问题即先决问题。构成先决问题必须具备以下条件:首先,先决问题影响着主要问题的解决;其次,先决问题是个独立的民事法律关系;最后,先决问题有独立的法律适用规范。对于先决问题,第一,已有生效判决的,可根据该生效判决确定先决问题,但违背法院地国家公序良俗的除外;第二,未经审理的,可责令当事人先对先决问题向有管辖权法院起诉并获得判决;第三,当事人协商同意将先决问题一并交由主要问题受理法院审理。

本案中,要确定周甲、周乙对被继承人周某的遗产是否有继承权,应先解决周甲与董甲之间、周乙与董乙之间收养关系的法律效力问题。如该收养导致被收养人与生父母之间的权利义务消除,包括互相继承财产的权利,那么周甲、周乙则对被继承人周某无继承权,反之则有继承权。

笔者认为,这是本案的先决问题,应当先予以解决。《涉外民事关系法律适用法》第二十八条规定“收养的效力,适用收养时收养人经常居所地法律”。根据案情,收养时收养人经常居所地应为×国,则应先根据×国的收养法律确定,周甲、周乙被收养后是否失去了与生父母之间的权利义务。

92. 涉外遗嘱效力如何确定准据法，怎样举证

【关键词】
涉外遗嘱继承　遗嘱效力　必留份

王甲等诉陈某法定继承纠纷一审案[1]

★法院观点★

涉外遗嘱效力适用遗嘱人立遗嘱时或者死亡时经常居所地法律或者国籍国法律。

【案情简介】

原告：王甲、方甲、丙、丁、MARC、LIAN。

被告：陈某。

法院经审理查明：被告陈某与被继承人连某系夫妻关系，原告王甲、方甲、丙、丁、MARC、LIAN系连某子女。2011年5月7日，连某在新加坡去世，连某系新加坡国籍。涉讼房屋登记在被告陈某名下，审理中经

[1] 案号：(2012)浦民一(民)初字第19554号，上海市浦东新区人民法院。

评估，房屋市场价格为人民币 319.77 万元。

另查明，2001 年 7 月 13 日，连某在新加坡立下《遗嘱》一份，愿将 5 万新元遗赠给兄弟，2 万新元分别遗赠给 4 个子女（具体不引述），其余遗产平分为 100 份，50%遗赠给妻子，25%遗赠给 MARC，25%遗赠给 LIAN。如妻子在其之前去世，她应得的份额将累积并均分给儿子及女儿。上述遗嘱由一名律师及一名精神科医生作为见证。

被告陈某为证明连某《遗嘱》的有效性，向法院提供：（1）新加坡高等法院、下级法院遗嘱认证事项的尽职调查各一份，以此证明无人向新加坡法院对连某的《遗嘱》申请过撤销事宜；（2）新加坡律师 CHIATILIK 的法律意见书一份，该法律意见书阐述了新加坡法律对遗嘱的法律规定，同时根据新加坡高等法院、下级法院遗嘱认证事项的尽职调查，认为连某的《遗嘱》有效，以此证明连某《遗嘱》系有效遗嘱。

【各方观点】

原告王甲、方甲观点：两原告为连某非婚生子女，对连某遗产有法定继承权；涉诉房屋一半是连某遗产；连某 1997 年因车祸丧失民事行为能力，故《遗嘱》无效；新加坡法院证据和律师意见书，真实性不予认可。

被告陈某观点：不能确认原告王甲、方甲是否连某子女；房屋应按照连某《遗嘱》继承。

【法院裁判理由】

本案主要争议在于连某的《遗嘱》是否有效。根据《涉外民事关系法律适用法》第三十三条的规定，遗嘱效力，适用遗嘱人立遗嘱时或者死亡时经常居所地法律或者国籍国法律。被继承人连某系新加坡国籍，立遗嘱和死亡所在地均在新加坡，故连某的《遗嘱》是否有效应适用新加坡法律。根据被告陈某提供的新加坡律师 CHIATILIK 的法律意见书，该法律意见书阐述了新加坡法律对遗嘱的法律规定，同时根据新加坡高等法院、下级法院遗嘱认证事项的尽职调查,认为连某的《遗嘱》有效。被告提供的连某的《遗嘱》及新加坡律师 CHIATILIK 的法律意见书,新加坡高等法院、下级法院遗嘱认证事项的尽职调查均经过相关部门公证,具有证据效力,予以确认。被继承人连某的《遗嘱》应依法确认有效。

连某生前立有遗嘱,故应按遗嘱继承处理。原告王甲、方甲在连某去世时系未成年人,连某的遗嘱未保留两人的遗产份额,综合考虑连某生前对原告王甲、方甲尽的抚养义务较少,房屋评估价值及评估后上涨因素,王甲、方甲的年龄差异,酌情确定由原告王甲继承 15 万元,原告方甲继承 16 万元。涉讼房屋一半份额扣除 31 万元后,根据遗嘱,应由被告陈某继承 1/2,由 MARC 继承 1/4,由 LIAN 继承 1/4。

【裁判依据】

《继承法》第五条、第二十六条第一款;《涉外民事关系法律适用法》第三十三条。

【律师评析】

遗嘱效力即遗嘱的法律效力,即根据遗嘱内容导致法律关系设立、变更或消灭等法律后果。遗嘱效力的问题包括遗嘱生效、遗嘱不生效、遗嘱无效。

遗嘱生效,首先,遗嘱必须依法成立。遗嘱必须符合法律规定的实质要件和形式要件,遗嘱才依法成立。依法成立的遗嘱,才能生效。遗嘱的成立也称为遗嘱的设立效力。其次,遗嘱在继承开始时才生效。继承开始的时间即被继承人死亡的时间。被继承人死亡,继承开始,遗嘱正式生效。这时遗嘱才具备执行效力。

遗嘱不生效是指在遗嘱生效前出现了某些阻止遗嘱发生法律效力的事由,因此导致遗嘱不能生效。导致遗嘱不生效的事由有:附解除条件的遗嘱,在被继承人死亡前所附条件成就;附生效条件的遗嘱,在条件成就前,遗嘱继承人或受遗赠人死亡;遗嘱继承人或受遗赠人在继承开始前死亡;遗嘱继承人或受遗赠人在继承开始前被剥夺继承权;继承开始时,遗产标的物已经不存在或不属于遗产等。

遗嘱无效是指遗嘱不具备法律规定的实质要件,或违反了法律的强制性规定或违背了社会公序良俗因而自始不发生法律效力。根据我国《继承法》第二十二条的规定,无行为能力人或者限制行为能力人所立的遗嘱无效;受胁迫、欺骗所立的遗嘱无效;伪造的遗嘱无效;被篡改的部分遗嘱无效。

涉外遗嘱同样存在遗嘱生效、遗嘱不生效、遗嘱无效的问题。根据《涉外民事关系法律适用法》第三十三条的规定,遗嘱效力,适用遗嘱人立遗嘱时或者死亡时经常居所地法律、国籍国法律。冲突规范分为单边冲突规范、双边冲突规范、选择性冲突规范和重叠性冲突规范。这是一条选择性冲突规范,即管辖法院可以选择适用遗嘱人立遗嘱时经常居所地法律、遗嘱人死亡时经常居所地法律或遗嘱人国籍国法律。在此三者之间,不分先后、主次顺序。

本案中,遗嘱人连某立遗嘱时经常居所地、死亡时经常居所地和国籍国均为新加坡,故对于连某所立遗嘱的效力应适用新加坡法律。

主张涉外遗嘱有效的一方应当如何举证?笔者认为至少应提交两方面证据。一是遗嘱本身的证据,应提交书面的遗嘱,或其他能够证明存在遗嘱并反映遗嘱内容的相关证据,本案中陈某提交了书面遗嘱。二是证明遗嘱生效的证据,应提交能够证明遗嘱已经生效的证据,如本案中被继承人死亡的证据、新加坡法院出具的材料、新加坡律师出具的意见书等。至于准据法的法律条文内容,根据我国《涉外民事关系法律适用法》第十条的规定,涉外民事关系适用的外国法律,由人民法院、仲裁机构或者行政机关查明,当事人无须举证证明。但该条同时规定:“不能查明外国法律或者该国法律没有规定的,适用中华人民共和国法律。”为此,如当事人认为适用外国法律更有利于维护自身权益的,应考虑在举证同时也提交相关外国法律条文。